Das zahnärztliche Praxislabor

Schriften zum deutschen und europäischen öffentlichen Recht

Herausgegeben von Steffen Detterbeck

Band 32

Zur Qualitätssicherung und Peer Review der vorliegenden Publikation

Die Qualität der in dieser Reihe erscheinenden Arbeiten wird vor der Publikation durch den Herausgeber der Reihe geprüft.

Notes on the quality assurance and peer review of this publication

Prior to publication, the quality of the work published in this series is reviewed by the editor of the series.

Alexander Dominik Brückel

Das zahnärztliche Praxislabor

Eine handwerks-, wettbewerbs-, berufs- und strafrechtliche Betrachtung

PETER LANG

Bibliografische Information der Deutschen Nationalbibliothek
Die Deutsche Nationalbibliothek verzeichnet diese Publikation in der Deutschen Nationalbibliografie; detaillierte bibliografische Daten sind im Internet über http://dnb.d-nb.de abrufbar.

Zugl.: Marburg, Univ., Diss., 2021

D 4
ISSN 1438-4388
ISBN 978-3-631-84704-6 (Print)
E-ISBN 978-3-631-85625-3 (E-PDF)
E-ISBN 978-3-631-85626-0 (EPUB)
E-ISBN 978-3-631-85627-7 (MOBI)
DOI 10.3726/b18484

Peter Lang – Berlin · Bern · Bruxelles · New York ·
Oxford · Warszawa · Wien

Diese Publikation wurde begutachtet.

www.peterlang.com

Für Julia und Anna

Vorwort und Dank

Die vorliegende Arbeit wurde im Wintersemester 2020/2021 vom Fachbereich Rechtswissenschaften der Philipps-Universität Marburg als Dissertation angenommen.

Dieser kurze Satz beschreibt das Ergebnis einer rund drei Jahre andauernden wissenschaftlichen Arbeit, die ich neben meiner beruflichen Tätigkeit als Rechtsanwalt geleistet habe. Obwohl dies für meine Familie und mich eine immense Belastung bedeutete, war es die richtige Entscheidung. Die Anfertigung einer Dissertation ist mit einer langen und beschwerlichen Reise vergleichbar, deren Ausgang oft unsicher ist. Soweit man aber seinen Blick stets auf das Ziel richtet, nicht vom Kurs abweicht und trotz aller Probleme voranschreitet, wachsen Arbeit und Autor.

Diese Arbeit geht zurück auf die Anregung meines Doktorvaters, Herrn *Professor Dr. Steffen Detterbeck*, dem ich für seine große Unterstützung und vor allem für seine Geduld danke. Danken möchte ich auch Frau *Professorin Dr. Monika Böhm* für das Zweitgutachten.

Ein besonderer Dank gilt meinen *Eltern*, ohne die ich nicht der Mann wäre, der ich heute bin. Ebenso danke ich auch meinen *Schwiegereltern* für ihre moralische Unterstützung.

Mein größter Dank gilt jedoch meiner Frau *Andrea* für ihre Geduld, ihre Hilfsbereitschaft, ihr Verständnis und ihre bedingungslose Liebe, ohne die diese Arbeit nicht möglich gewesen wäre.

Ich widme diese Arbeit unseren Töchtern *Julia und Anna.*

Diese Arbeit berücksichtigt die Rechtsentwicklung bis zum 27.10.2020.

Bad Vilbel, im März 2021
Alexander Dominik Brückel

Inhalt

Abkürzungsverzeichnis

Abs.	Absatz
AG	Amtsgericht
Anl.	Anlage
AVZ	Arbeitgeberverband Zahntechnik
BayObLG	Bayerisches Oberstes Landesgericht
BayVGH	Bayerischer Verwaltungsgerichtshof
BeckOK	Beck'scher Online-Kommentar
BeckRS	Elektronische Entscheidungsdatenbank in beck-online (Verlag C.H. BECK)
BFH	Bundesfinanzhof
BGB	Bürgerliches Gesetzbuch
BGH	Bundesgerichtshof
BR	Bundesrat
BSG	Bundessozialgericht
BStBl.	Bundessteuerblatt
BT	Bundestag
BVerfG	Bundesverfassungsgericht
BVerwG	Bundesverwaltungsgericht
BZÄK	Bundeszahnärztekammer
BZB	Bayerisches Zahnärzteblatt (Zeitschrift)
DFZ	Der freie Zahnarzt (Zeitschrift)
DJZ	Der junge Zahnarzt (Zeitschrift)
Drucks.	Drucksache
DVBl	Deutsches Verwaltungsblatt (Zeitschrift)
DZW	Die Zahnarztwoche (Zeitschrift)
ErfK	Erfurter Kommentar zum Arbeitsrecht
f.	folgende
FD-SozVR	Fachdienst Sozialversicherungsrecht (Online-Newsletter)
ff.	fortfolgende
Gem.	gemäß
GesR	GesundheitsRecht (Zeitschrift)
GewArch	Gewerbearchiv (Zeitschrift)
GG	Grundgesetz
GKV	Spitzenverband der gesetzlichen Krankenversicherungen
GOZ	Gebührenordnung für Zahnärzte

GRUR	Gewerblicher Rechtsschutz und Urheberrecht (Zeitschrift)
HBKaR	Handbuch des Kammerrechts
HBVaR	Handbuch des Vertragsarztrechts
HBWiStStR	Handbuch des Wirtschafts- und Steuerstrafrechts
HwO	Handwerksordnung
i. E.	im Ergebnis
i.S.d.	im Sinne des
i.V.m.	in Verbindung mit
IHK	Industrie- und Handelskammer
KV	Kassenärztliche Vereinigung
KZBV	Kassenzahnärztliche Bundesvereinigung
LG	Landgericht
LSG	Landessozialgericht
m. Verw.	mit Verweis
m.w.N.	mit weiteren Nachweisen
MAH SozR	Münchener Anwaltshandbuch Sozialrecht
MBO	Musterberufsordnung der Bundeszahnärztekammer
MedR	Medizinrecht (Zeitschrift)
Medstra	Zeitschrift für Medizinstrafrecht (Zeitschrift)
MFT	Medizinischer Fakultätentag der Bundesrepublik Deutschland e. V.
MüKoBGB	Münchener Kommentar zum Bürgerlichen Gesetzbuch
MüKoStGB	Münchener Kommentar zum Strafgesetzbuch
MVZ	Medizinisches Versorgungszentrum
NdsOVG	Niedersächsisches Oberverwaltungsgericht
NJW	Neue Juristische Wochenschrift (Zeitschrift)
NVwZ	Neue Zeitschrift für Verwaltungsrecht (Zeitschrift)
OLG	Oberlandesgericht
OVG	Oberverwaltungsgericht
PharmR	Pharmarecht (Zeitschrift)
R + S	Recht und Schaden (Zeitschrift)
RDG	Rechtsdepesche für das Gesundheitswesen (Zeitschrift)
RR	Rechtsprechungs-Report (Zeitschrift)
S.	Seite
SG	Sozialgericht
SGB V	Fünftes Sozialgesetzbuch
SGB	Die Sozialgerichtsbarkeit (Zeitschrift)
sog.	sogenannte(r)
StA	Staatsanwalt(schaft)

StGB	Strafgesetzbuch
UWG	Gesetz gegen den unlauteren Wettbewerb
VDZI	Verband Deutscher Zahntechniker-Innungen
VG	Verwaltungsgericht
VGH	Verwaltungsgerichtshof
Wistra	Zeitschrift für Wirtschafts- und Steuerstrafrecht (Zeitschrift)
WiVerw	Wirtschaft und Verwaltung (Beilage zur Zeitschrift Gewerbearchiv)
ZÄK	Zahnärztekammer
ZAppO	Zahnärzteapprobationsordnung
ZHG	Zahnheilkundegesetz
ZM	Zahnärztliche Mitteilungen (Zeitschrift)
Z-MVZ	Zahnmedizinisches Versorgungszentrum
ZPL	Zahnärztliches Praxislabor
ZTM	Zahntechnik Magazin (Zeitschrift)

1. Einführung

Diese Arbeit behandelt diverse rechtliche Fragestellungen rund um das sog. zahnärztliche Praxislabor (abgekürzt: ZPL). Die zentrale Aufgabe eines zahnärztlichen Praxislabors ist die Herstellung von Zahnersatz. Fast jeder Bürger[1] der Bundesrepublik Deutschland hat oder wird die eine oder andere Form von Zahnersatz erhalten. Dies kann z.B. eine sog. „*Krone*", eine „*Brücke*", ein „*Implantat*" oder eine „*Prothese*"[2] sein.

Zahnersatz wird einem Patienten durch den behandelnden Zahnarzt „*eingegliedert*". Darunter versteht man die Einbringung des Zahnersatzes in den Mund des Patienten. Dieser Vorgang wird in „*Inkorporation*" und „*Implantation*" aufgeteilt. Die Inkorporation ist minimal invasiv durch Einsatz von herausnehmbarem Zahnersatz, wie z.B. einer Kunststoffprothese. Die Implantation ist dagegen ein operativer Eingriff, wie z.B. die fixe Verankerung beim Einbohren eines Implantats zur Einbringung einer Zahnkrone. Beiden Arten der Eingliederung von Zahnersatz erfordern aber, dass sie individuell auf die Mundsituation des Patienten angepasst werden.[3]

Den meisten Patienten dürfte nicht bekannt sein, wer ihren Zahnersatz angefertigt hat. Oft ist der einzige Ansprechpartner der behandelnde Zahnarzt. Dieser untersucht den Patienten, diagnostiziert ein zahnmedizinisches Leiden und schlägt zur Behandlung den Einsatz von Zahnersatz vor, der individuell zur Linderung und Heilung des Krankheitsbildes angefertigt werden muss. Der Herstellungsort des Zahnersatzes wird oft nur als das „*Labor*" bezeichnet. Unklar bleibt dabei, ob dies ein gewerbliches Dentallabor oder ein zahnärztliches Praxislabor ist, obwohl die Unterschiede der beiden Laborformen von entscheidender Bedeutung sein können. In den meisten Fällen wird der Patient wohl auch nicht nachfragen, wer den Zahnersatz herstellen wird. Allenfalls stellt sich diese Frage, wenn es um die Kosten von privat zu zahlenden Leistungen geht und dem Patienten ein günstigeres Labor im Ausland vorgeschlagen wird. Gegenstand dieser Arbeit ist aber nur die Herstellung von Zahnersatz in Deutschland. Manch ein Patient könnte meinen, dass sein Zahnersatz „*im Labor des Zahnarztes*" hergestellt wurde. Dabei wird aber nicht differenziert, ob es sich um das gewerbliche

1 Zur Erleichterung der Lesbarkeit wird im Text jeweils die männliche Form gewählt, wobei sich aber die Ausführungen auf Angehörige aller Geschlechter beziehen.

2 Diese Begriffe werden nachfolgend erläutert.

3 Schüßler, ZPL, S. 51.

Labor eines Dritten handelt, das regelmäßig für diesen Zahnarzt arbeitet, oder ob es tatsächlich ein Labor ist, das dem Zahnarzt selbst (ganz oder teilweise) gehört.

Überwiegend erfolgt die Herstellung von Zahnersatz durch speziell dafür ausgebildete Handwerker (sog. „*Zahntechniker*") in gewerblichen Handwerksbetrieben (sog. „*Dentallabors*"). Dort üben die Zahntechniker (und -Meister) gemeinsam das Handwerk der Zahntechnik aus. Jedoch erfolgt die Herstellung von Zahnersatz nicht nur in solchen gewerblichen Handwerksbetrieben unter Leitung eines Handwerksmeisters, sondern auch in Labors, die mit der Praxis eines Zahnarztes oder mehrerer Zahnärzte verbunden sind und nicht durch einen Zahntechnikermeister oder eine gleichermaßen qualifizierte Person geleitet werden. Diese Praxislabors verfügen regelmäßig (im Gegensatz zu einem gewerblichen Dentallabor) über keine Eintragung in der Handwerksrolle. Die Literatur spricht daher nicht mehr von einem gewerblichen Dentallabor, sondern von einem „*zahnärztlichen Praxislabor*".[4]

Der Umstand, dass Zahnersatz in Deutschland sowohl in gewerblichen Dentallabors als auch in zahnärztlichen Praxislabors gefertigt wird, ist Grund für den juristischen Streit über die Zulässigkeit der Herstellung von Zahnersatz in solchen zahnärztlichen Praxislabors.

Diese Arbeit soll einen Beitrag zur Neubewertung der gegensätzlichen Meinungen in Literatur und Rechtsprechung leisten. Die handwerks-, wettbewerbs- und berufsrechtliche Bewertung der Ausübung der Zahntechnik in zahnärztlichen Praxislabors bildet dabei das Kernthema, wobei aufgrund der Novellierung des ärztlichen Korruptionsstrafrechts auch dieser Aspekt mit einbezogen wird. Im Folgenden wird neben dem eigentlichen Sachverhalt der Zahnersatzherstellung in einem Praxislabor auch die damit verbundene wirtschaftliche Problematik sowie die diversen Typologien des Praxislabors dargestellt.

Es wird untersucht, ob die Herstellung von Zahnersatz in einem Praxislabor den handwerksrechtlichen Vorgaben, z.B. der Eintragungspflicht der Handwerksordnung, unterliegt. In diesem Zusammenhang ist zu bestimmen, ob die Herstellung von Zahnersatz in einem Praxislabor eine zahnärztliche Tätigkeit oder die Ausübung eines zulassungspflichtigen Gesundheitshandwerks darstellt. Hierzu sollen die Ausübungs- und Zulassungsregelungen des Zahnarztberufes sowie das zahnärztliche Berufsbild hinsichtlich der Herstellung von Zahnersatz

---

4 Schnapp/Wigge, § 20 Rn. 63 und § 15 Rn. 149; Sodan, § 18 Medizinische Versorgungszentren (MVZ) Rn. 113; Scholz, in: Spickhoff, MBO-Ä 1997 § 27 Rn. 9; Zuck, GOZ § 9 Rn. 2.

analysiert werden. Dabei müssen auch die Grenzen der freiberuflichen Tätigkeit eines Zahnarztes aufgezeigt werden, was die Herstellung von Zahnersatz angeht. Ferner werden die möglichen Ausnahmen zur Anwendbarkeit der handwerksrechtlichen Vorgaben hinsichtlich der Herstellung von Zahnersatz in einem Praxislabor behandelt. Hierbei wird insbesondere auf die Frage eingegangen, ob ein Praxislabor als eintragungsfreier handwerklicher Hilfsbetrieb oder unerheblicher handwerklicher Nebenbetrieb qualifiziert werden kann.

Darüber hinaus erfolgt eine wettbewerbsrechtliche Bewertung des Praxislabors. Dies betrifft insbesondere die Frage, ob der Betrieb von Praxislabors im Fall der Verletzung von handwerks- und berufsrechtlichen Vorgaben einen Verstoß gegen das Verbot des unlauteren Wettbewerbs darstellt und wie man dagegen vorgehen kann. Des Weiteren werden sowohl die berufs- als auch die strafrechtlichen Aspekte der Ausübung der Zahntechnik durch zahnärztliche Praxislabors bewertet. Im Kern geht es um die Frage, ob und wann Zahnersatz in Praxislabors hergestellt werden darf.

2. Zahnersatz

2.1 Definition

Der Begriff des Zahnersatzes wird zwar im Gesetz verwendet, z.B. in § 28 Abs. SGB V[5], jedoch nicht abschließend definiert. Man versteht darunter ein künstlich hergestelltes Zahnersatzstück, das *„für die Behandlung von Zahn-, Mund- und Kieferkrankheiten nach den Regeln der zahnärztlichen Kunst zweckmäßig"* ist. Dies schließe insbesondere Kronen, Brücken und Prothesen ein.[6] Diese Definition deckt sich mit der des Duden, der den Begriff als *„Ersatz für einen oder mehrere Zähne; künstlicher Zahn"* definiert. Synonyme seien die Begriffe *„Brücke, Gebiss, Prothese"*.[7] Damit übereinstimmend umfasst nach dem klinischen Standardlexikon Pschyrembel der Begriff Zahnersatz alle *„Maßnahmen zur Wiederherstellung der Kaufunktion bei Verlust oder fortgeschrittener Zerstörung von Zähnen durch Karies, Parodontopathien, Unfall oder durch eine Allgemeinerkrankung, v.a. durch künstlichen Zahnersatz (z.B. Kronen, Teilkronen, Brücken, Teil- oder Totalprothesen, Implantate).*[8]

Kranke oder fehlende Zähne werden durch Zahnersatz künstlich wiederhergestellt bzw. ganz oder teilweise ersetzt. Kronen, Brücken, Prothesen und Implantate sind die wichtigsten Unterkategorien von Zahnersatz. Nach dem Beschleifen eines kranken Zahns kann eine Krone (aus Kunststoff, Metall oder Keramik) die betroffene Zahnsubstanz ersetzen, um die natürliche Funktion wiederherzustellen[9]. Brücken werden an benachbarten Zähnen

---

5 *„Zahnersatz einschließlich Zahnkronen und Suprakonstruktionen"*.

6 Waschull, in: Spickhoff, SGB XII § 48 Rn. 42 und 44 unter Verw. auf Richtlinie des Gemeinsamen Bundesausschusses für eine ausreichende, zweckmäßige und wirtschaftliche vertragszahnärztliche Versorgung mit Zahnersatz und Zahnkronen (künftig: *„Zahnersatz-Richtlinie"*) in der Fassung vom 8. Dezember 2004, veröffentlicht im Bundesanzeiger 2005 (S. 4 094), in Kraft getreten am 1. Januar 2005, zuletzt geändert am 18. Februar 2016, veröffentlicht im Bundesanzeiger (BAnz AT 03.05.2016 B1), in Kraft getreten am 4. Mai 2016, S. 7 ff.

7 Duden unter https://www.duden.de/rechtschreibung/Zahnersatz, Abruf: 02.03.2019 11:00.

8 Pschyrembel unter https://www.pschyrembel.de/Zahnersatz/S02NH/doc/, Abruf: 02.03.2019 11:00; Zahnersatz-Richtlinie, S. 7.

9 Pschyrembel unter https://www.pschyrembel.de/zahnkrone/K0CB4/doc/, Abruf: 02.03.2019 11:01.

befestigt[10]. Die Brücke dient der Schließung „*zahnbegrenzter Lücken*“, wenn dadurch „*die geschlossene Zahnreihe wiederhergestellt*“ wird[11]. Ferner gibt es feste oder herausnehmbare Voll- und Teilprothesen für den Ersatz fehlender Bereiche des Kiefers[12] sowie Implantate zur Verankerung des Zahnersatzes im Kieferknochen im Rahmen der „*Versorgung mit Suprakonstruktionen*“[13] und viele weitere Varianten von Zahnersatz.

Alle Formen von Zahnersatz aufzuzeigen, würde den Rahmen dieser Arbeit sprengen. Daher soll nachfolgend der Begriff des Zahnersatzes alle Formen und Varianten umfassen, die in einem gewerblichen Dentallabor oder einem zahnärztlichen Praxislabor zur Behandlung von Patienten hergestellt werden.

2.2 Medizinprodukt als Sonderanfertigung

In Zeiten automatisierter und globaler Produktion von Gütern aller Art ist dem Verbraucher kaum noch bekannt, wer ein Produkt tatsächlich angefertigt hat. Individuelle Maßarbeit ist selten geworden. Vielmehr bietet der Markt standardisierte Produkte aus Großserienproduktionen an, die auf eine breite Masse von Konsumenten zugeschnitten sind. Ihre Grenzen findet diese Massenproduktion aber immer dann, wenn es auf die individuellen Bedürfnisse des Konsumenten ankommt. Das ist insbesondere bei einem Medizinprodukt der Fall, welches das individuelle Leiden eines Menschen heilen oder lindern soll. Der Zahnersatz ist nach der Darstellung des Verbandes Deutscher Zahntechniker-Innungen (VDZI) kein Massenprodukt, welches nach industriellen Normen maschinell gefertigt werden kann, wie z.B. ein Grippe-Medikament oder eine künstliche Herzklappe. Zahnersatz stelle vielmehr ein maßanzufertigendes Medizinprodukt im Sinne einer Sonderanfertigung gemäß den Vorgaben des § 3 Nr. 8 Medizinproduktegesetz (MPG) dar: „*… Kronen, Brücken, Inlays: Praktisch alles, was in einem zahntechnischen Labor hergestellt wird, gilt als Medizinprodukt im Sinne … des Medizinproduktegesetzes (MPG) und der Medizinprodukte-Verordnung (MPV)… Zahnersatz ist ein Medizinprodukt in der Form einer Sonderanfertigung gemäß § 3 Nr. 8 MPG, welches üblicherweise der Medizinprodukte-Klasse IIa unterliegt…*“[14].

10 Pschyrembel unter https://www.pschyrembel.de/Br%C3%BCcke/K047K/doc/, Abruf: 02.03.2019 11:01.

11 Zahnersatz-Richtlinie, S. 7.

12 Zahnersatz-Richtlinie, S. 8.

13 Zahnersatz-Richtlinie, S. 9.

14 VDZI unter http://www.vdzi.net/berufsstand/gesetzliche-grundlagen/medizinproduktegesetz.html, Abruf: 02.03.2019 11:02.

Schüßler bemerkt dazu, dass dieser Zahnersatz einen eigenen Wert im Verhältnis zur zahnärztlichen Eingliederung hat. Niemand würde eine gleichsam „*komplexe Armprothese mit all ihren feinmechanischen und elektrotechnischen Bestandteilen*“ als wertlos im Verhältnis zu der darauf aufbauenden orthopädischen Leistung einschätzen. Daher könne der Zahnersatz im Verhältnis zu der darauf aufbauenden zahnärztlichen Leistung auch nicht als wertlos eingeschätzt werden. Gemeint war aber nicht allein der finanzielle Wert an sich, welcher oft über den Preis der ärztlichen Leistung hinausgehe, sondern der gesteigerte Mehrwert für den Patienten, sprich die Conditio sine qua non für die Heilung oder Linderung des Leidens.[15]

Zahnersatz muss in aufwendiger technischer Detailarbeit nach den individuellen Bedürfnissen des jeweiligen Patienten in Sonderanfertigung hergestellt werden. Den wenigsten Patienten ist bekannt, ob Zahntechniker in einem gewerblichen Dentallabor oder der Zahnarzt selbst bzw. seine Angestellten in einem zahnärztlichen Praxislabor ihren Zahnersatz hergestellt haben. Beides ist aber denkbar. Zahnersatz wird hierzulande nicht nur in den gewerblichen Dentallabors durch Personen hergestellt, die eine zahntechnische Handwerksausbildung abgeschlossen haben[16] und die durch Personen angeleitet und überwacht werden, die eine zahntechnische Meisterprüfung abgeschlossen haben[17]. Die Fertigung erfolgt auch durch Zahnärzte oder deren Angestellte in zahnärztlichen Praxislabors. Dabei ist aber nicht immer davon auszugehen, dass die Angestellten in einem Praxislabor auch ausgebildete Zahntechniker sind oder dass dort ein Zahntechnikermeister überwachend und anleitend tätig ist.[18]

2.3 Gesundheitshandwerksgewerbe

Nach Ansicht des VDZI definiert sich der Beruf des Zahntechnikers dadurch, dass Zahntechniker festsitzenden und herausnehmbaren Zahnersatz oder auch kieferorthopädische Geräte zur Zahnregulierung (z.B. Spangen) herstellen[19]. Ferner wird dazu bemerkt, dass die Ausübung des Zahntechnikerhandwerks im Wesentlichen die Herstellung und Reparatur von Zahnersatz im

15 Schüßler, ZPL, S. 57.
16 Zahntechniker.
17 Zahntechnikermeister.
18 Detterbeck, PL, S. 13 f.
19 VDZI unter http://www.vdzi.net/berufsstand/berufsbild.html, Abruf: 02.03.2019 11:02.

Sinne individueller zahntechnischer Medizinprodukte in einem eingetragenen zahntechnischen Gewerbebetrieb umfasse[20] und nicht in einer Praxis erfolge. Zahnersatz wird dennoch auch von Zahnärzten und deren Angestellten in Praxislabors hergestellt. In anderen medizinischen Bereichen ist es dagegen eher unüblich, dass der Behandler seine Behandlungsmittel eigenhändig herstellt. Daher ist zu fragen, warum neben den Zahntechnikern auch andere Berufsgruppen Zahnersatz herstellen und ob sie dies dürfen.

§ 1 Abs. 1 S. 1 des Gesetzes zur Ordnung des Handwerks (Handwerksordnung – HwO) normiert, dass der selbstständige Betrieb eines zulassungspflichtigen Handwerks als stehendes Gewerbe nur den in der Handwerksrolle eingetragenen natürlichen und juristischen Personen und Personengesellschaften gestattet ist. Ein Gewerbebetrieb ist nach § 1 Abs. 2 S. 1 HwO der Betrieb eines zulassungspflichtigen Handwerks, wenn er handwerksmäßig betrieben wird und ein Gewerbe vollständig umfasst, das in der Anlage A der HwO aufgeführt ist, oder Tätigkeiten ausgeübt werden, die für dieses Gewerbe wesentlich sind (sog. „*wesentliche Tätigkeiten*“). In der Anlage A der HwO findet sich ein Verzeichnis der Gewerbe, die als zulassungspflichtige Handwerke im Sinne des § 1 Abs. 2 HwO betrieben werden können bzw. vielmehr nur aufgrund einer Zulassung i.S.d. HwO betrieben werden dürfen. Die Ausübung des Zahntechnikerhandwerks stellt nach § 1 Abs. 1 u. 2 i.V.m. Anl. A Nr. 37 HwO den Betrieb eines zulassungspflichtigen Gesundheitshandwerksgewerbes dar. Die notwendige Eintragung in der Handwerksrolle erfolgt aber nur, wenn der Betriebsleiter die Zahntechnikermeisterprüfung oder eine vergleichbare Prüfung bestanden hat oder wenn eine Ausnahmebewilligung im Sinne der HwO vorliegt. Sollte der Betriebsinhaber nicht selbst diese Voraussetzungen erfüllen, wäre ein Zahntechnikermeister oder eine vergleichbar qualifizierte Person als Betriebsleiter anzustellen.

Dentallabors sind im Sinne des § 1 Abs. 1 u. 2 i.V.m. Anl. A Nr. 37 HwO in die Handwerksrolle einzutragende Handwerksbetriebe, da sie im vorbezeichneten Sinne gewerblich tätig sind. Die Ausübung des Zahntechnikerhandwerks erfolgt in einem eingetragenen gewerblichen Dentallabor grundsätzlich nur unter der Aufsicht und Anleitung durch mindestens einen Zahntechnikermeister oder eine gleichermaßen qualifizierte Person als Betriebsleiter. Der Zahnersatz wird aber nicht deswegen in einem gewerblichen Dentallabor gefertigt, weil ein Patient das Dentallabor dazu beauftragt hat. Vielmehr ist in der Versorgungskette zwischen Patient und Dentallabor noch der jeweils behandelnde Zahnarzt

---

20 Detterbeck, PL, S. 20.

zwischengeschaltet. Die Fertigung von Zahnersatz im Dentallabor erfolgt im Rahmen eines Werkvertrages aufgrund eines Auftrages niedergelassener Zahnärzte, die den jeweiligen Patienten mit dem in Auftrag gegebenen Zahnersatz versorgen wollen.[21]

Zahnersatz ist ein individuelles Medizinprodukt, das auf die Bedürfnisse des Patienten zugeschnitten wird. Dafür muss der behandelnde Zahnarzt mit demjenigen, der den Zahnersatz anfertigt, engmaschig zusammenarbeiten. So müssen zunächst Abdrücke von der Mundkiefersituation des Patienten in der Praxis gefertigt werden. Anhand dieser wird durch Ausgießen mit einer Gipsmasse im Labor ein dreidimensionales Modell geschaffen. Auf dieser Basis wird der Zahnersatz oder ein provisorisches Ersatzstück (sog. Provisorium) gefertigt. Mitunter erfolgen mehrere Behandlungstermine zur Überprüfung und Anpassung des Zahnersatzes, bevor der Zahnersatz vom behandelnden Zahnarzt abgenommen und dem Patienten final eingegliedert werden kann. Daher betont auch der VDZI, dass insbesondere die *„enge Kooperation“* der Zahntechniker mit dem Zahnarzt vor Ort ein *„Höchstmaß an Qualität“* gewährleistet[22]. Diese enge Kooperation zwischen Zahnarzt und Zahntechniker ist das Schlüsselelement für eine erfolgreiche Behandlung der Patienten. Dabei fällt dem Zahntechnikerhandwerk unter den Gesundheitshandwerken eine Sonderrolle zu. Zahntechniker stehen *„nicht in einer unmittelbaren rechtlichen Beziehung zu den Patienten“*, sondern erbringen ihre Leistung gegenüber dem Zahnarzt aufgrund eines Werkvertrages: *„Der Zahnarzt trifft die Entscheidung über Notwendigkeit, Art und Umfang von Zahnersatz und gibt den Auftrag an das Meisterlabor, sofern er den Zahnersatz nicht im eigenen Praxislabor anfertigen lässt“*.[23]

2.4 Praxislabor als Entstehungsort

Man unterscheidet echte und unechte Praxislabors. Echte Praxislabors sind einer Zahnarztpraxis angegliederte Dentallabors, welche von einem Zahnarzt geleitet werden und Zahnersatz für den Eigenbedarf dieses Zahnarztes herstellen. Solche echten Praxislabors existieren in unterschiedlichen Organisations- und Erscheinungsformen, wobei diese teilweise auch durch mehrere Zahnärzte gemeinschaftlich betrieben werden. Echte Praxislabors fertigen nur für den Eigenbedarf

21 BGH NJW 1975, 305; Quaas/Zuck/Clemens, Medizinrecht, § 30 Rn. 25; VDZI unter http://www.vdzi.net/berufsstand/berufsbild.html, Abruf: 02.03.2019 11:03.

22 VDZI unter http://www.vdzi.net/berufsstand/berufsbild.html, Abruf: 02.03.2019 11:04.

23 VDZI unter http://www.vdzi.net/berufsstand.html, Abruf: 02.03.2019 11:04.

der jeweiligen Betreiber.[24] Demgegenüber fertigen unechte Praxislabors auch für den Bedarf anderer Zahnärzte, deren Praxis das Praxislabor nicht angegliedert ist.[25] Im Gegensatz zu gewerblichen Dentallabors fehlt in einem Praxislabor regelmäßig eine Eintragung in der Handwerksrolle.

2.5 Streit um handwerksrechtliche Bewertung

Die Herstellung von Zahnersatz erfolgt zum einen in den eingetragenen gewerblichen Dentallabors und zum anderen in nicht eingetragenen Praxislabors einer Zahnarztpraxis. Daher stellt sich die Frage, warum der Betreiber eines gewerblichen Dentallabors höhere Anforderungen erfüllen muss als der Betreiber eines Praxislabors, obwohl beide Zahnersatz zur Versorgung der Patienten eines Zahnarztes herstellen. Hierbei könnte ein Verstoß gegen den allgemeinen Gleichheitssatz in Artikel 3 Abs. 1 des Grundgesetzes vorliegen, falls diese Ungleichbehandlung nicht sachlich gerechtfertigt ist[26].

Zunächst scheint kein Grund ersichtlich zu sein, warum die Hersteller des gleichen Produktes unterschiedlich behandelt werden. Somit wäre anzunehmen, dass alle Hersteller von Zahnersatz stets die gleichen Anforderungen erfüllen müssen, mithin immer die strengen handwerksrechtlichen Vorgaben beachten müssen. Das würde bedeuten, dass Praxislabors ohne Eintrag in der Handwerksrolle in rechtswidriger Weise agieren. Die Rechtsprechung und juristische Literatur vertreten aber seit dem Jahr 1979 unterschiedliche Positionen zu der Frage der handwerksrechtlichen Zulässigkeit zahnärztlicher Praxislabors. Im Wesentlichen wird darüber gestritten, ob die Herstellung von Zahnersatz in einem Praxislabor den Restriktionen der HwO unterfällt oder diese von einer Genehmigungspflicht im Sinne der HwO freigestellt ist.

Die juristische Literatur vertritt überwiegend die Meinung, dass die strengen Vorgaben der HwO auch für die zahnärztlichen Praxislabors gelten[27]. Die

---

24 Detterbeck, PL, S. 17 ff.

25 Ders., PL, S. 19; Wassermann/Rudolph, S. 62 ff.

26 Vgl. dazu BVerfG NJW 1961, 2011; BVerfGE 140, 267; BVerwG NVwZ 2014, 1241; NVwZ-RR 2012, 23; NVwZ-RR 2012, 28 (Ls.); Grabenwarter/Pabel, 3. Teil. Die Garantien der EMRK 2. Kapitel. Die Rechte und Freiheiten der EMRK § 26. Gleichheitsgrundrechte Rn. 40; Günther, in: Honig/Knörr/Thiel, HwO § 113 Rn. 6; Kischel, in BeckOK, GG Art. 3 Rn. 14; Schmidt, in: ErfK, GG Art. 3 Rn. 33; Schnapp/Wigge, § 4 Rn. 68, 70, 71.

27 Bejahend Detterbeck, HwO § 2 Rn. 9; Krause GewArch 1984, 313 f.; Leisner, HwO § 2 Rn. 7; Schmitz, in: Schwannecke, HwO § 3 Rn. 20; Schüßler, ZPL, S. 88 ff.; a.A. Badura ZM 1978, 597 ff.; Pohl ZM 1977, 709 ff.

höchstrichterliche Rechtsprechung vertritt die Gegenauffassung[28]. BGH und BVerwG haben das zahnärztliche Praxislabor als einen eintragungsfreien Hilfsbetrieb im Sinne des § 3 Abs. 3 Nr. 1 HwO qualifiziert, soweit es keinen unmittelbaren Marktzugang bzw. keinen unmittelbaren Leistungsaustausch mit den Patienten hat und schon keine freiberuflich-zahnärztliche Tätigkeit vorliegt, welche die Anwendung der HwO per se ausschließe. Aufgrund neuer Ansatzpunkte der juristischen Literatur[29], der Novellierung des ärztlichen Korruptionsstrafrechts in 2016[30], der Neuregelung der zahnärztlichen Ausbildung durch die Approbationsordnung für Zahnärzte vom 08.07.2019,[31] die nach § 21 Abs. 1 ZHG[32] am 01.10.2020 in Kraft tritt, aber auch bereits aufgrund des „*Paradigmenwechsel der großen Handwerksnovelle*" in 2003[33], ist es an der Zeit, diese höchstrichterliche Rechtsprechung neu zu bewerten.

2.6 Wirtschaftliche Dimension

Der Streit ist insbesondere auch von wirtschaftlicher Bedeutung[34], was an den Ausgaben für Zahnersatz, der Entwicklung der Einkommen der Zahnärzte und der Umsätze der beteiligten Akteure deutlich wird.

2.6.1 Ausgaben für Zahnersatz

Nach Angaben der GKV sind im Jahr 2016 im Bereich der gesetzlichen Krankenversicherung rund 3,26 Mrd. € für den Leistungsbereich Zahnersatz ausgegeben worden[35]. Die jährlichen Gesamtausgaben für die Versorgung mit Zahnersatz steigen insgesamt seit 2012 an[36].

---

28 BGH NJW 1980, 1337; BVerwG NJW 1980, 1349 = BVerwGE 58, 93 ff.

29 Insbesondere Detterbeck, PL.

30 Gesetz zur Bekämpfung von Korruption im Gesundheitswesen v. 30.05.2016, BGBl. I 1254.

31 Art. 1 der Verordnung zur Neuregelung der zahnärztlichen Ausbildung vom 08.07.2019, BGBl. 2019-I, S. 933.

32 Neu gefasst durch Art. 13 Zweites Gesetz zum Schutz der Bevölkerung bei einer epidemischen Lage von nationaler Tragweite v. 19.05.2020, BGBl. I, S. 1018.

33 Ausführlich dazu Detterbeck, HwO, Einleitung Rn. 9–11.

34 BZÄK/KZBV, Zahnmedizin und Zahntechnik, 2015, S. 11.

35 GKV 2017, S. 4.

36 GKV 2017, S. 15.

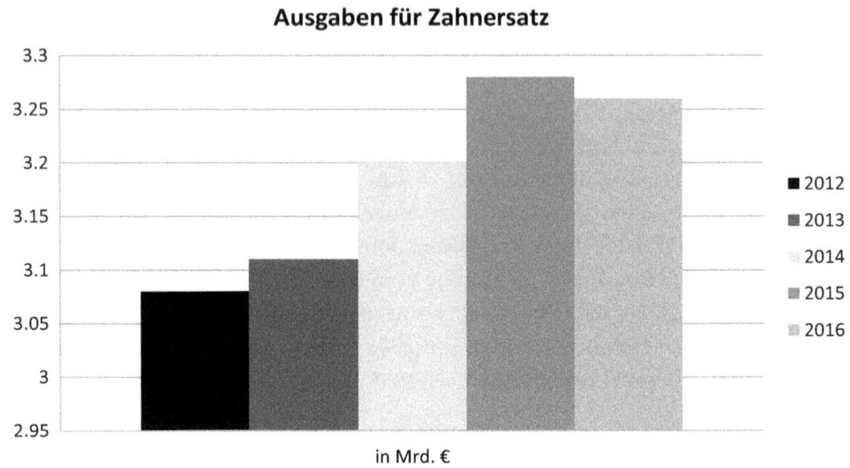

Obwohl die Gesamtausgaben in 2015 die Ausgaben in 2016 um 0,02 Mrd. € leicht übertroffen haben, darf nicht mit einem kontinuierlichen Rückgang der Gesamtausgaben für die nächsten Jahre gerechnet werden. Eine alternde Bevölkerung hat auch einen gesteigerten Bedarf an (zahn-)medizinischer Versorgung. Eine leichte Steigerung ergibt sich aus dem Vergleich der Daten der Jahre 2016 und 2017. Die Ausgaben für Zahnersatz stiegen im 1.–3. Quartal 2017 im Vergleich zum 1.–3. Quartal 2016 von 2,43 auf 2,45 Mrd.[37] an.

Im Jahr 2016 haben die Ausgaben für Zahnersatz bereits rund 24 % der Gesamtausgaben für zahnärztliche Leistungen ausgemacht[38]. Es ist zu erwarten, dass die Ausgaben für Zahnersatz weiter steigen, da sie bereits von 3,26 Mrd. € in 2016 auf 3,35 Mrd. € in 2018 angestiegen sind[39].

2.6.2 Einkommensentwicklung

Auch die Ausgaben für zahnärztliche Behandlung (ohne Zahnersatz) sind von 9,83 Mrd. € in 2014 auf 11,14 Mrd. € in 2018 gestiegen[40]. Aber obwohl die Ausgaben für Zahnersatz und die Behandlung durch Zahnärzte weiter steigen, geht das Einkommen der Zahnärzte über die Jahre kontinuierlich zurück. Im Jahr

37 KZBV, 2017, S. 39; GKV 2017, S. 4.
38 GKV 2017, S. 15.
39 GKV 2019, S. 15.
40 GKV 2019, S. 9.

1980 hatte nach Angaben der kassenzahnärztlichen Bundesvereinigung (KZBV) das durchschnittliche Zahnärzte-Einkommen in Relation zum Durchschnitt der Einkommen aller Ärzte mit einem Wert von über 125 % noch eine Spitzenposition unter den ärztlichen Topverdienern belegt. Ein stetiger Rückgang des durchschnittlichen Zahnärzte-Einkommens in Relation zum Durchschnitt der Einkommen aller Ärzte habe aber dazu geführt, dass bereits im Jahr 2015 die Zahnärzte diese Spitzenposition verloren haben und nun mit einem durchschnittlichen Zahnärzte-Einkommen von unter 100 % in Relation zum Durchschnitt der Einkommen aller Ärzte auf einem der letzten Plätze, hinter den HNO-Ärzten, rangieren.[41]

Wenn mit der zahnärztlichen Behandlung immer weniger zu verdienen ist, aber gleichzeitig die Ausgaben für Zahnersatz steigen, verlagert sich der Umsatz-Schwerpunkt des Dentalmarktes auf die Produzenten für Zahnersatz. Daher wäre es lukrativ, wenn man die Produktion von Zahnersatz durch externe gewerbliche Dentallabors in eigene Praxislabors verlagern könnte, um diesen Einkommensrückgang durch eine neue Einnahmequelle zu kompensieren. Dazu soll der Umsatz verglichen werden, der mit der Herstellung von Zahnersatz jeweils in gewerblichen Dentallabors und Praxislabors erwirtschaftet wird.

2.6.3 Umsatzvergleich

Die Anzahl der jeweils Beschäftigten und die Höhe des jeweils erzielten Umsatzes in gewerblichen Dentallabors und Praxislabors waren nach der Darstellung von *Detterbeck* bereits im Jahr 2014 ungleichmäßig verteilt[42]. Dieser Trend hat sich fortgesetzt. Im Jahr 2016 waren nach Angaben des VDZI in 8.221 zahntechnischen Betrieben 66.484 Personen (Zahntechniker, zahntechnische Hilfskräfte und weitere Angestellte) beschäftigt[43]. Im Jahr davor waren in 8.328 zahntechnischen Betrieben 65.663 Personen der o.g. Berufsgruppen beschäftigt[44]. Dagegen gab es nach Angaben der KZBV in Deutschland 2015 insgesamt 43.106 Zahnarztpraxen bzw. im Jahr 2016 insgesamt 42.616 Zahnarztpraxen[45]. Von diesen hatten in 2015 in den alten Bundesländern jeweils 17,6 % eigene Praxislabors mit einem angestellten Zahntechniker und 14,4 % eigene Praxislabors

41 KZBV, 2017, S. 113.

42 Detterbeck, PL, S. 13.

43 VDZI unter http://www.vdzi.net/statistik.html, Abruf: 02.03.2019 11:05.

44 VDZI unter http://www.vdzi.net/statistik.html, Abruf: 02.03.2019 11:05.

45 KZBV, 2017, S. 182.

ohne angestellten Zahntechniker[46]. Ende 2015 waren in den Zahnarztpraxen in Deutschland insgesamt rund 246.000 Arbeitnehmer entgeltlich beschäftigt[47]. Von den Beschäftigten waren rund 3,8 % Zahntechniker[48].

Somit waren in 2015 ca. 9.348 Zahntechniker in 43.106 Zahnarztpraxen mit der Herstellung von Zahnersatz oder sonstigen zahntechnischen Tätigkeiten befasst. Ein anderweitiger Einsatz, z.B. als Assistenz am Behandlungsstuhl oder im Büro der Praxis, wäre qualifikationsfremd und kann daher nahezu ausgeschlossen werden. Somit ergibt sich eine Beschäftigten-Quote von rund 0,2 Zahntechniker pro Praxislabor und rund 7,9 Beschäftigte (Zahntechniker, zahntechnische Hilfskräfte, weitere im Labor Beschäftigte) pro gewerbliches Dentallabor.

Der Personaleinsatz für die Herstellung von Zahnersatz in einem gewerblichen Dentallabor ist damit wesentlich höher als der in einem Praxislabor. Daher ist zu fragen, wie es ein Praxislabor mit so viel weniger (zahntechnisch geschultem) Personal schafft, ein geeignetes Medizinprodukt herzustellen, das dem technischen Niveau eines gewerblichen Dentallabors gleichkommt. Andernfalls wäre es nicht für die Eingliederung am Patienten geeignet. Selbst wenn man von der durchschnittlichen Personalanzahl des Dentallabors drei Personen abziehen würde (z.B. eine Bürokraft für Auftrags- und Abrechnungsabwicklung, ein Fahrer für Lieferungen an die Praxen und ein Zahntechnikermeister als Betriebsleiter), bestünde immer noch ein Missverhältnis von 4,9 zu 0,2 Beschäftigten.

Das Praxislabor benötigt also deutlich weniger Personal als das Dentallabor für die Erledigung der gleichen Aufgabe. Das Argument, dass ein Praxislabor weniger Personal benötigen würde, weil dort weniger bzw. einfachere und unkomplizierte Arbeiten verrichtet würden (z.B. nur kleine Reparaturen), überzeugt nicht und kann anhand eines Umsatzvergleiches widerlegt werden. Im Jahr 2015 waren rund 88 % des zahntechnischen Personals (Zahntechniker, aber auch zahntechnische Hilfskräfte und weitere Beschäftigte) in gewerblichen Dentallabors tätig, in Praxislabors jedoch nur rund 12 %. Falls diese 12 % in den Praxislabors nur mit einfachen und unkomplizierten (also kostengünstigen) Arbeiten im Bereich Zahnersatz beschäftigt gewesen wären, müssten dagegen die komplizierten und damit teureren Zahnersatzleistungen von den restlichen 88 % in den gewerblichen Dentallabors erbracht worden sein. Dementsprechend sollte sich der erwirtschaftete Umsatz für die Herstellung von Zahnersatz im Jahr 2015 in einem entsprechenden Verhältnis auf die gewerblichen Dentallabors und

---

46 KZBV, 2017, S. 148.
47 KZBV, 2017, S. 114.
48 KZBV, 2017, S. 151.

Praxislabors verteilen. Schließlich wird dort jeweils eine vergleichbare Leistung für denselben Markt erbracht. Von 3,28 Mrd. € Gesamtausgaben für Zahnersatz im Jahr 2015 sollten demnach rechnerisch rund 2,89 Mrd. € (rund 88 %) auf die gewerblichen Dentallabors entfallen.

Das tatsächliche Verhältnis der Umsatzverteilung 2015 wird aber noch nicht einmal annäherungsweise dem Verhältnis des Personaleinsatzes gerecht. Tatsächlich entfielen in 2015 lediglich rund 66 % des zahnersatzbezogenen Umsatzes auf gewerbliche Dentallabors, mithin nur 2,16 Mrd. €. Dagegen entfielen auf die Beschäftigten in Praxislabors 1,12 Mrd. € Umsatz[49]. Also sind rund 34 % des Umsatzes mit Zahnersatz im Jahr 2015 lediglich rund 12 % des zahntechnischen Personals in Praxislabors zuzurechnen. Fakt ist, dass weniger Angestellte in Praxislabors mehr Umsatz generieren als mehr Angestellte in gewerblichen Dentallabors. Es kann nicht angenommen werden, dass in den Praxislabors nur einfache und unkomplizierte (und somit kostengünstige) Arbeiten erfolgen. Das Gegenteil dürfte der Fall sein.

Daher ist zu fragen, wie viel Umsatz ein durchschnittlicher Mitarbeiter 2015 in einem Praxislabor im Vergleich zu seinem Kollegen in einem Dentallabor erwirtschaftet hat. Dieser Wert wird zeigen, welcher Anteil des Umsatzes mit Zahnersatz auf die Praxislabors entfällt. Die in Praxislabors angestellten 12 % der Zahntechniker haben 2015 rund 34 % des Umsatzes mit Zahnersatz erwirtschaftet. Demgegenüber entfallen 66 % des Umsatzes auf die restlichen 88 % der in Deutschland in gewerblichen Labors angestellten Zahntechniker. Die Ermittlung des durchschnittlichen Umsatzes pro Kopf ergibt, dass ein Beschäftigter eines gewerblichen Dentallabors im Jahr 2015 jeweils nur rund 32.895 € Umsatz erwirtschaftet hat. Der Beschäftigte im Praxislabor hat dagegen 2015 einen Umsatz von rund 119.812 € erzielt. Der Mitarbeiter des Praxislabors erwirtschaftet mehr als den dreifachen Pro-Kopf-Umsatz seines Kollegen im gewerblichen Dentallabor. Selbst wenn man davon ausgeht, dass nicht jeder Beschäftigte in einem Dentallabor auch ein Zahntechniker ist, also ein Mitarbeiter, der sich unmittelbar und ausschließlich mit der Herstellung von Zahnersatz beschäftigt, ist dieses Ungleichgewicht auffällig.

Ein solches Ungleichgewicht wurde bereits von *Schüßler* für das Jahr 2000 insoweit festgestellt, dass im Zeitraum 1989 bis 1997 zwar die Anzahl der Zahntechniker in Praxislabors um über 15 % zurückging, aber gleichzeitig der Umsatz der Praxislabors sich fast verdoppelt hat. Der Pro-Kopf-Umsatz des Praxislabor-Zahntechnikers in 1997 liege demnach bei fast 252 % des Pro-Kopf-Umsatzes

---

49 KZBV, 2017, S. 20 ff.

seines Kollegen im gewerblichen Dentallabor. Das sei umso erstaunlicher, da nahezu 90 % der Patienten gesetzlich versichert seien und die Preise des Praxislabors die des gewerblichen Dentallabors um 5 % unterschreiten müssten[50]. Die Quote des Pro-Kopf-Umsatzes für das Jahr 2000 beschreibt *Schüßler* als insgesamt vergleichbar mit 1997.[51]

Bis in das Jahr 2015 ist dieses Ungleichgewicht weiter angewachsen. Man muss daher fragen, ob im gewerblichen Dentallabor zu viele Mitarbeiter für zu wenig Arbeit angestellt sind oder ob die betriebswirtschaftliche Führung der gewerblichen Dentallabors schlechter bzw. deren Betrieb unrentabler ist als der der Praxislabors. Es kann aber nicht angenommen werden, dass die wenigen Angestellten in einem Praxislabor nur mit wenigen, einfachen und billigen Arbeiten der Zahnersatzherstellung betraut sind. Um diese Umsatzzahlen zu erzielen, muss der jeweils im Praxislabor gefertigte Zahnersatz entsprechend aufwendig und daher teuer sein. Es drängt sich der Gedanke auf, dass die lukrativeren Arbeiten vermehrt in Praxislabors erfolgen, dagegen aber die weniger lukrativen Arbeiten (wenn überhaupt) an externe Dentallabors vergeben werden. Der mögliche Einwand, dass das Personal in Praxislabors produktiver sei als die Kollegen in einem gewerblichen Dentallabor, ist aufgrund mindestens gleichartiger Qualifikation des fraglichen Personals abzulehnen. Auch wenn mitunter zahntechnisch nicht ausgebildete Hilfskräfte in einem Dentallabor (z.B. als Fahrer oder Bürokraft) eingesetzt werden, ist es keineswegs die Ausnahme, dass auch nicht-zahntechnisch ausgebildetes Personal (z.B. zahnmedizinische Fachangestellte) in einem Praxislabor eingesetzt wird.

Die Frage der rechtlichen Zulässigkeit zahnärztlicher Praxislabors betrifft einen milliardenschweren Markt, auf dem Praxis- und gewerbliche Dentallabors agieren. Zwischen diesen Betriebsformen besteht eine faktische Konkurrenzsituation. Die Herstellung von Zahnersatz in Praxislabors reduziert zwangsläufig die Nachfrage nach Produktion der gewerblichen Dentallabors und damit deren Umsatz. Der Zahnarzt müsste den Zahnersatz zur Behandlung seiner Patienten in einem gewerblichen Dentallabor anfertigen lassen, falls er ihn nicht eigenhändig herstellt oder in einem Praxislabor herstellen lässt.

---

50 Vgl. dazu § 88 Abs. 3 SGB V a.F.: *„Preise für zahntechnische Leistungen nach Absatz 1, die von einem Zahnarzt erbracht werden, haben die Preise nach Absatz 2 Satz 1 und 2 um mindestens 5 vom Hundert zu unterschreiten. Hierzu können Verträge nach § 83 abgeschlossen werden.“*

51 Schüßler, ZPL, S. 27 f.

Mittlerweile wirkt sich der Wegfall eines Marktanteils von rund 34 % sogar existenzbedrohend für viele gewerbliche Dentallabors aus, die vom Wettbewerb zunehmend ausgeschlossen werden. Damit lässt sich eine Forderung nach einer strengen Befolgung der berufs- und handwerksrechtlichen Vorgaben für die Herstellung von Zahnersatz in den Praxislabors nachvollziehen. Hierzu bemerkt der VDZI, dass Zahnersatz aus Praxislabors, anders als der Zahnersatz aus gewerblichen Dentallabors, nicht dem Markt und dem Wettbewerb ausgesetzt sei. Der Anteil des Zahnersatzes aus Praxislabors mache mittlerweile 30 % aus und dieser Anteil nehme in besorgniserregende Weise zu.[52] Der VDZI fordert daher eine klare Positionierung der Zahnärzte zu den Grenzen ihrer Tätigkeit im Bereich der Zahnersatzherstellung: „*Insofern beharrt das Zahntechniker-Handwerk darauf, dass die Zahnärzteschaft ihr Recht, zahntechnische Leistungen selbst für die eigenen Patienten im sog. Praxislabor herzustellen, konkretisiert und dabei die engen berufsrechtlichen und gebührenrechtlichen Grenzen des freien Berufes tatsächlich durchsetzt.* […]“[53]. Der VDZI sieht die Gefahr einer Verletzung der berufsrechtlichen und gebührenrechtlichen Grenzen durch die Herstellung von Zahnersatz in zahnärztlichen Praxislabors. Gleichzeitig existiere aufgrund der Herstellung von Zahnersatz in Praxislabors ein erheblicher Wettbewerbsnachteil für gewerbliche Dentallabors: „*Wettbewerbspolitisch ist dies*[54] *unfair, weil nur das gewerbliche Labor in einem Wettbewerb steht, und angesichts dieser Regelungslücken bei den Abrechnungsmöglichkeiten via Praxislabor zunehmend aufgrund der asymmetrischen Wettbewerbsverhältnisse benachteiligt und chancenlos ist.*“[55] Wenn der Zahnarzt den Auftrag zur Herstellung von Zahnersatz direkt an sein Praxislabor vergibt, hat das gewerbliche Dentallabor nie die Chance, um diesen Auftrag zu konkurrieren.

---

52 VDZI, Stellungnahme Versorgungsgesetz 2011, S. 13.

53 VDZI unter http://www.vdzi.net/presse/news/jahres-mitgliederversammlung-2016-beschluesse-neu/accordion/das-zahnaerztliche-labor.html, Abruf: 02.03.2019 11:06.

54 Gemeint ist die Zahnersatz-Herstellung in zahnärztlichen Praxislabors.

55 VDZI, Stellungnahme Versorgungsgesetz 2011, S. 14.

3. Typologien des Praxislabors

Der Begriff Praxislabor wird weder im Gesetz noch durch die juristische Literatur näher definiert. Tatsächlich finden sich in Deutschland diverse Erscheinungs- und Rechtsformen von Praxislabors, je nach Bedarf der Betreiber. Teilweise überschneiden sich auch die Betriebsfelder des Praxislabors mit denen eines gewerblichen Dentallabors. Die diversen Typen des Praxislabors bedingen daher auch unterschiedliche rechtliche Bewertungen, abhängig davon, wer dort welche Tätigkeit in welcher Organisationsform ausübt oder ausüben lässt. *Detterbeck* definiert daher nachfolgende Grundtypen eines Praxislabors.[56]

3.1 Ein-Mann-Praxis

Ein Zahnarzt übt in der Ein-Mann-Praxis selbstständig als einziger Berufsträger seinen Beruf aus. In dem Praxislabor einer Ein-Mann-Praxis wird der Zahnersatz durch den Zahnarzt selbst oder mittels seiner Angestellten hergestellt. Diese Angestellten sind regelmäßig Personen, die zwar eine zahntechnische Ausbildung, aber keine zahntechnische Meisterprüfung oder vergleichbare Qualifikation vorweisen. Qualität und Umfang der zahntechnischen Ausbildung schwanken abhängig vom beruflichen Werdegang des jeweiligen Angestellten. Die Herstellung zur zahntechnischen Selbstversorgung erfolgt örtlich in der Zahnarztpraxis oder in organisatorisch angegliederten Räumen.[57] Solche Praxislabors können in Organisation, Struktur und Ausstattung stark variieren. Je nach Ambition und unternehmerischen Willen des Inhabers kann ein solches Praxislabor durchaus ein moderner Betrieb sein, der auf Augenhöhe mit modernen Dentallabors technisch und fachlich konkurrieren könnte. Da aber auch wirtschaftliche Aspekte den Anreiz für den Betrieb eines Praxislabors bilden, sind solche positiven Beispiele in der Minderheit. Die entsprechenden Negativbeispiele bezeichnet *Schüßler* in seiner Einleitung als *„kleinen Saustall mit Hilfsarbeitern“*.[58]

---

56 Detterbeck, PL, S. 17 ff.; Schüßler, ZPL, S. 9 ff.

57 Detterbeck, PL, S. 17.

58 Schüßler, ZPL, S. 1.

3.2 Praxisgesellschaft bzw. Gemeinschaftspraxis

Manche Zahnärzte möchten ihren Beruf gemeinsam mit Kollegen ausüben. Dies kann aufgrund der Bündelung von Kompetenzen und damit einhergehender Synergieeffekte vorteilhaft für die Behandlung der Patienten sein. Die gemeinsame Berufsausübung ist nicht grundsätzlich unzulässig. Zahnärzte haben bei ihrer Berufsausübung die Vorgaben der zahnärztlichen Berufsordnungen der jeweils für sie zuständigen Landeszahnärztekammer zu befolgen. Diese Berufsordnungen der Landeszahnärztekammern sind zumeist inhaltsgleich mit der Musterberufsordnung der Bundeszahnärztekammer (MBO)[59]. Zahnärzte dürfen nach § 16 Abs. 1 MBO *„ihren Beruf einzeln oder gemeinsam in allen für den Zahnarztberuf zulässigen Gesellschaftsformen ausüben, wenn ihre eigenverantwortliche, fachlich unabhängige*[60] *sowie freiberufliche Berufsausübung gewährleistet ist"*.

Zu den zulässigen Gesellschaftsformen findet man in § 17a MBO für Zahnheilkundegesellschaften Vorgaben dahin gehend, dass juristische Personen des Privatrechts, welche die Ausübung der Zahnheilkunde bezwecken, von Zahnärzten und Angehörigen der in § 17 Abs. 1 MBO genannten Berufe gemeinsam gegründet und betrieben werden dürfen. Entsprechend haben sich die diversen Organisationsformen entwickelt, wie z.B. die Praxisgesellschaft, welche teilweise in der Literatur auch *„Gemeinschaftspraxis"* genannt wird.[61] Die Gemeinschaftspraxis ist die *„gemeinsame Ausübung ärztlicher Tätigkeit durch mehrere Ärzte des gleichen oder ähnlichen Fachgebiets in gemeinsamen Räumen mit gemeinsamer Praxiseinrichtung, gemeinsamer Karteiführung sowie mit gemeinsamen Personal auf gemeinsame Rechnung"*. Der Arztvertrag komme zwischen dem Patienten und allen Ärzten der Praxis zustande. Dabei steht der Gemeinschaftspraxis, welche einheitlich und insgesamt mit der Krankenversicherung abrechnet, auch der Vergütungsanspruch zu. Die entsprechende Leistung kann von jedem Arzt der Gemeinschaftspraxis erbracht werden. Rechtlich sind die Mitglieder einer Gemeinschaftspraxis damit als *„ein Arzt"* zu behandeln.[62]

---

59 Musterberufsordnung der Bundeszahnärztekammer vom 11. November 2017.

60 Die fachlich unabhängige Berufsausübung wird später noch eine wichtige Rolle spielen.

61 Detterbeck, PL, S. 18.; Münchener Anwaltshandbuch Medizinrecht, § 1 Rn. 82 ff.; MHdB GesR I, § 25 Rn. 12 ff.; Quaas/Zuck/Clemens, Medizinrecht, § 15 Rn. 7; Schnapp/Wigge, § 6 Rn. 9 ff.

62 Ehmann MedR 1994, 141; Münchner Anwaltshandbuch Medizinrecht, § 1, Rn. 82; Münchner Anwaltshandbuch Sozialrecht, § 15 Rn. 89; Quaas/Zuck/Clemens, Medizinrecht, § 15 Rn. 4.

Ein Beispiel für eine zahnärztliche Praxisgesellschaft bzw. Gemeinschaftspraxis stellt eine Zahnarztpraxis dar, die von einer juristischen Person des Privatrechts betrieben wird (z.B. in der Rechtsform der GmbH), wobei die Zahnärzte sowohl Gesellschafter als auch Angestellte sein können[63]. Insoweit ist es auch nicht nach § 1 des Gesetzes über die Ausübung der Zahnheilkunde (ZHG) verboten, dass die Zahnheilkunde durch eine GmbH oder durch andere Gesellschaftsformen mittels angestellter Zahnärzte ausgeübt wird. Das „*Angebot einer GmbH, ambulante Zahnbehandlungen als eigene vertragliche Leistungen zu erbringen*", hat der BGH als grundsätzlich zulässig erachtet[64]. Nach § 1 GmbHG kann eine GmbH zu jedem gesetzlich zulässigen Zweck durch eine oder mehrere Personen errichtet werden. Damit können auch Leistungen der Heilkunde erbracht werden[65].

Eine gemeinschaftliche Ausübung der Zahnheilkunde durch mehrere Zahnärzte ist auch mittels einer sogenannten Partnerschaftsgesellschaft nach Maßgabe des Partnerschaftsgesellschaftsgesetzes (PartGG) möglich, was sich bereits aus § 17 Abs. 2 MBO ergibt. Die Partnerschaftsgesellschaft ist nach § 1 PartGG eine Gesellschaft, in der sich Angehörige freier Berufe zur Ausübung ihrer Berufe zusammenschließen. Die Ausübung eines freien Berufs im Sinne des PartGG ist nach § 17 Abs. 2 PartGG auch die selbstständige Berufstätigkeit der Zahnärzte.

Auch eine Praxisgesellschaft bzw. Gemeinschaftspraxis kann ein eigenes Praxislabor betreiben.[66] Die Besonderheit eines Praxislabors einer Praxisgesellschaft ist, dass die Angestellten bei der Herstellung von Zahnersatz nicht für einen einzelnen Zahnarzt, sondern ausschließlich für die Praxisgesellschaft tätig werden. Die Herstellung von Zahnersatz erfolgt in den Räumen der Praxisgesellschaft oder in Räumen, die der Praxisgesellschaft organisatorisch angegliedert sind.[67]

3.3 Zahnmedizinisches Versorgungszentrum

Einen weiteren Typus bildet das Praxislabor eines zahnärztlichen Medizinischen Versorgungszentrums (künftig: Z-MVZ). Die Anzahl der Z-MVZ in Deutschland wächst ständig. Zur Jahresmitte 2017 gab es bereits 359 Z-MVZ. Ende 2015 waren es dagegen nur 46 Z-MVZ.[68]

---

63 MHdB GesR I, § 25 Rn. 43 ff.

64 BGH NJW 1994, 786.

65 Quaas/Zuck/Clemens, Medizinrecht, § 15 Rn. 35.

66 Laufs/Kern Handbuch des Arztrechts, § 18 Rn. 17; Quaas/Zuck/Clemens, Medizinrecht, § 15 Rn. 31 ff.

67 Ratzel, in: Spickhoff, BGB § 705 Rn. 13; Schnapp/Wigge, § 6 Rn. 127 ff.

68 David DZW 2018.

3.3.1 Zankapfel Z-MVZ

Das Z-MVZ steht derzeit verstärkt in der Kritik, da die zahnärztliche Standesvertretung befürchtet, dass über diese Organisationsform vermehrt Investoren mit rein finanziellen Interessen in den zahnmedizinischen Markt eindringen und dies durch Verdrängung der klassischen Zahnarztpraxen eine fachlichorientierte und qualitative Versorgung der Patienten gefährden könnte. Dahinter steckt aber wohl auch die Befürchtung, dass Großinvestoren aufgrund ihrer Finanzkraft den Markt der zahnärztlichen Versorgung künftig beherrschen und den klassischen Zahnarztpraxen die Patienten wegnehmen könnten. Der Deutsche Zahnärztetag in Frankfurt am Main kritisierte bereits 2017 heftig das Z-MVZ[69]. Man wollte über die BZÄK die Bundesregierung auffordern, im vertragszahnärztlichen Bereich die Zulassung von Z-MVZ gesetzlich zu begrenzen und sich *„zu einem freiberuflich getragenen Gesundheitswesen"* zu bekennen. Dies wurde damit begründet, dass das Z-MVZ zu keiner Verbesserung der Versorgung in der Fläche führe. Solche Z-MVZ würden vielmehr in bereits gut versorgten Ballungszentren errichtet werden. Die unbegrenzten Anstellungsmöglichkeiten von (Zahn-)Ärzten führe zu Wettbewerbsvorteilen der Z-MVZ, die versorgungspolitisch kontraproduktiv seien. Eine Gefahr für die Versorgung im ländlichen Raum stelle auch die forcierte Kettenbildung in Ballungsräumen durch Finanzinvestoren dar. Die befürchtete *„Kommerzialisierung und Industrialisierung"* des Marktes gefährde die *„bestehende Versorgungsqualität in Deutschland"*.[70]

3.3.2 Rechtsgrundlage

Das Gesetz zur Stärkung der Versorgung in der gesetzlichen Krankenversicherung (GKV-Versorgungsstärkungsgesetz – GKV-VSG[71]) hat in 2015 u.a. die Regelungen des § 95 SGB V reformiert. Nach § 95 Abs. 1 SGB V nehmen an der vertragsärztlichen Versorgung auch zugelassene medizinische Versorgungszentren (MVZ) teil. Diese MVZ sind demnach *„ärztlich geleitete Einrichtungen"*, in

69 Inhalte und Beschlüsse Deutscher Zahnärztetag 2017 in Frankfurt am Main, zu finden unter https://www.bzaek.de/deutscher-zahnaerztetag/deutscher-zahnaerztetag-2017.html, Abruf: 02.03.2019 11:06.

70 So (teilw. wörtlicher) Beschlussinhalt der Bundesversammlung der Bundeszahnärztekammer am 10./11. November 2017 in FFM, Rn. 17 f., zu finden unter: https://www.bzaek.de/fileadmin/PDFs/dzt17/b/Beschluss-6_11-3-keine_arztgruppengleichen_MVZ.pdf, Abruf: 02.03.2019 11:08.

71 Gesetz vom 16.07.2015, BGBl. I, 1211.

denen eingetragene Ärzte als Angestellte oder Vertragsärzte tätig sind. Der ärztliche Leiter muss auch in dem MVZ selbst tätig sein, wobei er in fachlichen, d.h. medizinischen Fragen weisungsfrei ist. Nach § 95 Abs. 1 a S. 3 SGB V können die MVZ nur in der Rechtsform einer Personengesellschaft, einer eingetragenen Genossenschaft (eG), einer Gesellschaft mit beschränkter Haftung (GmbH) oder in einer öffentlich-rechtlichen Rechtsform gegründet und betrieben werden. Ausnahmen ergeben sich aus § 95 Abs. 1 a S. 4 SGB V.

3.3.3 Leitung und Angestellte

Ein MVZ kann mit einem zugelassenen Arzt als geschäftsführenden Leiter und weiteren zugelassenen Ärzten als Angestellte des MVZ betrieben werden. Dies ist vergleichbar mit einem Krankenhaus. Die ärztlichen Leistungen eines MVZ müssen unter Aufsicht und Verantwortung eines Arztes erbracht werden. Ferner muss die ärztliche Leitung *„dauerhaft institutionalisiert“* sein – d.h. der fragliche Arzt muss zur Leitung vertraglich berufen werden. Nur damit ist die ärztliche Leitung im gesetzlichen Sinne sichergestellt.[72]

3.3.4 Folgen der Zulassung

Nach § 95 Abs. 3 S. 2 SGB V werden mit der Zulassung des MVZ die dort angestellten Ärzte Mitglieder der Kassenärztlichen Vereinigung (KV). Die Mitgliedschaft bleibt für die Dauer der Anstellung bestehen. Dementsprechend unterliegen alle im MVZ tätigen Ärzte der disziplinarrechtlichen Überwachung durch die KV hinsichtlich ihrer jeweiligen Pflichtenstellung[73]. Das MVZ darf insoweit mit seiner Zulassung an der vertragsärztlichen Versorgung teilnehmen. Die freie Arztwahl der Versicherten nach § 76 Abs. 1 S. 1 SGB V umfasse auch die Institution des MVZ[74]. Daraus folge, dass der Leistungserbringer (und damit der Vertragspartner des Patienten) nicht mehr der einzelne angestellte Arzt, sondern das jeweilige MVZ als Arbeitgeber des angestellten Arztes sei[75].

---

72 Krauskopf, SGB V § 95 Rn. 23; Quaas/Zuck/Clemens, Medizinrecht, § 17 Rn. 51 f.; Ratzel, in: Spickhoff, BGB § 705 Rn. 26.

73 Quaas/Zuck/Clemens, Medizinrecht, § 17 Rn. 45; Sodan, § 18 Medizinische Versorgungszentren (MVZ) Rn. 51.

74 Quaas/Zuck/Clemens, Medizinrecht, § 17 Rn. 46.

75 Sodan, § 18 Medizinische Versorgungszentren (MVZ) Rn. 113.

3.3.5 Spezielle Berufsausübungsgemeinschaft

Sowohl die Gemeinschaftspraxis als auch das MVZ stellen ärztliche Berufsausübungsgemeinschaften dar[76]. In der Gemeinschaftspraxis erfolgt die gemeinschaftliche Tätigkeit von Ärzten[77]. Der Arztvertrag kommt nicht zwischen dem Behandler und dem einzelnen Patienten, sondern zwischen der Gesellschaft und dem Patienten zustande[78]. Gleiches gilt für das MVZ. Nach § 95 Abs. 1 S. 1 SGB V dürfen neben zugelassenen Ärzten auch zugelassene MVZ an der vertragsärztlichen Versorgung teilnehmen. MVZ sind nach der gesetzlichen Definition ärztlich geleitete Einrichtungen, in denen zugelassene Ärzte als Angestellte oder Vertragsärzte tätig sind. Das MVZ bietet gegenüber der Gemeinschaftspraxis aber gewisse Vorteile.

3.3.6 Vorteile des MVZ

Ein wichtiger Unterschied zwischen der Gemeinschaftspraxis und einem MVZ besteht darin, dass das MVZ selbst als ärztlicher Leistungserbringer zugelassen wird. Somit kommt es nicht mehr auf die Zulassung des jeweiligen ärztlichen Gesellschafters an[79]. Die Leistungserbringung kann unabhängig von den Personen der Gesellschafter des MVZ erfolgen[80]. Das erleichtert das Wachstum des MVZ und schafft Vorteile für den Fall des Ausscheidens eines ärztlichen Gesellschafters.

3.3.6.1 Wachstum

Ein Zahnarzt allein kann in einem gewissen Zeitraum nur eine begrenzte Anzahl von Patienten in seiner Praxis behandeln. Die wirtschaftliche Expansion ist somit durch seine Arbeitskraft begrenzt, es sei denn, es beteiligen sich weitere Zahnärzte und werden in der Praxis tätig. Eine höhere Anzahl an Praxisinhabern verringert aber die Höhe der jeweiligen Gewinnbeteiligung des einzelnen Gesellschafters. Eine wirtschaftlich vorteilhafte Lösung bietet dann die mögliche Anstellung eines Zahnarztes zu einem Fixgehalt.

---

76 MHdB GesR I, § 25 Rn. 11.

77 BGHZ 97, 273 (277); BGH VI ZR 90/85; BGH VI ZR 319/04; BSGE 23, 170; BSGE 55, 97 (104); MHdB GesR I, § 25 Rn. 14.

78 BGH VersR 1973, 231; BGH VersR 1971, 1119; BGH NJW 1978, 996; MHdB GesR I, § 25 Rn. 15.

79 Schnapp/Wigge, § 6 Rn. 148.

80 Schnapp/Wigge, § 6 Rn. 274 und 277.

Die Möglichkeit zur Anstellung weiterer Zahnärzte ist aber aufgrund der Pflicht zur persönlichen Leistungserbringung des Vertragszahnarztes begrenzt. Grundsätzlich können am Sitz eines Vertragszahnarztes lediglich zwei vollzeitbeschäftigte bzw. vier teilzeitbeschäftigte Zahnärzte angestellt beschäftigt werden. § 9 Abs. 3 Bundesmantelvertrag – Zahnärzte (BMV–Z) legt diese Grenze wie folgt fest: „*Der Vertragszahnarzt kann im Rahmen der allgemeinen zulassungsrechtlichen Bestimmungen Zahnärzte zur Tätigkeit an seinem Vertragszahnarztsitz anstellen. Der Vertragszahnarzt ist auch in diesem Falle weiterhin zur persönlichen Praxisführung verpflichtet. Die von angestellten Zahnärzten erbrachten Leistungen gegenüber Versicherten stellen Leistungen des Vertragszahnarztes dar, die er als eigene gegenüber der KZV abzurechnen hat. Der Vertragszahnarzt hat die angestellten Zahnärzte bei der Leistungserbringung persönlich anzuleiten und zu überwachen. Unter diesen Voraussetzungen können am Vertragszahnarztsitz 2 vollzeitbeschäftigte Zahnärzte bzw. bis zu 4 halbzeitbeschäftigte Zahnärzte*[81] *angestellt werden.* […]“

Für ein MVZ gilt diese Beschränkung dagegen nicht[82]. Der Gesetzgeber wollte, dass vertragsärztliche Leistungen im MVZ überwiegend durch dort angestellte Ärzte erbracht werden. Daher dürfe eine unbestimmte Anzahl von (Zahn-)Ärzten in einem (Z-)MVZ beschäftigt werden, sofern dort „*genügend Arztsitze im betreffenden Planungsbereich vorhanden*“ sind.[83]

3.3.6.2 Gesellschafterwechsel

Ein MVZ bietet für den Fall des Gesellschafterwechsels bzw. des Ausscheidens eines Praxisinhabers gewisse Vorteile. In einer Gemeinschaftspraxis muss ein Nachfolger eine Zulassung vorweisen und den Praxisanteil des Ausscheidenden entgeltlich erwerben. Die Zulassung zur vertragsärztlichen Versorgung ist an die Person des einzelnen Gesellschafters und nicht an die Gesellschaft geknüpft. Im MVZ kann dagegen der Praxisanteil des Ausscheidenden durch die übrigen Praxisinhaber anteilig erworben werden, da die Zulassung nicht an die Person des Ausscheidenden geknüpft ist.[84] Zur Kompensation der wegfallenden Arbeitskraft kann ein weiterer Zahnarzt angestellt werden. Im Fall des Gesellschafterwechsels können wirtschaftliche Risiken und Chancen auf die jeweils

---

81 Hervorhebung durch Verfasser.

82 BT-Drucks. 16/2474, 30 f.; Krauskopf, SGB V § 95 Rn. 172.

83 Huster/Kaltenborn, Krankenhausrecht, § 10 Rn. 136.

84 MHdB GesR I, § 25 Rn. 108; vgl. dort Rn. 109 ff. zu berufs- und sozialrechtliche Besonderheiten; Schnapp/Wigge, § 6 Rn. 148.

investierenden Alt-Praxisinhaber verteilt werden. Ein MVZ ist planbarer und daher als Investitionsobjekt attraktiver als die Gemeinschaftspraxis.

3.3.7 Praxislabor eines Z-MVZ

Nach der Gesetzesbegründung zu dem GKV-Versorgungsstärkungsgesetz und unter Verweis auf den Wegfall des Merkmals *„fachübergreifende Tätigkeit"* besteht die grundsätzliche Möglichkeit zur Zulassung eines Z-MVZ[85]. Ein Zahnarzt kann eine Z-MVZ-GmbH gründen, diese als Geschäftsführer leiten und mittels angestellter Zahnärzte Patienten behandeln lassen.

Ob aber ein solches Z-MVZ zur Versorgung der eigenen Patienten ein eigenes Praxislabor betreiben darf, ist umstritten. Manche verweigern dem Z-MVZ das Recht, ein Praxislabor im Sinne des § 11 der MBO führen zu dürfen. Die MBO und die gleichlautenden Berufsordnungen der Landeszahnärztekammern seien nicht in gleicher Weise für ein Z-MVZ anwendbar. Selbst wenn man davon ausgehe, dass ein Zahnarzt in zulässiger Weise ein Praxislabor zur Behandlung seiner Patientin betreiben dürfe[86], gelte dies nicht gleichermaßen für ein Z-MVZ. Dies sei zumindest dann der Fall, wenn das Z-MVZ als GmbH geführt werde und somit per se eine gewerbliche und keine freiberuflichen Tätigkeiten ausübe. Auch sei ein Z-MVZ, in dem nur angestellte Zahnärzte tätig sind, nicht berechtigt, eigene Laborleistungen zu erbringen, weil die dort angestellten Zahnärzte keine *„eigenen Patienten"* versorgen würden. Der Behandlungsvertrag komme schließlich mit dem Rechtsträger des MVZ zustande.[87]

Dagegen lässt sich einwenden, dass eine Z-MVZ-GmbH (aus vertraglicher Sicht) eigene Patienten hat, welche von den dort angestellten Zahnärzten behandelt werden[88]. Schließlich ist ein zugelassenes MVZ auch ein vertragsärztlicher Versorger. Somit beliefert das Praxislabor der Z-MVZ-GmbH auch nur deren Patienten. Ob der Betrieb eines Praxislabors dem Z-MVZ als spezielle Praxisorganisationsform gestattet ist, soll hier aber nicht abschließend bewertet werden. Z-MVZ sind grundsätzlich zulässig und betreiben oftmals ein eigenes Praxislabor. Insoweit stellt das Z-MVZ-Labor eine weitere Typologie dar.

---

85 BT-Drucks. 18/4095, 110; Sodan, § 18 Medizinische Versorgungszentren (MVZ) Rn. 111; a.A. Ratzel, in: Spickhoff, BGB § 705 Rn. 28.

86 BGH NJW 1980, 1337; BVerwG NJW 1980, 1349 = BVerwGE 58, 93 ff.

87 Sodan, § 18 Medizinische Versorgungszentren (MVZ) Rn. 113; a.A. Bischoff DZW 2017, der den Betrieb eines MVZ-Praxislabors als zulässig erachtet.

88 Bischoff DZW 2017.

3.4 Praxisgemeinschaft

Anders als die Praxisgesellschaft oder das MVZ sind Praxisgemeinschaften rein organisatorische Zusammenschlüsse von Ärzten. Oftmals findet man diese als Gesellschaft des bürgerlichen Rechts (GbR) organisiert. Die einzelnen Ärzte nutzen dabei gemeinschaftlich die äußerlichen Organisationselemente (Büro, Angestellte und Material). Der einzelne Arzt betreibt aber dennoch weiterhin eine eigene Praxis zur Behandlung seiner Patienten. Daher qualifizieren Teile der Literatur die Praxisgemeinschaft nicht als eine einzelne Praxis, sondern als eine Praxismehrheit, wobei die einzelnen Praxen organisatorisch verbunden seien. Man versteht unter dem Begriff der zahnärztlichen Praxisgemeinschaft einen Zusammenschluss zweier oder mehrerer Zahnarztpraxen zur gemeinschaftlichen Nutzung der Ressourcen der Praxisgemeinschaft, wozu nicht die Zahnärzte zählen, bei ansonsten selbstständiger Praxisführung. Unter die gemeinschaftliche Nutzung kann auch ein organisatorisch angegliedertes Praxislabor fallen. Die Zahnärzte handeln in ihrer zahnärztlichen Tätigkeit selbstständig und auf eigene Rechnung. Nicht die „*gemeinsame, jederzeit austauschbare ärztliche Leistung an gemeinsame Patienten*" ist hierbei der Zweck[89], vielmehr verfolgt man dabei die Kostenreduktion und Rationalisierung des eigenen Praxisbetriebes. Der Behandlungsvertrag kommt nicht zwischen Patient und Praxisgemeinschaft, sondern ausschließlich mit dem jeweiligen Zahnarzt zustande.[90] Im angegliederten Praxislabor fertigen dann die Angestellten der Praxisgemeinschaft den Zahnersatz für die Zahnärzte dieser Praxisgemeinschaft.[91]

3.5 Gewerbliches Labor

Ferner gibt es (Praxis-)Labors, die auch für Praxen arbeiten, deren Inhaber nicht identisch sind mit dem Betreiber des Labors[92]. Wie *Detterbeck* aber richtigstellt, ist ein solches Labor nicht mehr als echtes Praxislabor, sondern als gewerbliches Dentallabor zu behandeln, also als organisatorisch selbstständiger Laborbetrieb, der seine Leistungen für sonstige Dritte auf dem Markt anbietet. Abgrenzungskriterium sei die rechtliche Selbstständigkeit. Ein selbstständiges Dentallabor kann für mehrere Zahnarztpraxen Zahnersatz herstellen. Grund hierfür ist, dass

---

89 Siehe dazu die obigen Ausführungen zur Gemeinschaftspraxis.

90 BZÄK/KZBV, Zahnmedizin und Zahntechnik, 2015, S. 1; Münchner Anwaltshandbuch Medizinrecht, § 1, Rn. 87; Quaas/Zuck/Clemens, Medizinrecht, § 15 Rn. 14.

91 Detterbeck, PL, S. 18 f.; Schuhr, in: Spickhoff, StGB §§ 299 a, 299 b Rn. 28.

92 Detterbeck, PL, S. 19.

der Inhaber des Dentallabors ausschließlich für bestimmte Zahnarztpraxen produzieren möchte oder dass mehrere Zahnärzte gemeinsam ein organisatorisch und rechtlich von den Zahnarztpraxen getrenntes gewerbliches Dentallabor (vgl. § 9 Abs. 4 MBO) gründen und betreiben. Dann kann das Dentallabor auch als juristische Person (z.B. GmbH) selbstständig organisiert sein, deren Gesellschafterkreis aus den Zahnärzten besteht, für die der Zahnersatz produziert werden soll. Hier wird das Dentallabor exklusiv oder primär für die Zahnarztpraxen der Gesellschafter tätig. Auch in diesem Szenario spricht man von einem (unechten) Praxislabor.[93]

3.6 Gemeinsamkeit der Typologien

Allen dargestellten Typologien ist gemein, dass dort im Auftrag der Gesellschaft oder des jeweils behandelnden Zahnarztes der Zahnersatz für den jeweiligen Patienten hergestellt wird. Entweder erfolgt dies im Praxislabor durch den Zahnarzt selbst oder durch die Angestellten des Praxislabors. Die Differenzierung, wer für wen den Zahnersatz herstellt, wird später entscheidend sein, ob die Herstellung von Zahnersatz im jeweiligen Praxislabor zulässig ist.

3.7 Begriffsbestimmung

Soweit nicht anders dargestellt, wird im Folgenden einheitlich von einem „*Praxislabor*“ oder einem „*gewerblichen Dentallabor*“ gesprochen. Diese Begriffe sind dann wie folgt zu verstehen:

„*Praxislabor*“ meint ein Labor zur Herstellung von Zahnersatz, das ohne Eintrag in der Handwerksrolle betrieben wird. Das Praxislabor steht im Eigentum eines oder mehrerer Zahnärzte (oder eines Z-MVZ) und produziert Zahnersatz für die Patienten und im Auftrag der oder des Eigentümer(s).

„*Gewerbliches Dentallabor*“ bezeichnet dagegen ein Labor zur Herstellung von Zahnersatz, das mit Eintragung in der Handwerksrolle betrieben wird und das von einem fachlich geeigneten Betriebsleiter geführt wird, der die im Praxislabor beschäftigten handwerklich tätigen Arbeitnehmer permanent anleitet und überwacht. Das gewerbliche Dentallabor produziert Zahnersatz für die Patienten diverser zahnärztlicher Praxen im Auftrag der jeweiligen Zahnärzte.

---

93 Ders., ebenda.

4. Handwerksrechtliche Aspekte

Zu klären ist, ob die Restriktionen der HwO auch auf die Herstellung von Zahnersatz in einem Praxislabor anwendbar sind. Eine Kernfrage ist, ob dabei eine zahnärztliche oder handwerkliche Tätigkeit erfolgt, mithin ob zu der zahnärztlichen Berufsausübung auch die Herstellung von Zahnersatz gehört.

4.1 Ausübung des Zahntechnikerhandwerks

Die Herstellung von Zahnersatz ist unstreitig dem Handwerksberuf des Zahntechnikers zuzuordnen. Dieser definiere sich dadurch, dass Zahntechniker[94] den Zahnersatz herstellen[95]. Daher ist es fraglich, ob man die Herstellung von Zahnersatz auch dem freiberuflichen Aufgabenspektrum eines Zahnarztes zuzuordnen kann. Die handwerksrechtlichen Regelungen zur Ausübung des Zahntechnikerhandwerks finden sich in der HwO. Nach § 1 Abs. 1 u. 2 i.V.m. Anl. A Nr. 37 HwO ist für die selbstständige Ausübung des Zahntechnikerhandwerks als stehendes Gewerbe die Eintragung in der Handwerksrolle notwendig. § 1 HwO bildet das Fundament des *„gewerbe- und ordnungsrechtlich geprägten Handwerksrechts"*. Ohne Eintrag ist der selbstständige Betrieb eines zulassungspflichtigen Handwerks als stehendes Gewerbe grundsätzlich nicht gestattet.[96]

Wenn der Zahnarzt in seinem Praxislabor das Zahntechnikerhandwerk in zulässiger Weise ausüben möchte, müsste dieser Betrieb grundsätzlich in die Handwerksrolle eingetragen werden. Die Eintragung erfolgt nach § 1 Abs. 1 und § 7 Abs. 1 S. 1 und Abs. 1 a Alt. 1 HwO aber grundsätzlich nur, falls der Inhaber bzw. Leiter des infrage stehenden Betriebes die Meisterprüfung (des Zahntechnikerhandwerks) oder eine vergleichbare Prüfung bestanden hat oder wenn ihm eine Ausnahmebewilligung erteilt worden ist.

Nach § 8 HwO kann in Ausnahmefällen eine Ausnahmebewilligung zur Eintragung in die Handwerksrolle erteilt werden, wenn die notwendigen Kenntnisse und Fertigkeiten zum selbstständigen Betrieb des zulassungspflichtigen Handwerks nachgewiesen sind. Hierbei werden die bisherigen beruflichen Erfahrungen und Tätigkeiten des fraglichen Kandidaten berücksichtigt. Ein solcher

---

94 Anmerkung: …in gewerblichen Dentallabors.

95 VDZI unter http://www.vdzi.net/berufsstand/berufsbild.html, Abruf: 02.03.2019 11:08.

96 Ambs, in: Erbs/Kohlhaas, HwO § 1 Rn. 2; Detterbeck, HwO § 1 Rn. 14; Thiel, in: Honig/Knörr/Thiel, HwO § 1 Rn. 1.

Ausnahmefall gem. § 8 HwO liegt aber grundsätzlich nur dann vor, wenn zum Zeitpunkt der Antragstellung oder danach die Ablegung einer Meisterprüfung eine unzumutbare Belastung wäre. Ob dies für den Betrieb eines Praxislabors möglich ist, muss hier noch nicht geklärt werden.

Für eine Eintragung wäre auch die Anstellung eines entsprechend qualifizierten Betriebsleiters ausreichend, falls der (zahnärztliche) Inhaber des Betriebes keinen Meistertitel oder eine Ausnahmebewilligung nach § 8 oder § 9 Abs. 1 HwO oder eine Gleichwertigkeitsfeststellung im Sinne der HwO vorweisen kann. Falls in einem Praxislabor ein Zahntechnikermeister oder ein anderer entsprechend qualifizierter Betriebsleiter angestellt ist oder der Zahnarzt selbst auch Zahntechnikermeister ist, könnte die Eintragung für eine zulässige Ausübung des Zahntechnikerhandwerks erfolgen, und die handwerksrechtliche Abgrenzungsproblematik stellt sich nicht. Die Anstellung und Tätigkeit eines Zahntechnikermeisters in den gewerblichen Dentallabors ist die Regel. In einem zahnärztlichen Praxislabor sei dies aber eher die Ausnahme[97]. Die Herstellung von Zahnersatz im Rahmen der Zahntechnikerhandwerksausübung wäre ohne Eintrag nicht zulässig.

4.2 Freiberufliche Tätigkeit

Die Herstellung von Zahnersatz in einem Praxislabor ist nicht schon deshalb unzulässig, weil das Praxislabor nicht eingetragen ist. Die Notwendigkeit der Eintragung in die Handwerksrolle gem. § 1 Abs. 1 u. 2 HwO nimmt nur Bezug auf handwerkliche Tätigkeiten im Sinne der HwO, aber nicht auf freiberufliche Tätigkeiten.[98] In § 1 Abs. 1 HwO heißt es, dass der selbstständige Betrieb eines „*zulassungspflichtigen Handwerks*" als „*stehendes Gewerbe*" nur den in der Handwerksrolle eingetragenen natürlichen und juristischen Personen und Personengesellschaften gestattet ist. Ein solcher Gewerbebetrieb ist nach § 1 Abs. 2 HwO ein Betrieb eines zulassungspflichtigen Handwerks, wenn er „*handwerksmäßig*" betrieben wird und ein Gewerbe vollständig umfasst, welches in der Anlage A der HwO aufgeführt ist, oder Tätigkeiten ausgeübt werden, die für dieses Gewerbe wesentlich sind (sog. „*wesentliche Tätigkeiten*").

Das Praxislabor wäre ein solcher Gewerbebetrieb, wenn dort Tätigkeiten ausgeübt werden, die für das Zahntechnikergewerbe wesentlich sind. Nach dem

97 Detterbeck, PL, S. 20 f.; Quaas/Zuck/Clemens, Medizinrecht, § 30 Rn. 24; Zuck NJW 2001, 2058.

98 Detterbeck, PL, S. 20 f.

oben dargestellten Selbstverständnis des VDZI ist dies bei der Herstellung von Zahnersatz stets der Fall. Andererseits könnte die Herstellung von Zahnersatz auch eine wesentliche Tätigkeit i.S.d. zahnärztlichen Berufsbildes sein. In diesem Fall würde die Herstellung von Zahnersatz im Praxislabor eine freiberufliche Tätigkeit eines Zahnarztes darstellen, und die handwerksrechtliche Eintragungspflicht wäre nicht anwendbar.

Ein Gewerbe im Sinne des § 1 Abs. 1 HwO ist *„eine erlaubte Tätigkeit von gewisser Dauer, die mit Gewinnerzielungsabsicht verfolgt wird“*, was auf den Betrieb eines Praxislabors grundsätzlich zutreffen dürfte. Vom Gewerbebegriff ist aber die sog. *„Urproduktion“* (Land- und Forstwirtschaft, Bergbau etc.), der öffentliche Dienst und die *„Ausübung freiberuflicher Tätigkeit“* auszunehmen. Die freiberufliche Tätigkeit ist dadurch definiert, dass sie höhere Ziele verfolgt bzw. eine höhere Bildung voraussetzt, wie z.B. wissenschaftliche oder künstlerische Tätigkeiten.[99] Der (Zahn-)Arztberuf bedingt eine akademische Ausbildung im Sinne einer höheren Bildung. Damit wäre das Vorliegen eines Gewerbes im Sinne des § 1 Abs. 1 HwO zu verneinen, soweit es bei der fraglichen Tätigkeit um die rein freiberufliche Tätigkeit eines Arztes geht. Aber auch andere Vorschriften statuieren, dass die Tätigkeit eines Zahnarztes grundsätzlich keine Gewerbeausübung darstellt. Wer die Zahnheilkunde ausüben will, bedarf nach § 1 Abs. 1 Zahnheilkundegesetz (ZHG) einer Approbation als Zahnarzt nach Maßgabe dieses Gesetzes. Die Ausübung der Zahnheilkunde ist nach dem Wortlaut des § 1 Abs. 4 ZHG ausdrücklich kein Gewerbe[100]. Somit kann im Rahmen der Ausübung der Zahnheilkunde auch nicht der selbstständige Betrieb eines zulassungspflichtigen Handwerks als stehendes Gewerbe erfolgen. Deshalb umfasst der Gewerbebegriff des § 6 Abs. 1 S. 2 HS 2 der Gewerbeordnung (GewO) und des § 1 Abs. 1 u. 2 HwO keine freiberufliche zahnärztliche Tätigkeit i.S.d. Ausübung der Zahnheilkunde nach § 1 Abs. 1 ZHG[101]. Zu fragen ist aber, ob die Herstellung von Zahnersatz in einem Praxislabor unter gewissen Bedingungen den zulässigen Rahmen einer freiberuflichen Tätigkeit eines Zahnarztes überschreitet und dann wiederum als handwerkliche Gewerbeausübung zu werten ist.[102]

---

99 Detterbeck, HwO § 1 Rn. 4; Thiel, in: Honig/Knörr/Thiel, HwO § 1 Rn. 24.

100 Laufs/Katzenmeier/Lipp, Arztrecht, II. Ärztliches Berufsrecht Rn. 4.

101 Detterbeck, PL, S. 21; Leisner, HwO § 1 Rn. 1; Schreiner, in: Schwannecke, HwO § 1 Rn. 48; Thiel, in: Honig/Knörr/Thiel, HwO § 1 Rn. 11.

102 Detterbeck, PL, S. 21 ff.

4.2.1 Zahnheilkunde

Aufgrund der Beschränkung der Eintragungspflicht auf ausschließlich handwerkliche Tätigkeit muss zwischen zahnärztlicher und handwerklicher Tätigkeit differenziert werden[103]. Eine Abgrenzung erfolgt anhand des einschlägigen Berufsbildes des Zahnarztes. Dieses definiert, welche Tätigkeiten von Zahnärzten regelmäßig ausgeübt werden bzw. ausgeübt werden dürfen. Falls die Herstellung von Zahnersatz zum zahnärztlichen Berufsbild zu zählen ist, stellt diese Tätigkeit eine freiberufliche Tätigkeit dar. Andernfalls wäre die Herstellung von Zahnersatz in einem Praxislabor die gewerbliche Ausübung eines grundsätzlich zulassungspflichtigen Handwerks.

4.2.1.1 Zahnärztliche Berufstätigkeit

4.2.1.1.1 Heiler

Die ärztliche Berufstätigkeit dient in erster Linie der Heilung von Krankheiten. Falls eine vollständige Heilung des Patienten nicht möglich ist, verfolgt ein Arzt zumindest die Linderung der Krankheitssymptome. Zahnärzte erlernen sowohl in Universitäten die theoretischen Grundlagen als auch die praktische Ausübung der Zahnheilkunde am Patienten.

4.2.1.1.2 Zahnheilkundler

Der Zahnarzt ist als Vertreter einer medizinischen Fachrichtung ein Heiler. Jeder Zahnarzt hat bei seinem Eintritt in den Berufsstand folgendes Gelöbnis nach der MBO zu leisten: „*Bei meiner Aufnahme in den zahnärztlichen Berufsstand gelobe ich feierlich, mein Leben in den Dienst der Menschlichkeit zu stellen. Ich werde meinen Beruf mit Gewissenhaftigkeit und Würde ausüben. Die Erhaltung und Wiederherstellung der <u>Gesundheit</u>*[104] *meiner Patienten soll oberstes Gebot meines Handelns sein.* [...][105]“

Die zahnärztliche Tätigkeit umfasst die Ausübung der Heilkunde, da die Sorge („*Erhaltung und Wiederherstellung*“) um die Gesundheit der Patienten das oberste Gebot des zahnärztlichen Handelns sein soll. Die Ausübung der Heilkunde ist nach den Vorgaben des § 1 Abs. 2 Heilpraktikergesetz (HPG) „*jede berufs- oder gewerbsmäßig vorgenommene Tätigkeit zur Feststellung, Heilung oder*

---

103 Detterbeck, HwO § 1 Rn. 4; ders., PL, S. 21 ff.; Thiel, in: Honig/Knörr/Thiel, HwO § 1 Rn. 24 f.

104 Hervorhebung durch den Verfasser.

105 Vgl. Gelöbnis in der MBO für den gesamten Wortlaut.

Linderung von Krankheiten, Leiden oder Körperschäden bei Menschen, auch wenn sie im Dienste von anderen ausgeübt wird". Eine prophylaktische Tätigkeit, also das Vorbeugen vor möglichen Krankheiten, Leiden oder Körperschäden durch entsprechende Behandlungsmethoden, ist ebenso Teilaspekt der Heilkunde, obwohl diese zum Ziel hat, die Feststellung, Heilung oder Linderung von Krankheiten, Leiden oder Körperschäden dadurch zu verhindern, dass diese gar nicht erst auftreten.

Aber nicht alle Berufe, die Ziele im Sinne des § 1 Abs. 2 HPG verfolgen, sind automatisch der Ausübung der Heilkunde zuzuordnen. Andernfalls könnten Zahntechniker, Krankenpfleger und Optiker ebenso als Heilkundler qualifiziert werden. Diese Berufe dienen auch der Heilung oder Linderung von Krankheiten. Der Unterschied ist, dass die kranken Patienten nicht von diesen Berufsgruppen behandelt werden, sondern durch den entsprechenden (Fach-)Arzt, der die Vertreter dieser Gruppen (unter-)beauftragt.

Wie aber bereits der Wortlaut zeigt, impliziert der Begriff der Heilkunde, dass sich der „*Kundige*" aufgrund eines Lernvorgangs und erfolgreicher Prüfung dazu qualifiziert hat, den Heilberuf auszuüben. Man könnte argumentieren, dass die vorbezeichneten und anderen nichtakademischen Berufe, die im Gesundheitssektor die Heilung oder Linderung von Krankheiten, Leiden oder Körperschäden bezwecken, ebenso eine umfangreiche fachliche und praktische Ausbildung erfordern. Insoweit sind diese Berufsausübenden ebenso „*kundig*". Der Zahntechniker erlernt seinen Beruf, damit er in der Lage ist, das Medizinprodukt Zahnersatz herzustellen. Die Rechtsprechung hat bereits die Frage geklärt, welche Ausbildung für die Ausübung der Heilkunde vorausgesetzt wird. Der Begriff der Heilkunde ist nach ganz herrschender Ansicht restriktiv so auszulegen, dass nur solche Tätigkeiten von dem Begriff umfasst werden, die ärztliches Fachwissen in der Anwendung voraussetzen und dadurch die Behebung von Krankheiten, Leiden oder Körperschäden bezwecken.[106] Andere bemerken, dass § 1 Abs. 3 S. 1 ZHG diese einschränkende Definition dahin gehend übernehme, dass die Ausübung der Zahnheilkunde die berufsmäßige auf zahnärztlich wissenschaftliche Erkenntnisse gegründete Feststellung und Behandlung von Zahn-, Mund- und Kieferkrankheiten sei[107]. Somit fallen die nichtakademischen

---

106 BGH NJW 2001, 3409; NJW 1999, 865; NJW 1987, 2928; NJW 1978, 599; NJW 1972, 1132, 1133; BVerfGE 23, 140, 146; 35, 308, 310; Detterbeck, PL, S. 22.

107 Detterbeck, PL, S. 28; Haage, ZahnheilkG § 1 Rn. 3; M.-L. Eichelberger, in: Spickhoff, ZHG § 1 Rn. 10.

Ausbildungsberufe, die nicht eine zahnärztlich-wissenschaftliche Ausbildung voraussetzen, aus der Liste der zahnmedizinischen Heilberufe heraus.

Die Ausübung der Zahnheilkunde als freiberufliche ärztliche Tätigkeit ist die Feststellung und Behandlung von Zahn-, Mund- und Kieferkrankheiten, soweit sie auf zahnärztlich wissenschaftlichen Erkenntnissen beruht. Fraglich ist, ob dies auch die Herstellung von Zahnersatz in einem Praxislabor einschließt.

4.2.1.1.3 Freiberufliche Tätigkeit abseits der Heilkunde

Häufig wird vertreten, dass die freiberufliche Tätigkeit eines Zahnarztes nicht auf die Ausübung der Heilkunde beschränkt sei. Zur zahnärztlichen Tätigkeit seien auch solche Tätigkeiten zu zählen, welche hinsichtlich der fachgerechten Ausübung der Zahnheilkunde sowohl Vor- als auch Nachstufe sein können. Die Bedingung dafür sei aber, dass diese Tätigkeiten in einem unmittelbaren inneren Sachzusammenhang zur Ausübung der Zahnheilkunde stehen. Beispiele für solche Tätigkeiten seien der Bezug von Medikamenten, die den Patienten ärztlich verschrieben werden, die Patientenaufklärung über geeignete Hilfsmittel wie z.B. Prothesen, die Rechnungslegung oder auch das Forderungsmanagement der Praxis.[108]

Nach zutreffender Ansicht von *Detterbeck*[109] gehören zu dem freiberuflichen Aufgabenspektrum eines Arztes auch solche Tätigkeiten, die nicht zur Ausübung der Heilkunde zu zählen sind. Entsprechend stellt das BSG fest, dass ein Arzt für Orthopädie, der in seiner eigenen Werkstatt orthopädische Fußstützen herstellt, nicht gleichzeitig die Heilkunde ausübe, obwohl er noch im Rahmen seines Berufs tätig sei[110]. Dies kläre aber nicht die Frage, ob der Arzt bei nicht ärztlich-abrechnungsfähigen Tätigkeiten auch den Restriktionen der Gewerbe- und Handwerksordnung unterliege[111].

Auch von der Finanzgerichtsbarkeit wurde bestätigt, dass es handwerklich geprägte Tätigkeiten gibt, die abseits der Ausübung der Heilkunde zum Berufsbild des Arztes zu zählen sind. Der BFH qualifiziert die Herstellung von Zahnprothesen durch Zahnärzte als freiberufliche zahnärztliche Tätigkeit. Es sei davon auszugehen, dass „[...] *es sich bei diesen technischen Arbeiten ebenfalls um Tätigkeiten eines Zahnarztes und damit eines freien Berufes handelt* [...]“.[112]

---

108 BGH NJW 2009, 3582 Rn. 18; NJW 2000, 2746; NJW 1980, 1338; BVerwG NJW 1980, 1349; Detterbeck, PL, S. 22; Pohl ZM 1977, 710 f.

109 Detterbeck, PL, S. 23.

110 BSGE 23, 176, 179; BSG NJW 1967, 317.

111 Detterbeck, PL, S. 23.

112 BFH BeckRS 1953, 21003337; Detterbeck, PL, S. 23.

Die Qualifizierung der Herstellung von Zahnersatz als freiberufliche Tätigkeit ist umstritten. Die Gegenauffassung in Rechtsprechung und Literatur zählt die Herstellung von Zahnersatz im Sinne der *„technischen Anfertigung einer Zahnprothese“* durch Zahnärzte nicht zur Ausübung eines Heilgewerbes[113]. *Badura* und *Detterbeck* betonen, dass § 1 Abs. 3 u. 7 ZHG nicht bestimmen, welche Tätigkeiten von Zahnärzten außerhalb des Bereichs der Zahnheilkunde ausgeübt werden dürfen. § 1 Abs. 7 ZHG definiere das zahnärztliche Berufsbild insoweit nicht abschließend und kläre nicht, ob die Zahntechnik auch Teil der Zahnheilkunde ist[114]. Neben der Heilkunde können also auch andere Tätigkeiten zu dem zahnärztlichen Berufsbild zählen.

4.2.1.1.4 Leitlinien des Berufsbildes

Ob die Herstellung von Zahnersatz auch zu dem zahnärztlichen Berufsbild gehört oder ob diese Tätigkeit exklusiv dem Berufsbild des Zahntechnikerhandwerks zuzurechnen ist, steht im Streit. Das Gesetz macht dazu keine eindeutige Aussage.

Nach *Detterbeck* dienen das Zahnheilkundegesetz (ZHG), die Zahnärzteapprobationsordnung (ZAppO), die Berufsordnungen und Weiterbildungsordnungen der Zahnärztekammern, die Musterberufsordnung der Bundeszahnärztekammer (MBO), die Musterweiterbildungsordnung der Bundeszahnärztekammer (BZÄKMWBO), die Gebührenordnung für Zahnärzte (GOZ), das Fünfte Sozialgesetzbuch (SGB V - insbesondere die §§ 55 - 59 und § 88 Abs. 3) sowie die universitären Studienordnungen zur Regelung von Inhalt und Umfang des zahnmedizinischen Studiums und der universitären Prüfungen als Leitlinien für die Bestimmung des zahnärztlichen Berufsbildes[115].

Dagegen bilden die Verordnung über die Berufsausbildung zum Zahntechniker/zur Zahntechnikerin (ZTechAusbV) vom 11. Dezember 1997 und die Verordnung über das Meisterprüfungsberufsbild und über die Prüfungsanforderungen in den Teilen I und II der Meisterprüfung im Zahntechniker-Handwerk (Zahntechnikermeisterverordnung - ZahntechMstrV) vom 8. Mai 2007 die Leitlinien zur Bestimmung des Berufsbildes der Zahntechniker.[116]

---

113 BVerwG NJW 1980, 1349; BGH NJW 1975, 305; Schüßler, ZPL, S. 3; dazu differenzierend Detterbeck, PL, S. 23; a.A. Badura ZM 1978, 600.

114 Badura ZM 1978, 600; Detterbeck, PL, S. 28 f.

115 Detterbeck, PL, S. 27; ebenso BVerwG NJW 1988, 781.

116 Detterbeck, PL, S. 24; Quaas/Zuck/Clemens, Medizinrecht, § 30 Rn. 25.

Sollte es in diesen Leitlinien identische oder vergleichbare Inhalte oder Tätigkeiten der Berufsausübung geben bzw. sollten die Ausbildungsvorgaben identische oder vergleichbare Inhalte aufweisen, kann daraus eine diesbezügliche Kongruenz der beiden Berufsbilder abgeleitet werden. Das Bundesverwaltungsgericht hält es für grundsätzlich möglich, dass inhaltsgleiche Tätigkeiten sowohl zum Berufsbild eines Arztes als auch dem eines Handwerkers gehören können. So sei die Bestimmung der Sehschärfe durch Angehörige des Optikerhandwerks keine Ausübung der Heilkunde und unterliege nicht den entsprechenden Vorschriften, obwohl diese Tätigkeit auch zum Berufsbild der Augenärzte gehört.[117] Das bedeutet nicht, dass den Augenärzten die Bestimmung der Sehschärfe ihrer Patienten verboten ist. Vielmehr darf demnach die Bestimmung der Sehschärfe nicht nur durch Ärzte und Heilpraktiker, sondern auch durch Augenoptiker erfolgen. Dennoch gehört die Bestimmung der Sehschärfe zum augenärztlichen Berufsbild. Wie bei den Gesundheitshandwerken der Augenoptiker (vgl. Anl. A zur HwO Nr. 33), Hörakustiker (Nr. 34), Orthopädietechniker (Nr. 35), Orthopädieschuhmacher (Nr. 36) und den jeweils damit korrespondieren Arztberufen ist auch im Verhältnis der Berufsbilder des Zahnarztes und des Zahntechnikers (Nr. 37) nach der Rechtsprechung und Literatur eine Kongruenz der Berufsbilder möglich.[118]

4.2.1.1.5 Kongruenz der Berufsbilder

Die maßgebliche Tätigkeit des Zahntechnikerhandwerks ist die Herstellung zahntechnischer Produkte. Die Herstellung von zahntechnischen Produkten durch einen Zahnarzt kann aber auch die Ausübung eines freien Berufs und nicht (nur) eine handwerkliche Ausübung eines Gewerbes im Sinne des § 1 Abs. 1 HwO darstellen[119]. Die strenge Gegenansicht vertritt, dass es auf dem Markt „*zwei Typen von Handwerksbetrieben*“ gebe, die Zahnersatz herstellten. Gemeint sind die gewerblichen Dentallabors und die Praxislabors. Aufgrund der Bewertung als Handwerksbetrieb wäre demnach auch die Tätigkeit im Praxislabor nicht freiberuflich, sondern stets gewerblich. Nach einer Rechtsprechung des BVerwG[120] ist die technische Anfertigung von Zahnprothetik stets als handwerkliche Tätigkeit einzuordnen, auch wenn diese durch einen Zahnarzt erfolgt.

---

117 BVerwG NJW 1966, 1187.

118 BGH NJW 2000, 2746; BVerwG NJW 1966, 1187; Detterbeck, PL, S. 24 f.; Pohl ZM 1977, 710.

119 Detterbeck, PL, S. 26; Leisner, HwO § 2 Rn. 7.

120 BVerwG NJW 1980, 1349.

Diese Einschätzung wird vom BVerwG damit begründet, dass dabei keine *„medizinisch-wissenschaftlicher Erkenntnisse“* eingesetzt würden, weshalb die Zuordnung zum Freiberuf der Zahnärzte nicht möglich sei.[121]

Das BSG bestätigt insoweit, dass die technische Herstellung einer Zahnprothese nicht als Heilbehandlung zu qualifizieren sei. So sei die Herstellung einer Zahnprothese keine Heilbehandlung und bleibe auch eine handwerkliche Leistung, wenn der Zahnarzt oder seine Mitarbeiter tätig würden, da hierbei kein medizinisches Wissen eingesetzt werde. Vielmehr liege ein Werk i.S.d. §§ 631 ff. BGB vor, das oft nicht durch den Zahnarzt, sondern durch seine Zahntechniker angefertigt werde. Auch wenn die Zahnprothese vom Zahnarzt selbst oder durch seine angestellten Zahntechniker angefertigt werde, sei dies eine handwerkliche Leistung. Eine Anwendung medizinisch-wissenschaftlicher Erkenntnisse sei hierfür nicht notwendig. Die Anwendung medizinisch-wissenschaftlicher Erkenntnisse sei aber wiederum für den zahnärztlichen Tätigkeitsbereich im Sinne des Heilberufes typisch und notwendig.[122]

Eine weitere Rechtsprechung des BSG lässt offen, ob die Herstellung von Zahnersatz grundsätzlich keine ärztliche Tätigkeit darstellen kann[123]. Das BVerwG dehnt dagegen das freiberuflich-zahnärztliche Berufsbild über den Bereich der Heilbehandlung hinaus auf die Herstellung zahntechnischer Produkte aus[124].

Andere sind der Auffassung, dass die grundsätzliche Einordnung der Zahnersatzherstellung als handwerkliche Tätigkeit nicht bedeute, dass diese Tätigkeit nicht ebenso zum zahnärztlichen Berufsbild gehören könne[125]. Vielmehr kläre sich diese Frage über das herkömmliche Berufsbild. Zu fragen sei, ob die Zahnersatzherstellung auch von einem Zahnarzt erbracht werden könne und ob diese Teil der zahnärztlichen Ausbildung sei. In diesem Sinne sei die Anfertigung von Zahnersatz vor den dreißiger Jahren des letzten Jahrhunderts in Zahnarztpraxen und bei den sog. *„Dentisten“* üblich gewesen[126]. Ferner sei die Herstellung von Zahnersatz immer noch[127] Teil des Ausbildungsprogramms im Studium und der praktischen Ausbildung der Zahnärzte und damit auch (noch) zum

121 BVerwG NJW 1980, 1349 = BVerwGE 58, 93; ebenso Schüßler, ZPL, S. 3.

122 BSGE 23, 176, 179.

123 BSG NJW 1967, 317.

124 BVerwG NJW 1980, 1349.

125 Badura ZM 1978, 600; Quaas/Zuck/Clemens, Medizinrecht, § 30 Rn. 23; Schnapp/Wigge, § 20 Rn. 63.

126 Pohl ZM 1978, 984.

127 Die Konsequenzen einer Änderung der Ausbildungsinhalte werden nachfolgend besprochen.

zahnärztlichen Berufsbild zu zählen[128]. Die Herstellung zahntechnischer Produkte durch Zahnärzte sei damit als Ausübung einer handwerklichen Tätigkeit zu qualifizieren. Diese erfolge aber nicht in gewerblicher, sondern in freiberuflicher Art und Weise. Damit wird das zahnärztliche Berufsbild über den Rahmen der reinen Heilkunde hinaus ausgedehnt.[129]

4.2.1.2 Zahnärztliche Ausbildung

Das zahnärztliche Berufsbild wird geprägt von Tätigkeiten, die der Analyse, der Diagnose, der Heilung oder Linderung zuzuordnen sind oder für die eine medizinisch-akademische Ausbildung typisch ist. Man differenziert zwischen originären Tätigkeiten der Heilkunde und sonstigen ärztlichen Tätigkeiten, die Teil der Ausbildung des Zahnarztes sind. Die Herstellung von Zahnersatz wäre eine nicht-gewerbliche, sondern freiberufliche Tätigkeit, falls diese auch Bestandteil der medizinisch-akademischen Ausbildung des Zahnarztes ist. Insoweit wäre die HwO nicht anwendbar.[130]

Nach dem BSG ist die Versorgung der Patienten durch den behandelnden Zahnarzt mit herausnehmbarem Zahnersatz eine ärztliche Behandlungsleistung und Versorgung im sozialversicherungsrechtlichen Sinn[131]. Die Frage der Anwendbarkeit der HwO wurde dabei aber nicht geklärt.

Nach einer Entscheidung des BGH von 1974[132] stellt die Anfertigung einer Zahnprothese durch einen Zahnarzt keine Ausübung der Heilbehandlung dar. Es komme dabei nicht zur Anwendung medizinisch-wissenschaftlicher Erkenntnisse. Folglich sei diese Tätigkeit nicht dem typischen Tätigkeitsfeld des Zahnarztes zuzuordnen[133]. Mangels freiberuflicher Tätigkeit würde die HwO grundsätzlich Anwendung finden. Aber der BGH entschied damals nicht die Frage der Zuordnung der Zahntechnik zum zahnärztlichen Berufsbild, sondern nur die Anspruchsverjährung.

Der BGH beschränkt in einer weiteren Entscheidung das Berufsbild der Zahnärzte nicht allein auf die Heilbehandlung, sondern stellt ergänzend auf das

---

128 BVerwG NJW 1980, 1349.

129 BVerwG NJW 1980, 1349; Detterbeck, PL, S. 27; Quaas/Zuck/Clemens, Medizinrecht, § 30 Rn. 23; Schnapp/Wigge, § 20 Rn. 63.

130 BSGE 23, 176, 178 f.; BSG NJW 1967, 317; OLG Oldenburg GewArch 1977, 378; Detterbeck, PL, S. 29; Krause GewArch 1984, 313; v. Maydell/Kötter S. 32 f.

131 BSGE 25, 116, 119; 37, 74, 75 f.

132 BGH NJW 1975, 305.

133 Anmerkung: Sondern der gewerblichen Zahntechnik.

sog. „*Traditionskriterium*" sowie auf die Abrechenbarkeit der ärztlichen Leistungen nach den geltenden Vorschriften ab. Falls eine Tätigkeit traditionell durch Zahnärzte ausgeführt würde und falls diese Tätigkeit von einem Zahnarzt abgerechnet werden dürfe, sei diese Tätigkeit auch abseits der Heilbehandlung Teil des zahnärztlichen Berufsbildes. Eine Abrechenbarkeit sei aber nur ein Indiz für eine freiberufliche Tätigkeit.[134]

Zahntechnische Leistungen durch den Zahnarzt oder durch seine Angestellten wurden aber auch schon durch den BGH als zahnärztliche Tätigkeit qualifiziert und damit dem zahnärztlichen Berufsbild zugeordnet[135]. Diese Einordnung erfolgte unabhängig davon, ob diese Leistung als Heilbehandlung qualifiziert wird (z.B. die Anfertigung von Zahnkronen zur Befestigung einer Prothese durch den Zahnarzt)[136] oder nicht (z.B. zahnärztliche Herstellung von Zahnprothesen)[137].

Das BVerwG und der BFH zählen zu dem ärztlichen Berufsbild solche Tätigkeiten, die Teil der ärztlichen Ausbildung gemäß der aktuellen Lehrordnungen und Prüfungsbestimmungen sind und die vom „*herkömmlichen*" Berufsbild erfasst werden[138]. Um zu klären, welche Tätigkeit als traditioneller Bestandteil des Berufsbildes gewertet werden kann, ist nach *Detterbeck* auf den Zeitpunkt des Inkrafttretens der HwO abzustellen.[139]

Die Rechtsprechung klärt nicht abschließend, ob die Ausübung der Zahntechnik zum zahnärztlichen Berufsbild zählt. Die Frage beantwortet sich nach zutreffender Auffassung von *Detterbeck/Voit* insbesondere danach, ob die Tätigkeit aktuell noch Teil der akademischen Ausbildung der Zahnärzte ist[140]. Die Erfüllung des Traditionskriteriums und die Möglichkeit der Abrechenbarkeit als zahnärztliche Leistung wurden bereits durch Rechtsprechung bestätigt. Daher muss das Kriterium des BVerwG[141] darauf hin überprüft werden, ob die zahnärztlichen Ausbildungs- und Zulassungsregelungen noch die Herstellung von Zahnersatz beinhalten. Andernfalls wäre dies nicht (mehr) ein Teil des zahnärztlichen Berufsbildes.

---

134 BGH NJW 2009, 3582 Rn. 18; BGH NJW 2000, 2746.

135 BGH NJW 1980, 1337, 1338 mit Bez. auf BGH NJW 1975, 305, 311.

136 BGH NJW 1975, 305, 310 f.

137 BGH NJW 1980, 1337; BGH NJW 1975, 305.

138 BVerwG NJW 1980, 1349; BFH BeckRS 1953, 21003337.

139 Detterbeck WiVerw 2017, 153; ders., PL, S. 31.

140 Detterbeck/Voit, ZEL, S. 27 ff.

141 BVerwG NJW 1980, 1349.

4.2.1.2.1 Ausbildungs- und Zulassungsregelungen

Die Vorschriften über die zahnärztliche Berufsausbildung und die zahnärztlichen Prüfungen zeigen, welche Fachkenntnisse und Fertigkeiten die Zahnärzte für die Herstellung von Zahnersatz vorweisen müssen[142] und ob die Ausübung der Zahntechnik damit Teil der zahnärztlichen Ausbildungs- und Zulassungsregelungen ist. *Detterbeck* folgert, dass falls die bis zum 30.09.2020 geltenden Ausbildungs- und Prüfungsgegenstände der Approbationsordnung für Zahnärzte (ZAppO[143]) die wesentlichen Tätigkeiten der Zahntechnik, wie z.B. die Herstellung von Zahnersatz, umfassen, diese Tätigkeiten auch zum zahnärztlichen Berufsbild zählen. Diese zahntechnischen Ausbildungsinhalte seien dann prägend für den Beruf des Zahnarztes bzw. sein zahnärztliches Können. Die Herstellung von Zahnersatz sei dann ein Teilaspekt der akademischen Ausbildung der Zahnheilkunde und somit maßgeblich für das Berufsbild des Zahnarztes.[144]

Hierzu sind die Regelungen des § 26 Abs. 4 b, § 28 Abs. 1 u. 5, § 40 und § 50 ZAppO in der der bis zum 30.09.2020 gültigen Fassung zu nennen[145]. Diese Vorschriften ordnen Bereiche der Zahntechnik der zahnärztlich-universitären Ausbildung und Prüfung wie folgt zu:

Der Studierende des Studiengangs Zahnmedizin muss nach § 26 Abs. 4 b ZAppO an folgenden praktischen Übungen regelmäßig und mit Erfolg teilgenommen haben: „*Während eines Semesters an den anatomischen Präparierübungen, an einem physiologischen und einem physiologisch-chemischen Praktikum, an einem mikroskopisch-anatomischen Kursus, an einem Kursus der technischen Propädeutik, an einem Phantomkursus der Zahnersatzkunde und während der vorlesungsfreien Monate an einem weiteren Phantomkursus der Zahnersatzkunde.*“

In der Prüfung in Zahnersatzkunde hat der Studierende nach § 28 Abs. 1 u. Abs. 5 ZAppO mindestens vier Phantomarbeiten möglichst verschiedener Art auszuführen, für die der Studierende die erforderlichen Werkstoffe auf seine Kosten zu stellen hat. Ferner hat er in einer mündlichen Prüfung gründliche Kenntnisse der Werkstoffe und der Herstellungsmethoden des Zahnersatzes unter Berücksichtigung der Anatomie und Physiologie der Mundhöhle nachzuweisen.

Die Abschlussprüfung umfasst nach § 40 Abs. 1 und § 50 ZAppO den Nachweis theoretischer Kenntnisse über Planung und Ausführung von

---

142 Detterbeck, PL, S. 37 ff.

143 Zuletzt geändert durch Art. 11 G. v. 15.8.2019, BGBl. 2019-I, S. 1307.

144 Detterbeck, PL, S. 33.

145 BVerwG NJW 1980, 1349; Detterbeck, PL, S. 33.

Behandlungsmaßnahmen auf dem Gebiet der Zahnersatzkunde und der Kandidat hat sowohl herausnehmbaren wie festsitzenden Zahnersatz anzufertigen und einzugliedern.

Folglich erlernt der Student der Zahnmedizin (jedenfalls bis zum 30.09.2020[146]) auch Aspekte der Zahntechnik, wie die Herstellung von Zahnersatz und die Werkstoffkunde. Die genannten Vorschriften beinhalten die Herstellung und Eingliederung von zahntechnischen Produkten am Patienten, die Kontrolle der Geeignetheit des Zahnersatzes für den Patienten und die Fein- und Nachbearbeitung des Zahnersatzes durch den Zahnarzt. Der Zahnarzt soll nach erfolgreicher Ausbildung in der Lage sein, den richtigen Zahnersatz zur Vorbereitung der Heilbehandlung zu beauftragen und das gelieferte Produkt qualitativ bewerten und eventuell selbst anpassen zu können. Dafür muss der Zahnarzt in der Herstellung von Zahnersatz ausgebildet werden. Die zahnmedizinische Ausbildung umfasst daher insbesondere auch die eigenhändige Herstellung von Zahnersatz. Die o.g. zahnärztlichen Ausbildungs- und Zulassungsregelungen der ZAppO umfassen Elemente der Zahntechnik. Mit *Detterbeck* ist daher zu folgern, dass die Ausübung der Zahntechnik bis zum 30.09.2020 noch Teil der zahnärztlichen Ausbildungs- und Zulassungsregelungen war.[147]

Die Studienordnungen der humanmedizinischen Fakultäten und zahnmedizinischen Fachbereiche komplettieren die vorbezeichneten Vorschriften durch Vorgaben für Studieninhalte, Prüfungen, abzuleistende Semesterwochenstundenzahlen der zahnmedizinischen Lehrveranstaltungen und studienbegleitender Praktika. Die Studienordnung für den Studiengang Zahnmedizin mit dem Abschluss „*Zahnärztliche Prüfung*" an der Philipps-Universität Marburg vom 01.02.2017 zeigt unter dem Stichwort Zahnersatz dazu Vorgaben, wie z.B.: „*Phantomkurs der Zahnersatzkunde I und II, Zahnersatzkunde I und II, incl. zahnärztlicher Funktionsdiagnostik/Funktionstherapie (Vorlesung), Poliklinik der Zahnersatzkunde I und II, Kurs der Zahnersatzkunde I und II (a. Demonstration),Kurs der Zahnersatzkunde I und II (b. Patientenbehandlung) und Kurs der Zahnersatzkunde I und II (c. Praktische Übung)*". Auch die Studienordnung für den Studiengang Zahnheilkunde mit dem Abschluss des zahnärztlichen Staatsexamens an der Philipps-Universität Marburg vom 15.06.1995 kannte die Zahnersatzkunde als Teil der zahnärztlichen Ausbildung wie folgt: „*Übungen zur Gestaltung und Herstellung von festsitzenden Brücken am Phantom einschließlich*

146 Die Neuregelung der zahnärztlichen Ausbildung durch die Approbationsordnung für Zahnärzte vom 08.07.2019 trat am 01.10.2020 in Kraft.

147 Detterbeck, PL, S. 34.

zahnärztlicher Präparationsverfahren, Abformung und Modellherstellung, Übungen zur Gestaltung und Herstellung von herausnehmbaren Teilprothesen am Phantom, Übungen zur dentalen Technologie von Metallen, Kunststoffen und anderen dentalen Werkstoffen, Übungen zur Gestaltung und Herstellung von Totalprothesen am Phantom und Übungen zur Gestaltung und Herstellung von Gusskronen einschließlich zahnärztlicher Präparationsverfahren, Abformung und Modellherstellung."

Dies stellt eine beispielhafte Darstellung der zahnmedizinischen Studieninhalte dar, welche von fast allen deutschen Universitäten in vergleichbarer Form den Studierenden auferlegt wurden, um den diesbezüglichen Vorgaben der ZAppO gerecht zu werden. Falls in einzelnen Fakultäten oder Studienveranstaltungen diese Ausbildungs- und Prüfungsgegenstände ganz oder teilweise fehlen sollten, kann nicht gefolgert werden, dass die Anfertigung zahntechnischer Produkte nicht mehr Gegenstand des zahnärztlichen Studiums sei[148]. Entscheidend für die Prägung des zahnärztlichen Studiums sind die verbindlichen Vorgaben der jeweils gültigen ZAppO.[149]

4.2.1.2.2 Neuregelung der zahnärztlichen Ausbildung

Die damaligen Inhalte des Zahnmedizinstudiums haben noch die dargestellten Elemente der Zahntechnik umfasst. Falls ab dem 01.10.2020 die zahnärztlichen Prüfungs- und Ausbildungsvorschriften aber diese Lehrinhalte nicht mehr enthalten, muss neu bewertet werden, ob die Herstellung von Zahnersatz weiterhin zum Berufsbild der Zahnärzte gehört.

Am 07.06.2019 hat der Bundesrat den geplanten Änderungen der zahnärztlichen Ausbildung in der Verordnung zur Neuregelung der zahnärztlichen Ausbildung[150] zugestimmt. Die Neuregelungen treten zum 01.10.2020 in Kraft. Die Inhalte der Verordnung zeigen, dass die Zahntechnik künftig nur noch eine eher untergeordnete Rolle in der Ausbildung der Zahnärzte einnehmen wird. Ein zentraler Punkt der Verordnung ist die „*Neugewichtung der Ausbildungsinhalte*". Damit die medizinischen Grundlagen der „*präventiven und der restaurativen*

148 Detterbeck, PL, S. 39 f. m. Verw. auf BVerwG NJW 1980, 1349.
149 Detterbeck, HwO § 7 Rn. 1a; Knörr, in: Honig/Knörr/Thiel, HwO § 7 Rn. 26.
150 Verordnung zur Neuregelung der zahnärztlichen Ausbildung vom 08.07.2019, BGBl. I S. 933 (Nr. 25), zu finden unter https://www.bundesgesundheitsministerium.de/fileadmin/Dateien/3_Downloads/Gesetze_und_Verordnungen/GuV/Z/VO_Neuregelung_zahnaerztliche_Ausbildung.pdf, Abruf: 18.07.2019 19:26.

Inhalte"[151] künftig früher und stärker in das Studium integriert werden, sollen die zahntechnischen Lehrinhalte auf die für Zahnärzte *„erforderlichen zahntechnischen Arbeitsweisen konzentriert*" werden. Damit soll die zahnmedizinische Ausbildung weiter in Richtung *„Prävention, Therapie und Erhaltung aller oralen Strukturen einschließlich der Entwicklung neuer Behandlungstechniken*" entwickelt werden.[152] Ferner soll der Unterricht künftig *„fächerübergreifend und problemorientiert*" ausgerichtet sein. Der klinische Bezug soll bereits im Vorklinikum hergestellt werden. Im klinischen Studienabschnitt werden die bisherigen Behandlungskurse Zahnerhaltung und Zahnersatz in *„integrierte Behandlungskurse zusammengeführt*".[153] Damit könne der Zahnarzt *„entsprechend der Behandlungsrealität künftig in einer synoptischen Betrachtungsweise der Erkrankungen des Zahn- und des Zahnhalteapparates und in möglichen Therapien zur Wiederherstellung der Präventions- und Funktionsfähigkeit ausgebildet werden.*"[154]

Das Ziel der Verordnung ist die Verlagerung der Ausbildungsschwerpunkte in den ersten Semestern des Studiums weg von handwerklich-zahntechnischen und hin zu zahnmedizinisch-wissenschaftlichen Lehrinhalten. Die Studiengänge von Zahnmedizin und Medizin sollen dadurch mehr angeglichen werden. Die Ausbildung in Sachen Diagnose und Prävention bzw. Zahnerhaltung tritt in den Vordergrund. Das bedeutet umgekehrt, dass man die Ausbildungsschwerpunkte nicht mehr im Bereich Zahnersatz setzen möchte. Dies wird insbesondere an folgender Aussage deutlich: *„Statt dem bisherigen Schwerpunkt der zahnmedizinischen Ausbildung bis zum fünften Semester im Bereich Zahnersatz und Werkstoffkunde (Zahnkronen, Brücken, Prothesen) steht der Lebenszyklus des (gesunden) Zahnes und der oralen Strukturen am Beginn der Ausbildung. Die zahntechnischen Lehrinhalte werden künftig auf die für den Zahnarzt und die Zahnärztin erforderlichen zahntechnischen Arbeitsweisen konzentriert. Dazu gehören insbesondere Planung, Eingliederbarkeit und Qualitätskontrolle des Zahnersatzes.*"[155]

Die Konzentration bedeutet eine Verringerung des Umfangs der zahntechnischen Lehrinhalte. Die Herstellung von Zahnersatz ist damit kein zentraler

---

151 Anmerkung: Gemeint ist die Früherkennung von Zahnkrankheiten und Erhaltung der Zahngesundheit.

152 Verordnung zur Neuregelung der zahnärztlichen Ausbildung, S. 2.

153 Verordnung zur Neuregelung der zahnärztlichen Ausbildung, S. 2.

154 Verordnung zur Neuregelung der zahnärztlichen Ausbildung, S. 134.

155 Verordnung zur Neuregelung der zahnärztlichen Ausbildung, S. 163.

Inhalt der zahntechnischen Ausbildung mehr. Auch nach *Detterbeck/Voit* konzentriert sich die künftige zahnärztliche Ausbildung auf den Bereich der zahnärztlichen Heilbehandlung. Die „*handwerksmäßige Herstellung zahntechnischer Produkte*" finde sich in der zahnärztlichen Ausbildung dagegen nicht mehr.[156] Folglich könne die Herstellung von Zahnersatz nicht mehr als zahnärztliche Tätigkeit qualifiziert werden, sondern nur als handwerkliche Tätigkeit, die den Restriktionen der HwO unterfalle[157].

Das BVerwG[158] ordnet die Herstellung von Zahnersatz dem zahnärztlichen Berufsbild dann zu, falls die jeweils geltenden zahnärztlichen Ausbildungs- und Prüfungsvorgaben diese Tätigkeiten umfassen. Nach zutreffender Auffassung von *Detterbeck/Voit* kann es nur ein einheitliches zahnärztliches Berufsbild geben, welches durch die jeweils aktuellen Ausbildungs- und Prüfungsvorschriften bestimmt wird. Aufgrund des „*rechtsstaatlich gebotenen Vertrauens- und Bestandsschutzes*" ist es nötig, bei nach bisherigem Recht ausgebildeten Zahnärzten nicht auf das aktuelle Berufsbild abzustellen, sondern auf das im Zeitpunkt ihrer beruflichen Tätigkeit maßgebliche, soweit die jeweilige Tätigkeit zu dieser Zeit auch tatsächlich ausgeführt wurde. Andernfalls ist die neue Rechtslage maßgeblich, wonach die Herstellung von Zahnersatz nicht mehr zum zahnärztlichen Berufsbild gehört. Zahnärzte, die nach dem 01.10.2020 ausgebildet werden, dürfen Zahnersatz nur unter Beachtung der handwerksrechtlichen Vorgaben herstellen. Diese Zahnärzte dürfen auch keine Zahnärzte anstellen, die vor dem 01.10.2020 ausgebildet worden sind, um Zahnersatz herstellen zu lassen. Zahnärzte, die vor dem 01.10.2020 ausgebildet worden sind und bereits ein Praxislabor betrieben haben, dürfen dies auch weiter freiberuflich tun. Zahnärzte, die vor dem 01.10.2020 ausgebildet worden sind und bislang noch kein Praxislabor betrieben haben, unterliegen den handwerksrechtlichen Restriktionen, wenn sie nun Zahnersatz herstellen.[159]

Von diesen Änderungen sind demnach nicht die bereits ausgebildeten Zahnärzte, die schon ein Praxislabor betreiben, sondern nur die künftigen Zahnmedizinabsolventen und/oder Praxislaborbetreiber betroffen.

156 Detterbeck/Voit, ZEL, S. 22 f.

157 Dies., ZEL, S. 26.

158 BVerwGE 58, 93, 95.

159 Detterbeck/Voit, ZEL, S. 27 ff.

4.2.1.2.3 Unterschiedliche Ausbildung

Aber auch für die Zahnärzte, die vor dem 01.10.2020 ausgebildet worden sind, ist zu fragen, ob deren Ausbildung mit der handwerklich-zahntechnischen Ausbildung vergleichbar ist. Schließlich nehmen Zahnarzt und Zahntechnikermeister bei der Herstellung von Zahnersatz jeweils die Rolle des „*Betriebsleiters*" des jeweiligen Labors ein, der kraft seiner Ausbildung und Prüfung die Herstellung überwachen und Fehler verhindern soll.

Vor der Ausbildung zum Zahntechnikermeister muss der Kandidat die Ausbildung zum Zahntechniker (früher: „*Geselle*") erfolgreich absolviert haben. Die duale Ausbildung zum Zahntechniker dauert regelmäßig dreieinhalb Jahre, wobei eine Verkürzung um rund sechs Monate möglich ist, soweit der nachgewiesene Lernerfolg dies erlaubt[160]. Die eigentliche Meisterausbildung und -prüfung erfolgt im Rahmen eines Vorbereitungslehrgangs auf die Meisterprüfung als berufsbegleitender Teilzeitunterricht. Der Lehrgang enthält sämtliche Theorie- und Praxiskurse, wobei die Ausbildungsdauer regelmäßig 18 Monate beträgt. Der zeitliche Umfang macht für die Theorie ca. 450 Zeitstunden und für die Praxis ca. 310 Zeitstunden aus. Dabei beziehen sich die Lehrgangsinhalte auf die Verordnung des Bundesministeriums für Wirtschaft im Einvernehmen mit dem Bundesministerium für Bildung, Wissenschaft, Forschung und Technologie, über das Meisterprüfungsberufsbild und über die Prüfungsanforderungen in den Teilen I und II der Meisterprüfung für das Zahntechniker-Handwerk (Zahntechnikermeisterverordnung vom 8. Mai 2007).[161]

Aber nicht jeder Zahntechniker kann sofort nach seiner dreieinhalbjährigen Ausbildung die rund achtzehnmonatige Meisterausbildung anschließen. Die Meisterausbildung und –Prüfung wird nur Zahntechnikern mit mehrjähriger Berufserfahrung empfohlen[162].

Die erfolgreiche Ausbildung des Zahntechnikermeisters bedingt somit in der Regel eine Ausbildungszeit von über fünf Jahren, wobei mehrere Jahre vorheriger

160 Angaben von http://www.zahntechnik-ausbildung.de/#ausbildung, Abruf: 02.03.2019 11:09.

161 ZTI Rhein-Main unter http://www.zti-rhein-main.de/pg/page.html?p=DE,43, 18,,1,,&fromnavbar=1, Abruf: 21.01.2018 14:48; vgl. dazu die neuere analoge Darstellung der ZTI Rhein-Main unter: https://www.zti-rhein-main.de/ausbildung/ausbildungsberuf-zahntechniker-in, Abruf: 02.03.2019 11:12.

162 So fast wörtlich ZTI Rhein-Main unter http://www.zti-rhein-main.de/pg/page.html?p=DE,40,17,,1, Abruf: 21.01.2018 14:57; dies. unter https://www.zti-rhein-main.de/ausbildung/ausbildungsberuf-zahntechniker-in, Abruf: 02.03.2019 11:12.

Berufserfahrung als Zahntechniker hinzukommen. Die zahntechnische Ausbildung des Zahnarztes nach Maßgabe der Approbationsordnung von 1955 war dagegen wesentlich kürzer, wie die o.g. Studienordnung offenbart: Für den „*Phantomkurs der Zahnersatzkunde I und II*" fallen jeweils 15 und 18 Semesterwochenstunden (SWS), für die „*Zahnersatzkunde I und II, [...]*" fallen jeweils zwei SWS, für die „*Poliklinik der Zahnersatzkunde I und II*" fallen jeweils zwei und eine SWS *und für den „Kurs der Zahnersatzkunde I und II*" fallen jeweils 16 SWS an.

Die zahntechnische Ausbildung des Zahnarztes war kürzer als die zahntechnische Gesellenausbildung. Schon gar nicht kommt jene an die Ausbildungsdauer eines Zahntechnikermeisters heran. *Schüßler* bestätigt, dass die zahntechnische Ausbildung der Zahnärzte qualitativ und inhaltlich hinter der Ausbildung eines Zahntechnikermeisters zurücksteht. Grund sei auch die „*prägende Spezialisierung und ständige Übung*" des Zahntechnikermeisters.[163]

Der Unterschied zwischen der zahnärztlichen Ausbildung und der eines Zahntechnikermeisters zwingt aber nicht zu der Annahme, dass die Herstellung zahntechnischer Produkte generell den strengen Vorgaben der HwO unterfallen muss. Soweit die Herstellung von Zahnersatz noch zur zahnärztlichen Ausbildung und damit zum zahnärztlichen Berufsbild gehört, wird der Zahnarzt nicht handwerklich tätig.

4.2.1.2.4 Satzungsmäßige Bestimmungen

Das zahnärztliche Berufsbild wird weder durch die Einschränkungen des ZHG noch durch die diversen Ausbildungs- und Prüfungsvorgaben alleine definiert[164].

Auch die Satzungen der Landeszahnärztekammern können bestimmen, inwiefern die Ausübung der Zahntechnik zum zahnärztlichen Berufsbild gehört. Die Landesgesetze definieren die grundlegenden Pflichten zahnärztlicher Berufsausübung. Sie übertragen die Zuständigkeit zur Regulierung weiterer Berufspflichten unter Angabe diverser Regelbeispiele (vgl. z.B. § 25 Hessisches Heilberufsgesetz) auf die ebenso dort normierten Landeszahnärztekammern.[165]

Die Landeszahnärztekammern haben wiederum eigene Berufsordnungen zur zahnärztlichen Berufsausübung als Satzungen erlassen. Diese geben überwiegend die MBO inhaltlich bzw. sogar wörtlich wieder. Unter zahnärztlicher Berufsausübung ist nach § 1 Abs. 2 MBO jede Tätigkeit eines Zahnarztes zu verstehen, bei der zahnärztliche Fachkenntnisse eingesetzt oder verwendet werden

---

163 Schüßler, ZPL, S. 36.

164 Detterbeck, PL, S. 34 f. m. Verw. auf BVerfGE 17, 287, 292; 33, 125, 154 f.; 98, 265, 305.

165 Detterbeck, PL, S. 51 f.; Kluth, § 6 Rn. 22; vgl. BVerfGE 33, 125.

können. Dies können neben kurativen auch nicht-kurative Tätigkeiten sein, soweit zahnärztliche Fachkenntnisse zum Einsatz kommen. Die Herstellung von Zahnersatz ist damit zwar keine Heilbehandlung nach § 1 Abs. 3 ZHG, gehört aber zum zahnärztlichen Berufsbild des § 1 Abs. 2 MBO, wenn hierbei zahnärztliche Fachkenntnisse eingesetzt werden.[166]

4.2.1.3 Einsatz der Fachkenntnisse

Seine fachlichen Kenntnisse und Fähigkeiten i.S.d. § 1 Abs. 2 MBO erwirbt der Zahnarzt erstmalig in der akademischen Ausbildung. Danach kann er diese in seiner Praxis erweitern. Nicht nur Aspekte der Heilbehandlung, sondern auch Teilaspekte der Zahntechnik gehörten vor dem 01.10.2020 zum Inhalt der akademischen Ausbildung. Die Herstellung von Zahnersatz, die Zahnersatzkunde und die Werkstoffkunde waren das zahntechnische Fachwissen, das sich der Zahnarzt bis dahin im Studium aneignen musste. Da nach der ZAppO auch Elemente der Zahntechnik vom Katalog prüfungsrelevanter Fachkenntnisse umfasst waren, kann man die Herstellung von Zahnersatz nach § 1 Abs. 2 MBO zum Berufsbild eines nach Maßgabe der Approbationsordnung von 1955 ausgebildeten Zahnarztes rechnen. Dieser Zahnarzt ist aufgrund seiner akademischen Fachkenntnisse freiberuflich tätig, soweit er dieses Wissen und Können einsetzt, um Zahnersatz anzufertigen.

4.2.2 Grenzen freiberuflicher Tätigkeit

Zahnärzte unterliegen nicht schon deshalb den Restriktionen der HwO, weil sie in ihrer Praxis Teilbereiche eines zulassungspflichtigen Handwerks ausüben[167].

Nach der Rechtsprechung des BGH gilt die HwO (auch bei der Ausübung einer handwerklichen Tätigkeit) nicht automatisch für die Ärzte. Die grundsätzliche Bedingung ist aber, dass die infrage stehende Tätigkeit auch zu dem jeweiligen ärztlichen Berufsbild zu zählen ist.[168]

Es muss gefragt werden, ab wann die zahnärztliche Herstellung von Zahnersatz als gewerbliche Tätigkeit zu werten ist. Nach Rechtsprechung[169] und

166 Detterbeck, PL, S. 36.

167 OLG Oldenburg GewArch 1977, 378; Detterbeck, PL, S. 27; Schmitz, in: Schwannecke, HwO § 3 Rn. 20.

168 Zahnärzte: BGH NJW 1980, 1337; BVerwG NJW 1980, 1349; Ärzte: BGH NJW 2009, 3582 Rn. 18; NJW 2000, 2745 f.; Detterbeck, PL, S. 27.

169 BVerwG NJW 1980, 1349; VG Augsburg GewArch 1995, 163.

Literatur[170] ist die Anwendbarkeit der HwO gegeben, wenn die Herstellung von Zahnersatz durch den Zahnarzt nicht mehr zu seiner zahnärztlichen Tätigkeit gehört, weil die Grenzen der freiberuflichen zahnärztlichen Tätigkeit überschritten werden.

4.2.2.1 Historische Entwicklung

Die Rechtsprechung betont, dass den Zahnärzten historisch die Herstellung von Zahnersatz erlaubt war. So erläutert das BVerwG, dass Zahnärzte bereits vor Erlass der HwO am 17.09.1953 den Zahnersatz für Ihre Berufsausübung selbst angefertigt haben: *„Die Anfertigung von Zahnersatz in den Praxen der Zahnärzte und Dentisten … war bis vor etwa 40 Jahren die Regel“*.[171]

Das zulassungspflichtige Zahntechnikerhandwerk wird erstmals in Nr. 71 des *Verzeichnisses der Gewerbe, die handwerksmäßig betrieben werden können* vom 30.06.1934 erwähnt[172]. Davor finden sich keine verbindlichen Regelungen. Folglich durfte zuvor jedermann Zahnersatz herstellen, egal ob Zahntechniker, Zahnarzt oder sonstige Berufsgruppen.

Der Verband medizinischer Fachberufe e.V. (VMF) betont, dass die Entwicklung der Zahntechnik stets mit der Entwicklung der Zahnheilkunde eng verknüpft war[173]. Die handwerkliche Entwicklung sei durch Ausübung des Handwerks sowohl durch Zahntechniker als auch durch Zahnärzte vorangetrieben worden. Bereits 1886 verwendete ein amerikanischer Zahnarzt sog. *„Teleskope“*[174]. Erstmalig im Jahr 1911 wird der Zahntechniker in der Reichsversicherungsordnung[175] erwähnt. Vorher kannte man *„Dentisten“*, die auch kurativ tätig waren. Zahntechniker durften neben der Herstellung zahntechnischer Produkte auch zahnmedizinische Tätigkeiten unmittelbar am Patienten ausführen, z.B. die Eingliederung von Zahnersatz. Die Zahnheilkunde durfte damals auch von Zahntechnikern ausgeübt werden[176]. 1930 hatten der Deutsche Handwerks- und Gewerbekammertag und der Reichsverband des deutschen Handwerks die

---

170 Detterbeck, PL, S. 42 f., m. Verw. auf BVerwG NJW 1980, 1349.

171 BVerwG NJW 1980, 1349 m. Verw. auf Pohl ZM 1978, 984.

172 Deutscher Reichsanzeiger und Preußischer Staatsanzeiger 1934, Nr. 151; erlassen aufgrund von § 1 der Ersten Verordnung über den vorläufigen Aufbau des deutschen Handwerks vom 15.06.1934 – RGBl. 1934 – I, S. 493.

173 https://www.vmf-online.de/, Abruf: 03.02.2019 16:05.

174 Ein *„System zur Arretierung ineinandergreifender Doppelzahnkronen“*.

175 Reichsversicherungsordnung vom 19. Juli 1911 (RGBl. S. 509).

176 BVerfG NJW 1969, 1571.

Zahntechnik als selbstständiges Handwerk anerkannt. 1936 erfolgte die erste „*Meisterfreisprechung*“[177] des Zahntechniker-Handwerks in Süddeutschland. Das Inkrafttreten des Zahnheilkundegesetzes in 1952 hat die bis dahin noch bestehende Kurierfreiheit beseitigt und das Zahntechnikerhandwerk auf die rein handwerkliche Herstellung des Zahnersatzes beschränkt. Die Behandlung der Patienten wurde damit allein den Zahnärzten erlaubt.[178]

Das o.g. Verzeichnis von 1934 hat den Zahnärzten aber nicht das Recht zur Herstellung von Zahnersatz genommen. Vielmehr findet man dort in Nr. 71 explizit die Formulierung: „*Zahntechniker, die keine Heilbehandlung ausüben*“. Daraus ist zu folgern, dass alle anderen Zahntechniker, die die Heilbehandlung ausüben (z.B. Dentisten), davon ausgenommen bleiben und zwar nicht nur für den Bereich ihrer Heiltätigkeit. Gleiches muss aber auch für kurativ tätige Zahnärzte gelten. Daher durfte der Zahnarzt auch nach der Reglementierung des Zahntechnikerhandwerks weiterhin als Freiberufler die Zahntechnik betreiben. Nichts anderes folgt aus der HwO vom 17.09.1953, die an diese Rechtslage anknüpfte und das Zahntechnikerhandwerk in Nr. 73 der Anl. A aufführte[179]. Auch historisch gehört die Herstellung von Zahnersatz zu dem zahnärztlichen Berufsbild und stellt daher eine zahnärztliche Tätigkeit dar.

4.2.2.2 Versorgung eigener Patienten

Der Zahnarzt ist ein Heiler und kuriert seine Patienten. Dazu bedarf es mitunter des Einsatzes zahntechnischer Medizinprodukte. Damit der Zahnarzt für die Behandlung seiner Patienten die richtigen Hilfsmittel verordnet und verwendet, muss er in der Herstellung dieser Medizinprodukte soweit ausgebildet sein, dass er deren Eignung und Qualität für den Einsatz am Patienten bewerten kann.

Die Einordnung, ob der Zahnarzt mit der Herstellung von Zahnersatz freiberuflich oder gewerblich tätig ist, entscheidet sich daher insbesondere danach, ob die Herstellung für eigene oder für fremde Patienten erfolgt. Nur soweit der Zahnarzt den Zahnersatz für die eigenen Patienten herstellt, bewegt er sich in dem freiberuflichen Bereich der ärztlichen Behandlung von eigenen Patienten. Diese Wertung wird von der Literatur dahin gehend bestätigt, dass die Herstellung zahntechnischer Produkte nur soweit als freiberufliche zahnärztliche Tätigkeit bewertet werden könne, wie sie der Versorgung der eigenen Patienten als

---

177 Anmerkung: Ernennung.

178 VMF unter https://www.vmf-online.de/zahntechniker/zt-geschichte, Abruf: 02.03.2019 11:14.

179 BVerwG NJW 1980, 1349.

Vorstufe der Heilbehandlung diene. Die zahnärztlich-akademische Ausbildung diene einzig und allein dazu, den Kandidaten zu befähigen, seine Patienten zu behandeln. Die gewerbliche Herstellung von medizinischen Hilfsmitteln zur Behandlung fremder Patienten sei dagegen weder Teil der akademischen Ausbildung, noch des zahnärztlichen Berufsbildes.[180]

Eine freiberufliche Tätigkeit liegt dann nicht mehr vor, wenn ein Zahnarzt in seinem Praxislabor Zahnersatz herstellt oder herstellen lässt, um damit die Patienten Dritter zu versorgen. Dies ist die selbstständige Ausübung des zulassungspflichtigen Zahntechnikerhandwerks und zwar selbst dann, wenn der Zahnarzt eigenhändig tätig wird.[181]

In der letztgenannten Konstellation gibt es auch keine Bagatellgrenze. Eine freiberufliche Tätigkeit ist bereits dann zu verneinen, wenn ein Zahnarzt nur teilweise oder in einem geringen Umfang Zahnersatz für die Patienten anderer Zahnärzte anfertigt.[182]

Die Herstellung von Zahnersatz durch einen (entsprechend ausgebildeten) Zahnarzt oder unter seiner Anleitung[183] zur exklusiven Behandlung seiner eigenen Patienten ist eine freiberuflich-zahnärztliche Tätigkeit und schließt die Anwendbarkeit der HwO mangels Ausübung eines Gewerbes aus. *Detterbeck* bezeichnet dies als *„Praxislabor im engeren Sinne"*. Da hier die HwO keine Anwendung finde, dürfe dort Zahnersatz exklusiv für die eigenen Patienten der Zahnarztpraxis hergestellt werden, der das Labor organisatorisch angegliedert sei[184]. Erfolge aber die Herstellung von Zahnersatz im Praxislabor auch oder nur zur Behandlung fremder Patienten, komme es zur Anwendbarkeit der HwO. Dies sei ein *„Praxislabor im weiteren Sinne"*. Mit *Detterbeck* ist zu folgern, dass in einem Praxislabor im weiteren Sinne keine zahnärztliche Tätigkeit ausgeübt wird, sondern die gewerbliche Tätigkeit des zulassungspflichtigen Zahntechnikerhandwerks.[185]

---

180 Badura ZM 1978, 601; Detterbeck, PL, S. 44; Pohl ZM 1977, 714.

181 OLG Oldenburg GewArch 1977, 378; Badura ZM 1978, 601; Detterbeck, PL, S. 44; Pohl ZM 1977, 714.

182 OLG Oldenburg GewArch 1977, 378; Pohl ZM 1977, 1064.

183 BZÄK/KZBV, Zahnmedizin und Zahntechnik, 2015, S. 4.

184 Detterbeck, PL, S. 47.

185 Detterbeck, PL, S. 48; BZÄK/KZBV, BB, 2016, S. 18.

4.2.3 Anleitung und Überwachung

Die Herstellung von Zahnersatz im Praxislabor ist nur dann eine freiberuflich-zahnärztliche Tätigkeit, soweit sie durch einen (entsprechend ausgebildeten) Zahnarzt oder unter seiner Anleitung[186] zur exklusiven Behandlung seiner eigenen Patienten erfolgt. Oft werden aber die Zahnärzte in ihrem Praxislabor nicht eigenhändig tätig, sondern bedienen sich dort angestellter Zahntechniker. Daher ist zu klären, unter welchen Voraussetzungen der Zahnarzt sich seiner Mitarbeiter zur Herstellung des Zahnersatzes bedienen darf und ob deren Handeln dem Zahnarzt als eigene zahnärztliche Tätigkeit zugerechnet werden kann.

Der Zahntechniker verfügt über keine akademisch-medizinische Ausbildung im Sinne des freiberuflichen Berufsbildes der Heilkunde. Daher kann der Zahntechniker nicht als freiberuflicher Stellvertreter des Zahnarztes agieren. Eine solche fachliche Stellvertretung des Zahnarztes ist auch gar nicht notwendig. Der Zahnarzt kann durchaus mittels Einsatz von qualifiziertem Personal als Erfüllungsgehilfen tätig werden. Die Wertung als freiberuflich-zahnärztliche Tätigkeit bedingt nicht zwingend, dass der Zahnarzt den Zahnersatz für seine Patienten eigenhändig herstellt.[187] Der Zahntechniker kann als verlängerter Arm des Zahnarztes bei der freiberuflichen Zahnersatzherstellung eingesetzt werden.

Nach *Schüßler* ist der Zahntechniker im Praxislabor ein Erfüllungsgehilfe des Zahnarztes nach § 278 BGB. Insoweit habe der Zahnarzt die Fehler des Labors wie eigene zu vertreten. Der Zahntechniker sei Erfüllungsgehilfe[188], weil er *„mit Willen des Zahnarztes"* bei der Erfüllung der Ansprüche des Patienten als eine Hilfsperson des Zahnarztes tätig sei[189].

Dieser Einsatz von Zahntechnikern ist dem Zahnarzt auch nicht berufsrechtlich verboten. Der Zahntechniker wird nicht im Katalog des § 1 Abs. 5 ZHG genannt. Nach dieser Vorschrift dürfen Zahnärzte an zahnmedizinische Fachhelfer, weitergebildete Zahnarzthelfer, Prophylaxehelfer oder Dental-Hygieniker unter anderem *„die Herstellung provisorischer Kronen und Brücken delegieren"*. Daneben darf ein Zahnarzt die Herstellung von Zahnersatz durch Zahntechniker für eigene Patienten vornehmen lassen, da diese Tätigkeit nicht den Bereich der reglementierten Heilkunde betrifft. Daher sei der Personenkreis, der von einem Zahnarzt zur Herstellung von Zahnersatz eingesetzt werden kann, nicht

186 BZÄK/KZBV, Zahnmedizin und Zahntechnik, 2015, S. 4.

187 Zuck, SGB V, § 27 Rn. 11.

188 Die Stellung als Erfüllungsgehilfe spreche nach Schüßler für einen *„gemischttypischen"* Vertrag, also eine Mischung aus Werk- und Dienstvertragselementen.

189 Schüßler, ZPL, S. 66 f.

durch die Vorgaben des § 1 Abs. 5 ZHG begrenzt, da das ZHG nur für solche Tätigkeiten gelte, die als Heilkunde zu qualifizieren sind.[190]

Die Herstellung von Zahnersatz war zwar Teil des zahnärztlichen Berufsbildes, ist aber eben kein Aspekt der Heilkunde[191]. Dies wird durch die Definition in § 1 Abs. 3 ZHG bestätigt, wonach die *„Ausübung der Zahnheilkunde die berufsmäßige auf zahnärztlich wissenschaftliche Erkenntnisse gegründete Feststellung und Behandlung von Zahn-, Mund- und Kieferkrankheiten“* ist.

Zahntechniker dürfen im Fall der gewerblichen Ausübung des Zahntechnikerhandwerks unter Aufsicht eines qualifizierten Betriebsleiters tätig sein. In der fraglichen Konstellation geht es aber um die Herstellung von Zahnersatz im Rahmen der freiberuflichen, zahnärztlichen Tätigkeit. Der Einsatz von Zahntechnikern für die Erledigung von freiberuflichen Tätigkeiten des Zahnarztes ist nicht deshalb verboten, weil der Zahntechniker ein Handwerker ist. Dabei müssen nur gewisse Rahmenbedingungen erfüllt werden. Insoweit ist es nötig, dass der manuell ausführende Zahntechniker nicht selbst Art, Weise und Umfang des zahntechnischen Werks bestimmt, sondern dass dies nach Anweisung des (entsprechend ausgebildeten) Zahnarztes erfolgt. Dieser Zahnarzt muss die Arbeit des Zahntechnikers permanent lenken und beaufsichtigen, mithin dieser seinen Stempel aufdrücken.[192]

4.2.3.1 Umfang der Aufsicht

Eine Qualifizierung der Zahnersatzherstellung als freiberufliche Tätigkeit wird nahezu einhellig verneint, falls die Mitarbeiter im Praxislabor nicht permanent vom Zahnarzt überwacht und angeleitet werden[193].

Die höchstrichterliche Rechtsprechung hat sich der Frage der Anwendbarkeit der HwO bei der Herstellung von Zahnersatz in Praxislabors bereits in der Vergangenheit angenommen. BVerwG und BGH hatten Sachverhalte zu beurteilen, in denen Zahnärzte Zahnersatz in ihren Praxislabors durch angestellte Zahntechniker herstellen ließen. Beide Gerichte qualifizieren dies auch dann noch als freiberufliche Tätigkeit, wenn der Zahnarzt nicht eigenhändig, sondern mittels eines Zahntechnikers tätig wird. Auch hier gingen die Gerichte darauf ein, ob die Herstellung von Zahnersatz im Praxislabor Teil des zahnärztlichen Berufsbildes

---

190 BGH NJW 1975, 305; BVerwG NJW 1980, 1349; Detterbeck, PL, S. 54 f.

191 BZÄK/KZBV, Zahnmedizin und Zahntechnik, 2015, S. 3.

192 Detterbeck, PL, S. 55 f.; Leisner, HwO § 2 Rn. 7.

193 BGH GRUR 2013, 1056; OVG Schl.-Holst. BeckRS 1992, 10095; VG Göttingen GewArch 1994, 423, 425; Detterbeck, HwO § 7 Rn. 6; Leisner, HwO § 2 Rn. 7.

sei[194]. Der Einsatz der akademisch-zahntechnischen Fachkenntnisse des Zahnarztes sei Voraussetzung dafür, dass die Herstellung als freiberufliche Tätigkeit gewertet werden könne. Dies könne aber mangels eigenhändiger Tätigkeit nur dann der Fall sein, wenn die Fertigung durch den Zahntechniker permanent und engmaschig durch den fachkundigen Zahnarzt überwacht und angeleitet werde. Dann sei der Vorgang der Herstellung durch die Fachkenntnisse des Zahnarztes gewissermaßen geprägt und der Zahntechniker entscheide nicht selbst über den Fertigungsvorgang. Eigene Fehler des Zahntechnikers seien damit grundsätzlich ausgeschlossen, da die Anfertigung des Zahnersatzes aufgrund der Anleitung durch den Zahnarzt und nicht durch den Zahntechniker erfolge. Manuelle Fehler bei der Fertigung durch den Zahntechniker würden aufgrund permanenter Anleitung und Überwachung grundsätzlich vermieden bzw. sofort korrigiert. Sollte aber keine permanente Anleitung und Überwachung stattfinden, liege eine gewerbliche Handwerkstätigkeit vor.[195]

Es muss aber zugestanden werden, dass auch in einem gewerblichen Dentallabor der Zahntechnikermeister nicht permanent jede Tätigkeit des Zahntechnikers überwacht und steuert. Dies muss er aber auch nicht, weil die vom Meister überwachte Tätigkeit von Zahntechnikern keine eigene Tätigkeit des Zahntechnikermeisters darstellt. Eine durch den Zahnarzt permanent angeleitete und überwachte Tätigkeit stellt dagegen eine eigene (freiberufliche) Tätigkeit des Zahnarztes dar. Eine permanente Überwachung ist aber schon nicht möglich, wenn es mehr angestellte Zahntechniker als Zahntechnikermeister gibt. Zudem ist zu bedenken, dass ein Betriebsleiter mitunter betrieblich veranlasst auch den Fertigungsbereich während seiner Arbeitszeit verlassen muss, z.B. um mit Auftraggebern zu telefonieren. Der notwendige zeitliche Umfang für die geforderte Anleitung und Überwachung wird in der Rechtsprechung zwar vereinzelt thematisiert[196], aber nicht abschließend geklärt. Eine Orientierung kann das sogenannte „*materielle Betriebsleiterprinzip*“[197] geben.

4.2.3.2 Materielles Betriebsleiterprinzip

Das materielle Betriebsleiterprinzip fordert eine grundsätzliche Präsenzpflicht des Betriebsleiters im jeweiligen Betrieb, um die Leitung jederzeit ausüben zu

---

194 BGH NJW 1980, 1337, 1338; BVerwG NJW 1980, 1349.

195 Detterbeck, PL, S. 80; Leisner, HwO § 2 Rn. 7.

196 LSG Schl.-Holst., Urteil vom 07.06.1994 – L 6 Ka 25/93.

197 Ambs, in: Erbs/Kohlhaas, HwO § 7 Rn. 12; Detterbeck, HwO § 7 Rn. 6; Karsten, in: Schwannecke, HwO § 7 Rn. 45; Knörr, in: Honig/Knörr/Thiel, HwO § 7 Rn. 14.

können[198]. Der Betriebsleiter muss zwar nicht pausenlos im Betrieb vor Ort sein, aber während der üblichen Betriebszeiten ohne erheblichen Zeitverlust permanent erreichbar sein. Dabei ist auf die faktische Möglichkeit der jederzeitigen Steuerung der betrieblichen Vorgänge abzustellen. Die objektiv-zeitliche Komponente ist durch subjektive Merkmale des Betriebsleiters (z.B. die persönliche Gesundheit, die von den Handwerkskammern jederzeit überprüft werden darf[199]) und die Besonderheiten des fraglichen Betriebes zu ergänzen.[200]

Grundsätzlich gilt im Handwerk das Prinzip der *„gelockerten Betriebsleiterpräsenz"*. Es kommt demnach nicht darauf an, dass der Betriebsleiter auch tatsächlich permanent vor Ort ist, sondern nur, dass er jederzeit vor Ort sein kann[201]. Ein Beispiel dafür wäre, dass der Betriebsleiter einen Kunden besucht, aber bei Bedarf in kürzester Zeit in den Betrieb zurückkehren kann, um dort persönlich die Leitung auszuüben. Eine fachliche Vertretung durch Personen, die nicht Betriebsleiter sind, kommt nicht infrage. Der Betriebsleiter hat den Betrieb faktisch zu leiten. Daher verbietet sich die rein formale Bestellung eines Betriebsleiters, der in der Praxis nicht als solcher agiert. Von der Rechtsprechung wird betont, dass der Betriebsleiter die betrieblichen Arbeitsvorgänge steuern, betreuen und überwachen müsse, was die Beschränkung auf eine bloße Endkontrolle als Betriebsleitung ausschließe.[202]

Nach der Rechtsprechung des BVerwG ist der notwendige Umfang der Tätigkeit eines Betriebsleiters von der Art des einzelnen Handwerksbetriebes abhängig[203]. Die Möglichkeit, dass ein Betriebsleiter mehrere Abläufe oder Betriebe parallel per Telefon oder E-Mail leiten könne, sei grundsätzlich abzulehnen. Die Rechtsprechung stellt klar, dass die notwendige effektive Leitung eine jederzeitige Erreichbarkeit ohne erheblichen Zeitverlust bedinge, und folgert, dass eine Leitung der Abläufe per Fernkommunikationsmittel nicht ausreichend sei, um das materielle Betriebsleiterprinzip zu erfüllen. Eine bloße Erreichbarkeit per Telefon, E-Mail oder Fax sei kein Ersatz für die persönliche Anwesenheit vor Ort.[204]

198 Detterbeck, HwO § 7 Rn.; Knörr, in: Honig/Knörr/Thiel, HwO § 7 Rn. 10; Schmitz WiVerw 1999, 88 ff.

199 LG Köln GewArch 2014, 257 f.

200 Detterbeck, HwO § 7 Rn. 6; Knörr, in: Honig/Knörr/Thiel, HwO § 7 Rn. 14.

201 Detterbeck, HwO § 7 Rn. 6; Schüßler, ZPL, S. 39.

202 BVerwG NVwZ-RR 1997, 423; BVerwG BeckRS 1993, 31252106.

203 BVerwG NVwZ-RR 1997, 423.

204 OVG Lüneburg BeckRS 2005, 20565; GewArch 1994, 172.

Das BVerwG stellt strenge Anforderungen an den notwendigen Umfang der Tätigkeit eines Betriebsleiters: Er habe *„den Arbeitsablauf zu steuern, zu betreuen und zu überwachen“* und dürfe sich nicht auf eine bloße Endkontrolle beschränken. Er habe *„Mängel in der Ausführung der Arbeiten zu verhindern und gegebenenfalls zu korrigieren* […]“[205].

Während der Fertigung muss der Betriebsleiter auch vor Ort parat stehen, damit er in den Fertigungsprozess korrigierend eingreifen kann[206]. Er muss so nahe am Fertigungsort sein, dass er jederzeit einspringen und die Fertigung in die eigene Hand nehmen könnte. Damit stellt sich die Frage, wie weit die Distanz zum Ort des jeweiligen Arbeitsablaufs maximal sein darf, sodass er noch rechtzeitig eingreifen könnte, um Mängel in der Ausführung zu verhindern.

Diese Frage wurde von der Rechtsprechung und Literatur bereits bewertet. Ausreichend sei (je nach *„Art, Größe und Beschaffenheit“* des Betriebes) ein Aufenthalt des Betriebsleiters in einem Umkreis von bis zu 50 km vom Betrieb oder dem Ort, an dem die Handwerksleistung erbracht wird. Die parallele Leitung zweier Betriebe sei daher noch grundsätzlich denkbar, falls der Betriebsleiter bei Bedarf vor Ort jeweils zur Verfügung stehe[207]. Eine größere Distanz[208] ist nicht mehr ausreichend. Andere sehen bereits eine kürzere Entfernung kritisch. Bei einem Friseurbetrieb sei bereits die Distanz von 40 km zu weit, um dem Betriebsleiterprinzip gerecht zu werden[209].

Im Handwerk gilt ein gelockertes Betriebsleiterprinzip. Primär besteht zwar die Pflicht zur persönlichen Leitung und Überwachung des Betriebs vor Ort. Falls die Anwesenheit des Betriebsleiters vor Ort jederzeit möglich ist, ist sogar eine gewisse räumliche Distanz des Betriebsleiters zum Betrieb noch zulässig. Das *„strenge Betriebsleiterprinzip im Gesundheitshandwerk“* fordert dagegen eine permanente und engmaschige Leitung und Überwachung des Betriebsleiters vor Ort. Eine Abwesenheit ist damit prinzipiell unvereinbar. Übertragen auf den Einsatz von Zahntechnikern bei der Herstellung von Zahnersatz in einem Praxislabor ergibt sich eine vergleichbare Konstellation. Der Betriebsleiter soll kraft seiner fachlichen Kenntnisse Fehler in der Fertigung rechtzeitig verhindern. Ein

---

205 BVerwG NVwZ 1991, 1189; dazu m.w.N. Detterbeck, HwO § 7 Rn. 5 f.; Karsten, in: Schwannecke, HwO § 7 Rn. 37 ff.; Leisner, HwO § 7 Rn. 20 ff.

206 BZÄK, Komm MBO § 11 Rn. 5; Detterbeck/Voit, ZEL, S. 71.

207 BVerwG NVwZ-RR 1995, 325.; Detterbeck, PL, S. 57; Karsten, in: Schwannecke, HwO § 7 Rn. 45.

208 Nach Knörr, in: Honig/Knörr/Thiel, HwO § 7 Rn. 12 sind max. 100 km zulässig.

209 VG Stuttgart BeckRS 2012, 58797.

Zahntechnikermeister soll aufgrund seiner Kenntnisse in der Werkstoffkunde verhindern, dass ein mangelhafter oder sogar gesundheitsgefährdender Zahnersatz gefertigt wird. Das gleiche gilt für den Zahnarzt. Die freiberufliche Herstellung des Zahnersatzes soll durch die akademischen Kenntnisse des Zahnarztes geprägt sein, d.h. er soll den Arbeitsprozess selbst durchführen oder engmaschig überwachen und somit Fehler rechtzeitig erkennen und verhindern. Auch der Zahnarzt soll aufgrund seiner Fähigkeiten Zahnersatz auf Fehler prüfen können. Erst recht soll er selbst Fehler bei der eigenen Herstellung vermeiden. Die zahnärztliche Tätigkeit oder Überwachung bei der Herstellung des Zahnersatzes dient der Qualitätssicherung.[210]

Auch *Schüßler* betont, dass potentielle Gesundheitsgefahren bei einer unbeaufsichtigten Herstellung im Labor entstehen können, da andernfalls der eingegliederte Zahnersatz mit fehlerhaften Bestandteilen eine eigene Gefahrenquelle bilde[211]. Erfolgt die Fertigung durch den Zahntechniker im Praxislabor, muss der fachkundige Zahnarzt diesen Prozess eng anleiten und überwachen. Insoweit hier auch der Schutz der Gesundheit und des Lebens des Patienten vor den typischen Gefahren des Handwerks betroffen ist, ist das materielle Betriebsleiterprinzip analog anzuwenden.

4.2.3.3 Schutzzweck der HwO

Das verfolgte Ziel der HwO ist der Schutz der Verbraucher vor den typischen Risiken einer gefahrengeneigten Handwerkstätigkeit. Dies ergibt sich aus der gesetzlichen Entwicklung.[212]

Im Jahr 2003 wurde der ursprüngliche Zweck der handwerksrechtlichen Berufszulassungsbeschränkungen für die Ausübung der A-Handwerke grundlegend geändert. Der sogenannte „*Paradigmenwechsel*" war die Folge des Dritten Gesetzes zur Änderung der Handwerksordnung und anderer handwerksrechtlicher Vorschriften vom 24.12.2003[213], in Kraft getreten zum 01.01.2004 als sogenannte „*Große Handwerksnovelle*".[214] Seitdem dienen die handwerksrechtlichen

---

210 Blöcher, in: JurisPK-SGB V, § 135 a Rn. 7 u. 10 ff.

211 Schüßler, ZPL, S. 58.

212 Ambs, in: Erbs/Kohlhaas, HwO § 1 Rn. 2; Detterbeck, HwO, Einleitung Rn. 9 m. Verw. auf BT-Drucks. 15/1206, 22; ders., HwO § 1 Rn. 58; Tillmanns, in: Honig/Knörr/Thiel, HwO § 3 Rn. 36 und § 4 Rn. 6 f.

213 BGBl I 2003, 2934.

214 Detterbeck, HwO, Einleitung Rn. 4 ff. u. 9 ff.; Müller NVwZ 2004, 403; Thiel, in: Honig/Knörr/Thiel, HwO § 1 Rn. 3 f.

Berufszulassungsbeschränkungen, wie z.B. die Eintragungspflicht und das Betriebsleiterprinzip, primär der „*Abwehr von Gefahren für Gesundheit oder Leben Dritter wegen unsachgemäßer Handwerksausübung*“[215]. Sekundäre Schutzzwecke sind der „*Erhalt der Qualität handwerklicher Leistungen und der wirtschaftlichen Stabilität der Betriebe*“[216] und die „*Sicherung einer effektiven Nachwuchsausbildung im Handwerk*“.[217]

Damit erfolgte eine Neupositionierung zur Notwendigkeit der Meisterprüfung im regulierten Handwerk. Diese dient nunmehr vorrangig dem Schutz der Gesundheit und des Leben Dritter mittels Sicherung eines handwerklichen Qualitätsstandards.[218] Die Sicherung der Qualitätsstandards erfolgt anhand subjektiver Kriterien des Antragsstellers, die objektiv überprüfbar sind. Dies sind die erfolgreich abgelegte Meisterprüfung oder eine vergleichbare Prüfung, sonstige subjektive Qualifikationen, die eine Ausnahmegenehmigung rechtfertigen, oder die Einstellung eines im o.g. Sinne qualifizierten Betriebsleiters. Die Erfüllung dieser subjektiven Kriterien bildet die unabdingbare Grundlage dafür, dass eine Zulassung zur Ausübung der A-Handwerke erfolgen darf, damit die damit verbundenen Gefahren für Gesundheit und Leben Dritter minimiert werden können.[219]

Damit wird deutlich, warum eine analoge Beachtung des Betriebsleiterprinzips für die Herstellung von Zahnersatz in einem Praxislabor unabdingbar ist. Die Zahntechnik gehört zu den gefahrgeneigten Gesundheitshandwerken der Anlage A der HwO. Diese bedürfen im Sinne der Novelle der HwO grundsätzlich der Einhaltung der strengen Schutzvorgaben. Hierzu zählt insbesondere die permanente und engmaschige Überwachung durch den fachlich qualifizierten Betriebsleiter, um die gewünschte Gefahrenabwehr für Dritte sicherzustellen[220].

Die strengen Restriktionen der HwO sollen die Verbraucher vor den typischen Gefahren eines Handwerks schützen. Wird die handwerkliche Herstellung von Zahnersatz aber nicht in einem Handwerksbetrieb, sondern in einer Zahnarztpraxis ausgeübt, drohen die gleichen Gefahren, soweit keine fachkundige

215 BVerwG NVwZ 2014, 1241; BT-Drucks. 15/1206, 22.

216 BT-Drucks. 15/1481, 8.

217 BVerwG NVwZ 2014, 1241; BR-Drucks. 466/03, 3; Detterbeck, HwO, Einleitung, Rn. 9.

218 BT-Drucks. 15/1206, S. 2, 54 ff., 101 ff; Müller NVwZ 2004, 403.

219 OVG Koblenz GewArch 2013, 12; BT-Drucks. 15/1481, 8; Detterbeck, HwO, Einleitung, Rn. 9; Kramer GewArch 2013, 111.

220 OVG NRW BeckRS 2017, 131921.

Anleitung und Überwachung erfolgt. Daher ist auch hier der Maßstab der HwO anzulegen.

4.2.3.4 Maßstab der Gesundheitshandwerke

Für das Handwerk gilt grundsätzlich der Maßstab der gelockerten Betriebsleiterpräsenz. Der Betriebsleiter kann grundsätzlich in mehreren Handwerksbetrieben die Aufsicht führen, soweit nur sichergestellt ist, dass er sich in ausreichender Nähe (max. 50 km) zum Betrieb aufhält.[221]

Dieser Grundsatz gilt aber nicht für alle Handwerke. Nach ständiger Rechtsprechung gelten für die Gesundheitshandwerke die besonders strengen Anforderungen nach dem Grundsatz der permanenten Betriebsleiterpräsenz[222]. Im Interesse des effektiven Patientenschutzes vor den typischen Gefahren eines risikogeneigten Gesundheitshandwerks gilt auch im Praxislabor der strenge Maßstab, der für den qualifizierten Betriebsleiter im Gesundheitshandwerk Anwendung findet.[223]

Nach allgemeiner Auffassung betrifft der strenge Maßstab die Gesundheitshandwerke der Augenoptiker, Hörakustiker, Orthopädietechniker, Orthopädieschuhmacher und Zahntechniker. Durch eine unsachgemäße Ausübung dieser Handwerke droht hier in höherem Maße als bei den anderen A-Handwerken eine Gesundheitsgefahr[224]. Dies kann nur dadurch vermieden werden, dass der Betriebsleiter ununterbrochen vor Ort ist.

Nach gefestigter Rechtsprechung[225] können zwei Gesundheitshandwerksbetriebe grundsätzlich nicht von demselben Betriebsleiter parallel geleitet werden. Aufgrund der permanenten Präsenzpflicht im Gesundheitshandwerk ist es prinzipiell nicht möglich, dass zwei Betriebe von nur einem Betriebsleiter geführt werden[226]. Eine Ausnahme gilt nur, falls beide Betriebe maximal 500 m

---

221 BVerwG NVwZ-RR 1995, 325 ff.; Schl.-Holst. VG GewArch 1999, 341 f.; Detterbeck, PL, S. 57; Karsten, in: Schwannecke, HwO § 7 Rn. 45.

222 BGH GewArch 2013, 407 Rn. 16; Detterbeck, HwO § 7 Rn. 6; Knörr, in: Honig/Knörr/Thiel, HwO § 7 Rn. 14.

223 Detterbeck, HwO § 7 Rn. 6; Knörr, in: Honig/Knörr/Thiel, HwO § 7 Rn. 14.

224 OVG Münster BeckRS 2017, 131921; VG Regensburg BeckRS 2017, 143704; Detterbeck, HwO § 7 Rn. 7; Thiel, in: Honig/Knörr/Thiel, HwO § 1 Rn. 6.

225 BGH GewArch 2013, 407 Rn. 16; Schl.-Holst. OVG GewArch 1992, 277 f; VG Göttingen GewArch 1994, 425.

226 Detterbeck, HwO § 7 Rn. 6; Badura GewArch 1992, 203; Karsten, in: Schwannecke, HwO § 7 Rn. 45; Knörr, in: Honig/Knörr/Thiel, HwO § 7 Rn. 14; Schmitz WiVerw 1999, 92 ff.; Wiemers DVBl 2012, 945.

voneinander entfernt liegen und der Betriebsleiter innerhalb von etwa fünf Minuten vor Ort sein kann[227].

Diese letztgenannte Ausnahme steht aber nicht im Einklang mit dem handwerksrechtlichen Ziel der Gefahrenabwehr. Bereits bei einer Verzögerung von fünf Minuten wäre nicht sichergestellt, dass der Betriebsleiter jederzeit steuernd in den Fertigungsprozess eingreifen und Gesundheitsgefahren verhindern kann. Mit der Herstellung von Zahnersatz im Praxislabor übt der Zahnarzt ein Gesundheitshandwerk aus. Daher müssen für diese Tätigkeit mindestens die strengen Vorgaben der Gesundheitshandwerke gelten. Häufig wird aber nicht einmal die für Gesundheitshandwerksbetriebe geforderte 500 Meter- bzw. fünf Minuten-Grenze eingehalten. So ist ein Fall bekannt, in dem ein Zahnarzt zur Versorgung seiner Patienten ein eigenes Praxislabor in einer anderen Stadt betrieben hatte, das „*ca. 204 km entfernt vom Praxisstandort*“ belegen war[228]. Eine solche Distanz bedeutet eine Autofahrt von rund zwei Stunden, sodass eine dem oben genannten strengen Maßstab genügende Eingriffsmöglichkeit im Praxislabor bei Weitem nicht mehr gegeben ist.

Auch *Schüßler* fordert eine jederzeitige Eingriffsmöglichkeit im Praxislabor, welche aber bei gleichzeitiger Behandlung von Patienten durch den Zahnarzt unmöglich sei[229]. Es wird vertreten, dass die Leitung von zwei Handwerksbetrieben durch denselben Betriebsleiter nur zulässig sei, wenn die zu überwachende Tätigkeit nicht zeitlich parallel erfolgt[230]. Obwohl der direkte Bezug zu der Arztpraxis fehlt, ist die Gefährdungslage vergleichbar, da sowohl die Verbraucher als auch die Patienten vor den jeweils tätigkeitsbezogenen Gefahren geschützt werden sollen.

Die permanente Pflicht zur Anwesenheit vor Ort wird auch von der Rechtsprechung vereinzelt bestätigt. Nicht ausreichend sei ein nur vierstündiger Aufenthalt im jeweiligen Betrieb pro Tag[231]. Der BGH vertritt dagegen die Auffassung, dass zwei unterschiedliche Gesundheitshandwerksbetriebe, die nicht in unmittelbarer Nähe zueinander belegen sind, grundsätzlich von demselben Betriebsleiter geleitet werden können. Der BGH stellt aber eine Bedingung, für die Einhaltung des Betriebsleiterprinzips auf: Die Arbeitsprozesse in den beiden Gesundheitshandwerksbetrieben seien so zu regeln, dass bei Abwesenheit

227 Schl.-Holst. VG GewArch 2000, 426; Knörr, in: Honig/Knörr/Thiel, HwO § 7 Rn. 14.
228 SG Marburg BeckRS 2010, 72442.
229 Schüßler, ZPL, S. 42.
230 Badura GewArch 1992, 203; vgl. aber Knörr, in: Honig/Knörr/Thiel, HwO § 7 Rn. 12.
231 OLG München GewArch 1991, 352; LAG Nürnberg NZA 1996, 882.

des Betriebsleiters keine *„potentiell gesundheitsgefährdenden Leistungen“* erfolgen[232]. Auf das gewerbliche Dentallabor übertragen würde das bedeuten, dass wenn der Zahntechnikermeister nicht im Labor A ist, weil er im Labor B die Arbeitsprozesse überwacht und anleitet, die Zahntechniker im Labor A sich nur um nicht-gesundheitshandwerkliche Aufgaben wie die Pflege der Geräte und die Sauberkeit des Labors kümmern dürfen. Schon aus ökonomischen Gründen würde aber kein gewerbliches Labor sich so organisieren, dass zu den Betriebszeiten die Angestellten keinen Umsatz im Sinne des Unternehmensgegenstands (Ausübung der Zahntechnik) generieren.

Gleiches gilt für das zahnärztliche Praxislabor. Auch hier wird dasselbe risikogeneigte Gesundheitshandwerk ausgeübt. Ein effektiver Patientenschutz kann nur durch die permanente Betriebsleiterpräsenz sichergestellt werden. Daher hat diese Wertung des BGH keine praktische Relevanz für das Praxislabor.

Detterbeck vollzieht eine Parallelbetrachtung zwischen gewerblichem Dentallabor und Praxislabor. Nach ihm muss das Praxislabor sich entweder in unmittelbar räumlicher Nähe, also in den Räumen der Zahnarztpraxis befinden, oder es darf maximal 500 m entfernt liegen. Zudem müsse gewährleistet sein, dass der Zahnarzt stets innerhalb von etwa fünf Minuten im Labor sein könne. Falls aber ein Zahnarzt in seiner Praxis Patienten behandele, könne es ihm nicht gleichzeitig möglich sein, die Arbeitsabläufe in einem 500 m entfernten Praxislabor im notwendigen Umfang zu leiten und zu überwachen.[233]

Eine Behandlung der Patienten und gleichzeitige Überwachung der Zahnersatzproduktion ist faktisch unmöglich. Auch die Bedingung des BGH, dass die parallelen Arbeitsprozesse in der Zahnarztpraxis und dem Praxislabor so organisiert sind, dass bei Abwesenheit des Zahnarztes als Betriebsleiter jeweils keine *„potentiell gesundheitsgefährdenden Leistungen“* erfolgen[234], wird im Arbeitsalltag eines Praxislabors nicht erfüllbar sein. Das würde bedeuten, dass dem Zahntechniker immer dann die Herstellung von Zahnersatz betrieblich verboten wäre, wenn der Zahnarzt seine Patienten in der Praxis behandelt. Da ein Zahnarzt seine Patienten zu den üblichen Öffnungszeiten behandeln dürfte, könnte das Praxislabor nur spätabends bzw. in der Nacht oder am Wochenende unter zahnärztlicher Leitung produzieren. Entsprechend hat *Schüßler* festgestellt, dass ein Zahnarzt die Herstellung von Zahnersatz im nahe gelegenen Praxislabor

---

232 BGH GRUR 2013, 1056; Detterbeck, HwO § 7 Rn. 6.

233 Detterbeck, PL, S. 58; ders., HwO § 7 Rn. 6; vgl. Badura GewArch 1992, 203; Dohrn GewArch 1986, 120.

234 BGH GRUR 2013, 1056.

nicht so überwachen könne und werde, wie es in einem Dentallabor durch einen Zahntechnikermeister geschehe bzw. geschehen müsse. Der Zahnarzt könne nicht parallel seine Patienten, womöglich in mehreren Behandlungsräumen, behandeln und gleichzeitig bereitstehen, um als Betriebsleiter im Praxislabor tätig zu sein[235]. Daher sei es auch egal, falls eine gewisse räumliche Nähe zwischen Praxis und Praxislabor bestehe, da der Zahnarzt während der Behandlung von Patienten nicht gleichzeitig an mehreren Orten sein könne[236]. Der Zahntechniker dürfe nur dann arbeiten, wenn der Zahnarzt vor Ort sei und auch keine Patienten selbst behandele. Dies sei in der Realität aber nicht umsetzbar.[237]

Dagegen könnte man argumentieren, dass der Zahnarzt nicht bei der Zahnersatzproduktion im Praxislabor anwesend sein müsse, um seine Patienten vor den typischen Gesundheitsgefahren der Zahntechnik zu schützen. Schließlich sei ein Zahnarzt auch nicht bei der Fertigung im gewerblichen Dentallabor anwesend. Vielmehr prüfe er nach der Lieferung die Tauglichkeit des Zahnersatzes, bevor er diesen eingliedere. Diese Argumentation verkennt aber zum einen, dass in einem gewerblichen Dentallabor die Herstellung von einem Zahntechnikermeister überwacht wird und zum anderen, dass nach der einschlägigen Rechtsprechung eine bloße Endkontrolle des Zahnersatzes nicht die Anforderungen des materiellen Betriebsleiterprinzips und schon gar nicht die Anforderungen der permanenten Betriebsleiterpräsenz im Gesundheitshandwerk erfüllt[238]. Bei der Fertigung von Zahnersatz können bei Abwesenheit eines Betriebsleiters (und damit des Zahnarztes) Fehler geschehen, die eine nachträgliche Kontrolle nicht entdecken könne[239]. Diese verdeckten Fehler können aber Beschwerden und ernsthafte Gesundheitsgefahren für die Patienten hervorrufen.[240]

Die Rechtsprechung hat die im Praxislabor von Zahntechnikern erbrachten Arbeiten unter bestimmten Voraussetzungen als unmittelbare zahnärztliche Tätigkeit des Zahnarztes qualifiziert. Dagegen müssen in einem zahntechnischen Handwerksbetrieb die zahntechnischen Produkte nicht das unmittelbare Ergebnis der Tätigkeit des Betriebsleiters sein. Die theoretische Möglichkeit der Erreichbarkeit des Zahnarztes sei daher allein nicht ausreichend, da die

235 Schüßler, ZPL, S. 37.

236 Schüßler, ZPL, S. 42.

237 Detterbeck, PL, S. 60.

238 OVG Münster BeckRS 2017, 131921 = OVG NRW, Urteil v. 20.11.2017, Az. 4 A 1113/13, Rn. 66 ff., zu finden unter juris.

239 OVG Münster BeckRS 2017, 131921, insb. Rn. 42; Detterbeck, WiVerw 2017, 153 ff.

240 Detterbeck, PL, S. 75 f.; Schüßler, ZPL, S. 41 m. Verw. auf VG Würzburg, Beschluss v. 30.03.1983, W 6 S. 83 A 0282.

zahntechnischen Arbeitsabläufe dann nicht tatsächlich unter zahnärztlicher Überwachung und Anleitung erfolgen.[241]

Somit wäre die Fertigung des Zahnersatzes nicht durch das fachliche Wissen und Können des Zahnarztes geprägt. Eine Qualifizierung als freiberufliche Tätigkeit würde daher ausscheiden. Kommt der Zahnarzt seiner permanenten Anleitungs- und Überwachungspflichten nicht nach, handelt es sich bei der Herstellung von Zahnersatz durch Mitarbeiter im Praxislabor nicht um eine eigene zahnärztliche Tätigkeit. Vielmehr ist dies die gewerbliche Ausübung des Zahntechnikerhandwerks. Für diese sind die Restriktionen der HwO anwendbar.

4.3 Zwischenergebnis

Die Herstellung von Zahnersatz in einem Praxislabor durch einen noch entsprechend ausgebildeten Zahnarzt oder durch seine Angestellten unter seiner Anleitung, die nur der Behandlung der eigenen Patienten des Zahnarztes dient, stellt eine freiberuflich-zahnärztliche Tätigkeit dar. Mangels erlaubnispflichtiger gewerblicher Handwerksausübung im fraglichen Praxislabor findet die HwO grundsätzlich keine Anwendung. Handwerksrechtlich problematisch ist dagegen, wenn die Herstellung im Praxislabor nicht als freiberuflich-zahnärztliche Tätigkeit erfolgt, z.B. weil auch für Patienten anderer Zahnärzte gefertigt wird oder die Arbeit im Praxislabor nicht eigenhändig oder unter permanenter Anleitung und Überwachung durch den entsprechend ausgebildeten Zahnarzt erfolgt. Dann ist die HwO grundsätzlich anwendbar, weil eine erlaubnispflichtige (Handwerks-)Gewerbeausübung erfolgt.

4.4 Handwerksrolleneintragung

Zu klären ist, ob eine Handwerksrolleneintragung nach HwO aufgrund der Ausbildung des Zahnarztes oder einer entsprechenden Ausnahmebewilligung möglich ist.

4.4.1 Eintragung aufgrund Ausbildung

Die Eintragung setzt die Tätigkeit eines fachlich qualifizierten Betriebsleiters voraus. In der Praxis ist es eher selten, dass ein Zahnarzt auch einen Zahntech-

241 BGH GewArch 2013, 407; Schl.-Holst. VG GewArch 2000, 426; VG Göttingen, GewArch 1994, 423; Detterbeck, PL, S. 60 f.

nikermeistertitel führt. Falls keine andere fachlich qualifizierte Person im Praxislabor beschäftigt ist, verbleiben nur die handwerksrechtlichen Sonderregelungen.

§ 7 Abs. 2 HwO bietet die Möglichkeit, dass Absolventen einer (mit dem zulassungspflichtigen Handwerk) vergleichbaren Ausbildung in die Handwerksrolle eingetragen werden können und somit das betreffende Handwerk ohne Meistertitel ausüben dürfen. Zu fragen ist daher, ob die akademisch-zahntechnische Ausbildung des Zahnarztes mit der Ausbildung in der Zahntechnik i.S.d. § 7 Abs. 2 HwO vergleichbar ist. Nach obiger Darstellung und allgemeiner Auffassung entspricht die zahnärztliche Ausbildung aber nicht der Ausbildung zum Zahntechniker, und das zahnärztliche Staatsexamen kommt auch nicht der Zahntechnikermeisterprüfung gleich. Daher vermittele „*die zahnärztliche Approbation keinen Anspruch auf Eintragung in die Handwerksrolle nach § 7 Abs. 2 HwO*“.[242] Diese zutreffende Auffassung bezieht sich auf die Ausbildung nach Maßgabe der Approbationsordnung von 1955. Für die Ausbildung nach Maßgabe der neuen Approbationsordnung ab dem 01.10.2020 gilt dies umso mehr.

Zwar war die Ausübung der Zahntechnik bis zum 01.10.2020 teilweise auch Bestandteil der akademischen Ausbildung und Prüfung der Zahnärzte. Dennoch ist diese Ausbildung nicht mit der handwerklichen Ausbildung gleichzustellen[243]. Die Eintragung nach § 7 Abs. 2 HwO ist hiernach nicht möglich.

4.4.2 Ausnahmebewilligung

Eine weitere Möglichkeit für den Betrieb des Praxislabors kann die Erteilung einer Ausnahmebewilligung nach § 8 Abs. 1 HwO bieten: „*In Ausnahmefällen ist eine Bewilligung zur Eintragung in die Handwerksrolle (Ausnahmebewilligung) zu erteilen, wenn die zur selbständigen Ausübung des von dem Antragsteller zu betreibenden zulassungspflichtigen Handwerks notwendigen Kenntnisse und Fertigkeiten nachgewiesen sind; dabei sind auch seine bisherigen beruflichen Erfahrungen und Tätigkeiten zu berücksichtigen. Ein Ausnahmefall liegt vor, wenn die Ablegung einer Meisterprüfung zum Zeitpunkt der Antragstellung oder danach für ihn eine unzumutbare Belastung bedeuten würde.*“

Beide o.g. Kriterien der Ausnahmebewilligung müssen kumulativ erfüllt sein. Aber weder die notwendigen Kenntnisse und Fertigkeiten noch eine unzumutbare Belastung sind regelmäßig beim Betrieb eines Praxislabors festzustellen. Da schon die zahnärztliche Approbation keinen Anspruch auf Zulassung im Sinne

242 So wörtlich Detterbeck, PL, S. 45.

243 BVerwG NJW 1980, 1349; Detterbeck WiVerw 2017, 167; Pohl ZM 1978, 984.

des § 7 Abs. 2 HwO begründet, können dadurch auch keine nach § 8 Abs. 1 S. 1 HwO notwendigen handwerksmeisterlichen Kenntnisse und Fähigkeiten nachgewiesen werden.[244] Die gegenteilige Rechtsprechung[245] ändert nichts an diesem Ergebnis. Das OVG Münster ist von anderen Rahmenbedingungen im damals anhängigen Fall ausgegangen. Der approbierte Antragsteller hatte ebenso die Abschlussprüfung als Zahntechniker erfolgreich absolviert und war sowohl akademisch als auch handwerklich ausgebildet. Man muss berücksichtigen, dass das damalige Niveau der Zahntechnikerausbildung nicht mit dem aktuellen Ausbildungsumfang und -Inhalt vergleichbar war.[246]

Der Nachweis der *„notwendigen Kenntnisse und Fähigkeiten"* kann grundsätzlich nur durch eine langjährige legale Betätigung in dem fraglichen Handwerk belegt werden[247]. Ein Zahnarzt könnte in seinem Antrag auf Ausnahmebewilligung angeben, dass er während seiner Ausbildung und Tätigkeit als Zahnarzt jahrelang und ununterbrochen Zahnersatz angefertigt habe. Nie sei ihm ein Fehler unterlaufen, es gebe keine Beschwerden oder Komplikationen. Daher sei erwiesen, dass er in seinem Wissen und Können einem Meister des Zahntechnikerhandwerks gleichstehe. Nach der Rechtsprechung kann eine solche Argumentation aber nur dann im Sinne von § 8 HwO überzeugen, falls der Zahnarzt bei seiner Tätigkeit zur Herstellung von Zahnersatz die gesamte Bandbreite der Zahntechnik und nicht nur Teilaspekte betrieben hat. Nur dann kann im Sinne des § 8 HwO gefolgert werden, dass er dadurch ein Wissen und Können belegen kann, welches sonst nur durch handwerksmeisterliche Prüfung und Ausbildung nachgewiesen wird.[248] Aufgrund der bereits dargestellten Erkenntnisse erscheint es aber zweifelhaft, dass ein Zahnarzt neben seiner kurativen Tätigkeit ausreichend Zeit hatte, die Expertise in der Ausübung der Zahntechnik zu sammeln, die ein Zahntechnikermeister vorweisen kann.

Es gibt auch einen weiteren Aspekt, der gegen die Möglichkeit der Ausnahmebewilligung spricht. Ein Zahnarzt, der noch keine Ausnahmebewilligung

---

244 Detterbeck, PL, S. 45; Leisner, HwO § 8 Rn. 58.

245 OVG Münster GewArch 1966, 16.

246 Detterbeck, PL, S. 44 f.

247 Für Erfordernis der legalen Tätigkeit z.B. VGH Mannheim GewArch 2004, 25; Ambs, in: Erbs/Kohlhaas, HwO § 8 Rn. 1; a.A. z.B. OVG Münster GewArch 1996, 288; Detterbeck, HwO § 8 Rn. 12; offengelassen von BVerwG GewArch 2004, 489 f.; vgl. auch BVerwGE 152, 132 ff.

248 BVerwG GewArch 2000, 490; GewArch 1992, 242, 244; OVG Saarland BeckRS 1995, 13120; OVG Schl.-Holst. BeckRS 1993, 10208; VG Ansbach BeckRS 2012, 51804; Stork, in: Schwannecke, HwO § 8 Rn. 32.

vorweisen kann, darf nicht wie ein Zahntechnikermeister tätig sein und entsprechend keine vergleichbare Berufserfahrung sammeln. Andernfalls wäre zu fragen, ob dabei eine unzulässige Gewerbeausübung erfolgt ist. Ohne Ausnahmebewilligung darf der Zahnarzt nur für die eigenen Patienten tätig werden. Falls er (wie ein Zahntechnikermeister im gewerblichen Dentallabor) für die Patienten anderer Zahnärzte Zahnersatz herstellt, liegt keine freiberufliche Tätigkeit vor, sondern die unzulässige Ausübung eines erlaubnispflichtigen Handwerksgewerbes. Aber nur die gewerbliche Tätigkeit vermittelt das gleiche praktische Niveau an Erfahrung, über das der gewerblich tätige Handwerksmeister verfügt. Eine solche gewerblich gesammelte Berufserfahrung wird ein Zahnarzt mit dem Antrag auf Ausnahmebewilligung nicht offenlegen wollen. Schließlich handelt nach § 117 HwO ordnungswidrig, wer ohne Eintragung ein stehendes Gewerbe selbstständig betreibt. Die Ordnungswidrigkeit ist bußgeldbewehrt. Wurden vom Antragsteller nur die Patienten der eigenen Praxis versorgt, ist anzunehmen, dass nicht die für den positiven Bescheid notwendige Gesamtheit des Zahntechnikerhandwerks ausgeübt wurde.[249] Die zahntechnische Meisterausbildung ist darauf ausgelegt, alle Aspekte der Zahntechnik zu vermitteln. Manche Ausbildungsinhalte kommen in der Praxis aber selten oder gar nicht vor. Die erfolgreiche Meisterprüfung bescheinigt aber, dass der Absolvent alle Aspekte der Zahntechnik kennt und beherrscht.

Weite Teile der Literatur betonen, dass für das Zahntechnikerhandwerk die besonders strengen Anforderungen der Gesundheitshandwerke gelten[250]. Dies werde durch die Regelung des § 7b Abs. 1 HwO bestätigt. Von der Ausübungsberechtigung dieser „*Altgesellenregelung*“ sei das Zahntechnikerhandwerk unter Nummer 37 der Anlage A der HwO als besonders gefahrenträchtiges Gesundheitshandwerk ausgenommen, weil zufällige und unregelmäßige Praxiserfahrung nicht die gleichen Standards für Wissen und Können lieferten, wie es ein geplanter Ausbildungsweg vermöge. Die Gefahrenabwehr und der Gesundheitsschutz dürften aber nicht dem Zufall bzw. der persönlichen Erfahrung des Anwenders überlassen werden. Am Ende bleibe nur noch die Möglichkeit einer Eignungsprüfung, in der meistergleiche Kenntnisse und Fertigkeiten zu belegen seien.[251]

---

249 BVerwG GewArch 1992, 242, 244; Detterbeck, PL, S. 45; Stork, in: Schwannecke, HwO § 8 Rn. 32.

250 Ambs, in: Erbs/Kohlhaas, HwO § 7b Rn. 5; Badura ZM 1978, 597 ff.; Knörr, in: Honig/Knörr/Thiel, HwO § 7b Rn. 1; Leisner, HwO § 2 Rn. 7; Pohl ZM 1977, 709 ff.; Schmitz, in: Schwannecke, HwO § 3 Rn. 20; Schüßler, ZPL, S. 88 ff.

251 Leisner, HwO § 8 Rn. 48 f.; Stork, in: Schwannecke, HwO § 8 Rn. 42 ff.

Es ist dem Zahnarzt i.S.d. § 8 Abs. 1 S. 2 HwO auch nicht unzumutbar, dass er die notwendige zahntechnische Ausbildung absolviert. Der Ausnahmegrund ist regelmäßig nur zu bejahen, wenn der Antragsteller 47 Jahre oder älter ist.[252] Diese altersmäßige Härtefallregelung findet aber regelmäßig bei Zahnärzten, mangels Vorliegens eines Härtefalls, keine Anwendung. Der (entsprechend ausgebildete) Zahnarzt darf bereits für die eigenen Patienten ohne Ausnahmebewilligung und Eintrag in der Handwerksrolle Zahnersatz herstellen. Falls er aber auch im gewerblichen Sinne für die Patienten Dritter Zahnersatz herstellen will, muss das Vorliegen eines Härtefalls (auch bei Erreichen dieser Altersgrenze) verneint werden. Die Zahntechnikerausbildung und -prüfung ist nicht bereits altersbedingt eine unzumutbare Belastung[253]. Es gibt nach § 46 Abs. 2 HwO eine Erleichterungsregelung, welche die Zumutbarkeit der Meisterprüfung gewährleistet. Der bereits approbierte Kandidat kann auch von einzelnen Aspekten der Meisterprüfung befreit werden.[254]

Falls aber die Möglichkeit einer Ausnahmebewilligung bejaht würde, wären die Folgen für den Zahnarzt nicht nur von Vorteil. Den erteilten Rechten zur Handwerksausübung folgen auch dementsprechende Pflichten. Dann kann das Zahntechnikerhandwerk mittels Ausnahmebewilligung gewerblich betrieben werden, wobei der Zahnarzt als Inhaber der Ausnahmebewilligung aber nun nicht mehr in freiberuflicher, sondern in gewerblicher Weise agiert. Demnach trifft ihn dann aber auch die permanente Kontroll- und Anleitungspflicht des gefahrgeneigten Zahntechnikerhandwerks. Daraus ergibt sich ebenso die Pflicht zur Beachtung der strengen Anforderungen der Meisterpräsenz in den Gesundheitshandwerken.[255] Der Zahnarzt hätte dann keine Zeit mehr seine Patienten zu behandeln, da er stets im Praxislabor präsent sein müsste.

Insgesamt ist festzuhalten, dass eine Handwerksrolleneintragung für das zahnärztliche Praxislabor ohne Anstellung eines entsprechend qualifizierten Betriebsleiters regelmäßig nicht möglich ist.

---

252 OVG Münster GewArch 1996, 287; VG Arnsberg GewArch 1989, 299; Knörr, in: Honig/Knörr/Thiel, HwO § 8 Rn. 34; Leisner, HwO § 8 Rn. 25; Stork, in: Schwannecke, HwO § 8 Rn. 58.

253 A.A. OVG Münster GewArch 1966, 16 f.

254 BVerwG NVwZ 2002, 341; Detterbeck, PL, S. 47.

255 Detterbeck ZTM 2017, 586 ff.; Knörr, in: Honig/Knörr/Thiel, HwO § 7 Rn. 14.

5. Einordnung der Typologien

Nachfolgend werden die bereits dargestellten Typologien eines Praxislabors dahin gehend untersucht, ob mittels der Herstellung von Zahnersatz im jeweiligen Betrieb eine gewerbliche Tätigkeit oder eine freiberufliche Tätigkeit erfolgt.

5.1 Ein-Mann-Zahnarztpraxis

Eine freiberufliche Tätigkeit liegt vor, soweit das Praxislabor einer Ein-Mann-Zahnarztpraxis den Zahnersatz nur für die Patienten des Zahnarztes anfertigt, der auch das Praxislabor betreibt. Es ist aber üblich, dass in einer Ein-Mann-Praxis der Zahnarzt seine Patienten behandelt, während parallel in dem Praxislabor Zahnersatz hergestellt wird. Die insoweit gegebene Rufbereitschaft ist nicht ausreichend im Sinne einer notwendigen engmaschigen Anleitung und Überwachung.[256] Damit ist das Praxislabors der Ein-Mann-Praxis regelmäßig ein Praxislabor im weiteren Sinne.

5.2 Praxisgesellschaft bzw. Z-MVZ

Eine Zahnarztpraxis kann als Praxisgesellschaft betrieben werden. Beispiele wären die Zahnheilkundegesellschaft nach § 17a MBO, das Z-MVZ i.S.d. § 95 SGB V oder die Partnerschaftsgesellschaft i.S.d. § 1 PartGG. In allen Fällen wird der Behandlungsvertrag des Patienten aber nicht mit dem jeweiligen Zahnarzt abgeschlossen, sondern mit der Betreibergesellschaft. Die zahnärztliche Tätigkeit wird dann in rechtlicher Hinsicht nicht mehr von einer natürlichen Person, sondern von der Gesellschaft mittels der bei ihr beschäftigten Zahnärzte ausgeübt und gegenüber den Patienten der Betreibergesellschaft erbracht. Gleiches gilt für die zahntechnischen Leistungen im angegliederten Praxislabor.[257]

Falls das dort angegliederte Praxislabor exklusiv für die Patienten der Praxisgesellschaft arbeitet, liegt eine freiberufliche Tätigkeit vor[258]. Dies gilt zumindest dann, wenn das Kriterium der notwendigen permanenten und engmaschigen Anleitung und Überwachung durch einen nach der Approbationsordnung von 1955 ausgebildeten Zahnarzt erfüllt wird. Ein nach neuer Approbationsordnung

---

256 BFH BStBl. 1953, 292; Detterbeck, PL, S. 48.

257 Detterbeck/Voit, ZEL, S. 41.

258 Detterbeck, PL, S. 49; Detterbeck/Voit, ZEL, S. 83; teilw. a. A. Badura ZM 1978, 601.

ausgebildeter Zahnarzt kommt als Betriebsleiter dagegen nicht in Betracht. Ebenso liegt keine freiberufliche Tätigkeit vor, falls das Praxislabor den Betrieb erst nach dem 01.10.2020 aufnimmt. Dann ist auch die Ausbildung des zahnärztlichen Betriebsleiters unbeachtlich, außer er besitzt einen Zahntechnikermeistertitel, da nach Maßgabe der ab dann gültigen Approbationsordnung die Herstellung von Zahnersatz nicht mehr zum Berufsbild der Zahnärzte gehört.[259]

Falls aber das Praxislabor seinen Betrieb vor dem 01.10.2020 aufgenommen hat, ist es denkbar, dass bei mehreren Zahnärzten stets ein nach alter Approbationsordnung ausgebildeter Berufsträger als Laborleiter fungiert, während die anderen Zahnärzte die Patienten behandeln[260]. Dies müsste durch arbeitsvertragliche Vorgaben und Zuständigkeitsverteilungen geregelt werden. Aufgrund seiner Qualifikation als Behandler dürfte es aber unwahrscheinlich sein, dass ein Zahnarzt lediglich als zahntechnischer Betriebsleiter eingestellt wird. Die Anstellung eines Zahntechnikermeisters dürfte wohl wirtschaftlich sinnvoller sein. Ist dies aber der Fall, wäre noch ein Praxislabor im engeren Sinne gegeben.

5.3 Praxisgemeinschaft

In der Praxisgemeinschaft sind mehrere Zahnärzte selbstständig tätig. Jeder Zahnarzt arbeitet jeweils für eigene Patienten auf eigene Rechnung unter gemeinschaftlicher Nutzung von Räumen, Personal und Praxislabor. Das Praxislabor einer Praxisgemeinschaft fertigt für unterschiedliche Zahnärzte. Soweit die Zahntechniker dort für mehrere Zahnärzte arbeiten, ist die HwO anwendbar. Hier erfolgt eine gewerbliche Ausübung des Zahntechnikerhandwerks. Die Zahntechniker sind dann auch für die Patienten anderer Zahnärzte tätig. Gleiches gilt, wenn statt der Zahntechniker die Zahnärzte selbst den Zahnersatz herstellen, der für die Patienten des jeweils anderen Kollegen bestimmt ist.[261]

In keinem Fall ist sichergestellt, dass der jeweilige Zahntechniker ausschließlich für einen bestimmten Zahnarzt fertigt. Die HwO ist nur dann nicht anwendbar, falls jeder Zahnarzt seinen eigenen Zahntechniker hat und dieser Zahntechniker überprüfbar dokumentiert nur für seinen Zahnarzt tätig ist. Andernfalls ist zu vermuten, dass die Zahntechniker für alle Zahnärzte gemischt tätig sind.[262] Wenn diese Arbeitstrennung organisatorisch gewährleistet ist, ist

259 Detterbeck/Voit, ZEL, S. 42; vgl. dazu 4.2.1.2.2.

260 Vgl. Detterbeck/Voit, ZEL, S. 83, wonach hier zwar kein handwerks-, wohl aber ein berufsrechtlicher Verstoß erfolgt.

261 Detterbeck, PL, S. 49 ff. m. Verw. auf weitere Quellen.

262 Detterbeck, PL, S. 51.

eine freiberufliche Tätigkeit im Praxislabor möglich[263]. Ebenso verhält es sich bei einer gemeinsamen Nutzung von Räumen, Arbeitsgeräten und Materialien der Zahntechniker. Die genannten Voraussetzungen sind aber kaum erfüllbar. So besteht die Gefahr, dass der Zahntechniker, der eigentlich nur für seinen Zahnarzt arbeiten darf, im Falle einer Verhinderung des anderen Zahntechnikers auch für dessen Zahnarzt (übergangsweise) arbeitet. Aber auch diese zeitweise gewerbliche Herstellung von Zahnersatz für Dritte erfolgt ohne Eintragung nach HwO. Ohne o.g. organisatorische Maßnahmen muss gefolgert werden, dass eine Abgrenzung der jeweiligen Arbeitsbereiche der Zahntechniker nicht erfolgt und auch für die Patienten anderer Zahnärzte in gewerblicher Weise gearbeitet wird.[264]

Hieran vermag auch eine unveröffentlichte Entscheidung des LSG Schleswig-Holstein[265] nichts zu ändern. In dieser Entscheidung ging es ausschließlich um die Frage, ob die jeweiligen Zahntechniker selbstständig gewerblich tätig sind. Die hier entscheidende Frage, ob die Tätigkeit der Zahntechniker im Labor eine unzulässige Handwerkstätigkeit oder eine freiberufliche Tätigkeit der einzelnen Zahnärzte darstellt, war nicht Gegenstand der Entscheidung. Das LSG hat nur geprüft, ob die Zahntechniker gewerblich tätig sind und dies verneint. Dies steht der Annahme einer (unzulässigen) gewerblichen Tätigkeit der Zahnärzte aber nicht entgegen. Die Ausführungen des LSG im letzten Absatz vor der Kostenentscheidung lassen aber schlussfolgern, dass kein Verstoß gegen zahnärztliches Berufsrecht anzunehmen sei, wenn die zuvor dargestellte organisatorische Arbeitstrennung nicht gewährleistet ist. Dieses Obiter Dictum ist als unzutreffend abzulehnen, da eine zahnärztliche Tätigkeit nur vorliegt, wenn die Herstellung des Zahnersatzes zur Behandlung der eigenen Patienten dient und aufgrund permanenter und engmaschiger Anleitung und Überwachung des jeweiligen Behandlers durch seine zahnärztlichen Kenntnisse und Fertigkeiten geprägt wird[266]. Dieser Teil der Entscheidung, der das Obiter Dictum enthält, wird in der Entscheidungsaufbereitung von *Freund*[267], auf die in der einschlägigen Diskussion Bezug genommen wird, nicht genannt.

Noch kritischer ist es, wenn in dem Praxislabor mehrere Zahntechniker jeweils für mehrere Zahnärzte tätig werden. Dies ist nur dann zulässig, soweit

263 Detterbeck, PL, S. 50 f.; Detterbeck/Voit, ZEL, S. 71.
264 Detterbeck, PL, S. 52.
265 LSG Schl.-Holst., Urteil vom 07.06.1994 – L 6 Ka 25/93.
266 Detterbeck, PL, S. 56.
267 Freund BZB 1996, S. 52 f.

sichergestellt ist, dass der jeweils tätige Zahntechniker nicht gleichzeitig auch für mehrere Zahnärzte tätig wird. Eine gewerbliche Tätigkeit ist nur auszuschließen, falls auf arbeitsvertraglicher und organisatorischer Grundlage sichergestellt ist, dass der jeweilige Zahntechniker zu einer gewissen Zeit ausschließlich für den jeweiligen Zahnarzt arbeiten darf – und dies auch tut.[268]

Für den Fall, dass der Arbeitsvertrag des Zahntechnikers mit der Praxisgemeinschaft in der Rechtsform einer Gesellschaft bürgerlichen Rechts (GbR) geschlossen wurde, bemerkt Detterbeck, dass nicht die GbR den Beruf der Heilkunde ausübe, sondern die Zahnärzte. Die Praxisgemeinschaft-GbR diene hier nur als gemeinsames Organisationsvehikel. Daher sei die Tätigkeit der Zahntechniker als Angestellte der GbR auch nicht mehr zahnärztliche Tätigkeit, sondern die Ausübung des Zahntechnikerhandwerks durch die Praxisgemeinschaft. Diese erfolge jeweils für den einzelnen Zahnarzt, der im Rahmen dieser Praxisgemeinschaft freiberuflich und auf eigene Rechnung tätig werde.[269]

Ein Praxislabor im weiteren Sinne ist im Fall der Praxisgemeinschaft daher kaum auszuschließen. Entsprechend lautet die gemeinsame Erklärung des Verbandes Deutscher Zahntechnikerinnungen und des Bundeskartellamtes: „*Wenn mehrere Zahnärzte gemeinsam ein zahntechnisches Laboratorium einrichten wollen, stoßen sie … auf die Schranken der Handwerksordnung. Die Zahnärzte können nicht einfach eine Gesellschaft gründen und diese das Zahntechnikerhandwerk betreiben lassen.*“[270]

5.4 Gewerbliches Dentallabor

Selbstständige Dentallabors unterliegen als gewerbliche Handwerksbetriebe grundsätzlich der HwO. Sie produzieren für Dritte. Dies gilt auch, falls das Dentallabor exklusiv nur für eine Zahnarztpraxis produziert. Der jeweilige Zahntechniker des Dentallabors ist nicht nur für einen Zahnarzt, sondern primär auch für den Inhaber des Dentallabors tätig, bei dem er angestellt ist. Zwar ist dies auch eine zahnärztliche Tätigkeit, soweit der Zahntechniker dabei vom jeweiligen Zahnarzt engmaschig angeleitet und überwacht wird. Aber andererseits ist

268 Detterbeck, PL, S. 50 f., 56; Detterbeck/Voit, ZEL, S. 71; a.A. LSG Schl.-Holst., Urteil vom 07.06.1994 – L 6 Ka 25/93.

269 Detterbeck, PL, S. 52 f.; Pohl ZM 1977, 714; ZM 1971, 875; Ratzel, in: Spickhoff, BGB § 705 Rn. 13; Schnapp/Wigge, § 6 Rn. 127.

270 So „*Gemeinsame Erklärung des VDZI und des Bundeskartellamtes*“, ZM 1971, 875.

es auch stets eine gewerbliche Tätigkeit für das Dentallabor, das im Auftrag des Zahnarztes den Zahnersatz durch den Zahntechniker herstellen lässt.[271]

Der Inhaber des Dentallabors erbringt im Auftrag des Zahnarztes zahntechnische Handwerksleistungen. Nicht der Zahnarzt, sondern der Inhaber und Betreiber des Dentallabors unterliegt den Restriktionen der HwO. Dabei ist es unbeachtlich, ob der Inhaber des Dentallabors, z.B. eine Holding-GmbH, die alleinige Gesellschafterin der Dentallabor-Gesellschaft ist, wiederum im alleinigen Eigentum des Zahnarztes steht oder ob die Gesellschafter einer Dentallabor-GmbH wiederum die gleichen Personen sind, welche eine zahnärztliche Praxisgemeinschaft betreiben. Die Frage der Anwendbarkeit der HwO richtet sich nur danach, ob in dem jeweiligen Labor eine freiberufliche Berufsausübung oder eine handwerkliche Gewerbeausübung stattfindet. Die Personen der Gesellschafter ändern daran nichts. Zahnärzte halten etwaige Gesellschafteranteile nicht als Teil der freiberuflichen Berufsausübung, sondern als persönliche Vermögensverwaltung. Auch der Rechtsanwalt, der eine Wohnung vermietet, wird dabei nicht anwaltlich tätig. Gleiches gilt für eine Laborgesellschaft und eine Praxisgesellschaft, die vom identischen Gesellschafterkreis betrieben werden. Die Frage der organisatorischen Angliederung oder räumlichen Trennung ist hier nicht entscheidend, da im gewerblichen Dentallabor stets das selbstständige Zahntechnikerhandwerk im Sinne der HwO betrieben wird und damit die Restriktionen der HwO anwendbar sind.[272]

271 Detterbeck, PL, S. 53.
272 So i. E. Detterbeck, PL, S. 54.

6. Zwischenergebnis

Die Fertigung von Zahnersatz in einem Praxislabor ist nur unter strengen Bedingungen als freiberufliche Tätigkeit zu werten.

Die Herstellung darf nur der Behandlung eigener Patienten dienen und muss entweder eigenhändig durch den Zahnarzt ausgeführt werden oder durch Angestellte, die unter permanenter Anleitung und Überwachung durch den Zahnarzt stehen. Ferner muss der eigenhändig oder überwachend tätige Zahnarzt nach Maßgabe der alten Approbationsordnung aus dem Jahr 1955 ausgebildet worden sein und das Praxislabor muss seinen Betrieb vor dem 1.10.2020 aufgenommen haben[273]. Ist dies nicht der Fall, kann die Herstellung des Zahnersatzes nicht als freiberufliche Tätigkeit qualifiziert werden. Vielmehr wird dann im Praxislabor ein erlaubnispflichtiges Handwerksgewerbe unter Verletzung der Eintragungspflicht nach § 1 Abs. 1 u. 2 i.V.m. Anl. A Nr. 37 HwO ausgeübt. Etwas anderes gilt nur, wenn das Praxislabor als eintragungsfreier Hilfs- oder Nebenbetrieb qualifiziert werden kann.[274]

---

273 Detterbeck/Voit, ZEL, S. 42.

274 OLG Oldenburg GewArch 1977, 378; Detterbeck, PL, S. 48; ders., HwO § 2 Rn. 3; Pohl ZM 1977, 1064.

7. Eintragungsfreier Hilfsbetrieb

Ein Praxislabor unterliegt nicht der Eintragungspflicht der HwO, falls dieser Betriebsteil ein „*Hilfs- oder unerheblicher handwerklicher Nebenbetrieb*“ ist[275].

Nach § 2 Nr. 3 i.V.m. § 3 Abs. 1 u. Abs. 2 HwO gelten die Vorgaben der HwO für den „*selbständigen Betrieb eines zulassungspflichtigen Handwerks auch für handwerkliche Nebenbetriebe, die mit einem Unternehmen eines zulassungspflichtigen Handwerks, der Industrie, des Handels, der Landwirtschaft oder sonstiger Wirtschafts- und Berufszweige verbunden sind*“.

Ein handwerklicher Nebenbetrieb im Sinne von § 2 Nr. 3 HwO liegt aber nur vor, wenn „*in ihm Waren zum Absatz an Dritte handwerksmäßig hergestellt oder Leistungen für Dritte handwerksmäßig bewirkt werden*“ und wenn die fragliche Tätigkeit nicht „*nur in unerheblichem Umfang ausgeübt wird*“.

Ein handwerklicher Nebenbetrieb ist aber nicht gegeben, falls es sich bei dem fraglichen Betrieb um einen Hilfsbetrieb handelt, wie der Wortlaut des § 3 Abs. 1 HwO zeigt: „*Ein handwerklicher Nebenbetrieb* [...] *liegt vor* [...], *es sei denn, dass* [...] *es sich um einen Hilfsbetrieb handelt.*“

7.1 Voraussetzungen

Hilfsbetriebe sind nach § 3 Abs. 3 HwO „*unselbständige, der wirtschaftlichen Zweckbestimmung des Hauptbetriebs dienende Betriebe eines zulassungspflichtigen Handwerks*“, falls sie „*Arbeiten für den Hauptbetrieb oder für andere dem Inhaber des Hauptbetriebs ganz oder überwiegend gehörende Betriebe ausführen*“ (§ 3 Abs. 3. Nr. 1 HwO) oder „*Leistungen an Dritte bewirken, die als handwerkliche Arbeiten untergeordneter Art zur gebrauchsfertigen Überlassung üblich sind*“ (§ 3 Abs. 3 Nr. 2 a HwO).

Literatur und Rechtsprechung haben aber noch weitere Voraussetzungen des Hilfsbetriebes entwickelt. Erforderlich ist zum einen die „*Inhaberidentität*“ zwischen Haupt- und Hilfsbetrieb. Hierbei ist es aber streitig, ob eine rechtliche Identität erforderlich ist[276] oder ob die wirtschaftliche Identität ausreicht[277]. Der

---

275 BGH NJW 1980, 1337; BVerwG NJW 1980, 1349; OLG Karlsruhe GewArch 1984, 30; Detterbeck, PL, S. 64.

276 Leisner, HwO § 3 Rn. 4; unklar nach BVerwGE 61, 145, 152; dazu Detterbeck, PL, S. 66 m. Verw. auf BVerwGE 61, 145.

277 VG Augsburg GewArch 1995, 162; Detterbeck, HwO § 3 Rn. 14; ders., PL, S. 66; Schmitz, in: Schwannecke, HwO § 3 Rn. 28.

Hilfsbetrieb muss ferner auch eine gewisse *„organisatorische Eigenständigkeit“* gegenüber dem Hauptbetrieb aufweisen. Gleichzeitig muss der Betrieb aber auch eine dienende bzw. untergeordnete Funktion gegenüber dem Hauptbetrieb einnehmen.[278] Dies wird als *„Hauptbetriebsakzessorietät des Hilfsbetriebes“* bezeichnet[279].

Die Leistungen des Hilfsbetriebes dürfen nach § 3 Abs. 3 Nr. 1 HwO nur für den Hauptbetrieb (oder andere dem Inhaber zumindest überwiegend gehörende Hauptbetriebe) bestimmt sein. Das schließt eine Leistungserbringung an Dritte (Betriebe oder Kunden) grundsätzlich aus. Der Hilfsbetrieb soll mit seiner Tätigkeit nur seinem Hauptbetrieb dienen und nicht auch anderen Betrieben. Der Leistungsaustausch mit Dritten ist dagegen dem Nebenbetrieb vorbehalten, wie sich bereits aus dem Wortlaut des § 3 Abs. 1 HwO ergibt. Denkbar sind aber auch Waren oder Leistungen, die zwar unmittelbar von einem Hilfsbetrieb an seinen Hauptbetrieb gehen und dann an die Kunden (Dritte) des Hauptbetriebes veräußert werden. Ein Beispiel wäre, dass der Kunde auch die Schrauben eines Schranks kauft, welche von einem Hilfsbetrieb für einen Möbelhersteller produziert wurden, die dieser zur Anfertigung des Möbels verwendet. Es ist aber streitig, ob lediglich der unmittelbare Leistungsaustausch mit Dritten die Qualifizierung als Hilfsbetrieb verhindert[280] oder ob ein Hilfsbetrieb auch dann zu verneinen ist, wenn in dem Hauptbetrieb die Leistungen *„im Wesentlichen“* unverändert an Dritte, wie z.B. die Kunden des Hauptbetriebes, weitergereicht werden[281].

Die anerkannten[282] Voraussetzungen eines Hilfsbetriebes sind die zumindest wirtschaftliche (bzw. nach strenger Sicht: rechtliche) Inhaberidentität von Haupt- und Hilfsbetrieb, das Bestehen einer gewissen organisatorischen Eigenständigkeit gegenüber dem Hauptbetrieb bei gleichzeitig dienender Funktion und keine (unmittelbare bzw. nach strenger Sicht mittelbare) Leistungsbeziehung zu

278 Detterbeck, PL, S. 65; ders., HwO § 3 Rn. 13–15; Tillmanns, in: Honig/Knörr/Thiel, HwO § 3 Rn. 27.

279 Detterbeck, PL, S. 66; Tillmanns, in: Honig/Knörr/Thiel, HwO § 3 Rn. 27; Leisner, HwO § 3 Rn. 19.

280 BVerwG NVwZ 1986, 742; BVerwG NJW 1980, 1349; BGH NJW 1980, 1338; vgl. dazu Detterbeck, PL, S. 66; Schmitz, in: Schwannecke, HwO § 3 Rn. 26.

281 OLG Karlsruhe NVwZ 1984, 334; BayVGH BayVBl. 1958, 315, 316; VG Augsburg GewArch 1995, 163; Detterbeck, HwO § 3 Rn. 9; ders., PL, S. 66; Leisner, HwO § 3 Rn. 11; Musielak GewArch 1992, 405 f.; Siegert/Musielak, § 3 Rn. 7.

282 BGH GewArch 2017, 209 Rn. 25; Detterbeck, HwO § 3 Rn. 12 ff.; Honig/Knörr, § 3 Rn. 27 ff.

Dritten. Ein Praxislabor müsste diese Voraussetzungen eines eintragungsfreien Hilfsbetriebes erfüllen, um von den Restriktionen der HwO befreit zu sein.

Damit ein zahntechnisches Eigenlabor einer Zahnarztpraxis als eintragungsfreier Hilfsbetrieb qualifiziert werden kann, müssen die nachfolgend genannten Voraussetzungen erfüllt sein.

7.1.1 Inhaberidentität

Die Inhaber von Zahnarztpraxis und Praxislabor müssten zunächst identisch sein. Nach § 3 Abs. 3 Nr. 1 HwO liegt ein Hilfsbetrieb vor, wenn dieser ausschließlich für den Hauptbetrieb oder für andere dem Inhaber des Hauptbetriebes ganz oder überwiegend gehörende Betriebe arbeitet. Daraus folgt das Merkmal der Inhaberidentität[283]. Nach strenger Wertung ist eine rechtliche Identität nötig[284], andere lassen eine wirtschaftliche Identität ausreichen[285].

Der „*umstrittenen, aber zutreffenden*" Sicht[286], die lediglich die wirtschaftliche Identität fordert, wird hier gefolgt. Wenn schon keine wirtschaftliche Identität vorliegt, ist eine rechtliche Identität nicht denkbar. Die rechtliche Identität, also der Umstand, dass derselben natürlichen oder juristischen Person der Laborbetrieb und die Praxis gehören und beide als eine Rechtspersönlichkeit organisatorisch verbunden sind, bedingt, dass ebenso eine wirtschaftliche Identität vorliegt.

Nach *Detterbeck*[287] ist ein Beispiel für die wirtschaftliche Identität die „*rechtlich selbständige Laborgesellschaft zur Deckung des Bedarfs ausschließlich einer rechtlich selbständigen Praxisgesellschaft*", soweit die Gesellschafter identisch sind. Das wäre der Fall, wenn die Zahnärzte gleichzeitig Gesellschafter der Labor-GmbH und der Praxis-GmbH sind. Zwischen diesen beiden Gesellschaften besteht keine rechtliche, aber eine wirtschaftliche Identität. Folglich darf nach der strengen Ansicht, die eine rechtliche Identität fordert, keine Aufteilung auf zwei Rechtspersönlichkeiten erfolgen. Praxislabor und Praxis müssen demselben Inhaber gehören und so den Gesamtbetrieb des Inhabers bilden. Obwohl eine rechtliche Aufgliederung, z.B. die Errichtung einer Praxislabor-GmbH zur

---

283 Tillmanns, in: Honig/Knörr/Thiel, HwO § 3 Rn. 30.

284 Leisner, HwO § 3 Rn. 4; unklar nach BVerwGE 61, 145, 152; dazu Detterbeck, PL, S. 66 m. Verw. auf BVerwGE 61, 145.

285 VG Augsburg GewArch 1995, 162; Detterbeck, HwO § 3 Rn. 14; ders., PL, S. 49.; Schmitz, in: Schwannecke, HwO § 3 Rn. 28.

286 Detterbeck, PL, S. 69.

287 Detterbeck, PL, S. 69.

exklusiven Versorgung der eigenen Praxis nicht die Regel sei, folgert *Detterbeck*, dass im Fall der Praxislabor-GmbH regelmäßig eine wirtschaftliche Identität vorliege. Ein Zahnarzt würde sich wohl nicht an einem Praxislabor beteiligen, wenn er nicht auch dort seinen Zahnersatz herstellen lässt. Ferner würde er nicht ein eigenes Praxislabor einrichten, nur um andere Zahnärzte zu versorgen. Der letzte Fall wäre auch kein Praxislabor, sondern ein gewerbliches Dentallabor ohne Eintragung. Sollte aber schon keine wirtschaftliche Identität gegeben sein, ist ein eintragungsfreier Hilfsbetrieb bereits zu verneinen. Insoweit käme es auf die Frage der rechtlichen Identität nicht mehr an.

7.1.2 Unselbstständigkeit

7.1.2.1 Abhängigkeit vom Hauptbetrieb

Nach § 3 Abs. 3 HwO muss ein Hilfsbetrieb ein unselbstständiger Betrieb sein. *Detterbeck* bewertet die Frage der Unselbstständigkeit zutreffend aus wirtschaftlicher Sicht. Das wesentliche Kriterium für eine wirtschaftliche Unselbstständigkeit sei *„die völlige Abhängigkeit der Existenz des Hilfsbetriebes vom Fortbestand des Hauptbetriebes“*[288]. Die wirtschaftliche Abhängigkeit äußere sich darin, dass falls der Hauptbetrieb schließe, auch der Hilfsbetrieb schließen oder sich grundlegend umgestalten müsse[289]. Das Merkmal *„grundlegend“* bedeute, dass mehr erfolgen müsse als eine Umfirmierung und Reorganisation der betrieblichen Verwaltung. Vielmehr wäre eine grundlegende Umstrukturierung eine fast vollständige Neuaufstellung der Unternehmensorganisation und Ausstattung. Das sei mit einer Unternehmensneugründung vergleichbar. Falls ein Praxislabor als eintragungsfreier Hilfsbetrieb qualifiziert werden soll, muss dieses komplett auf die Versorgung der jeweiligen Zahnarztpraxis ausgerichtet sein. Dies ist bei einem Praxislabor regelmäßig der Fall. Fraglich ist nur, ob der Wegfall der Praxis zum Existenzende des Praxislabors führen muss. Abhängig davon, wie weit das Praxislabor in seiner Struktur und Organisation eigenständig ist und somit einem gewerblichen Dentallabor ähnelt, wäre das Ende des Hauptbetriebes nicht notwendigerweise auch das Ende des Praxislabors.

---

288 Detterbeck, HwO § 3 Rn. 14; ebenso KG Berlin GewArch 1987, 27; VG Neustadt GewArch 1991, 351; Musielak GewArch 1992, 405 f.

289 KG Berlin GewArch 1987, 27; Musielak GewArch 1992, 405 f.

7.1.2.2 *Gewisse organisatorische Eigenständigkeit*

Ferner muss der fragliche Hilfsbetrieb (trotz seiner wirtschaftlichen Unselbstständigkeit) eine gewisse organisatorische Eigenständigkeit im Verhältnis zum Hauptbetrieb aufweisen. An dieses Merkmal sind aber keine hohen Anforderungen zu stellen.[290] Das entscheidende Kriterium dafür ist, die Erbringung von fachlichen Leistungen, die sich von den Leistungen des Hauptbetriebes derart unterscheiden müssen, dass die Unterhaltung verschiedener Betriebe aus „*wirtschaftlicher und technischer Sicht*" gerechtfertigt ist. Der fragliche Hilfsbetrieb muss eine eigene betriebliche Struktur aufweisen und andere Leistungen anbieten als der Hauptbetrieb. Diese Hilfsleistungen müssen dazu bestimmt sein, die Leistungen des Hauptbetriebes zu fördern. Ein zulässiger Hilfsbetrieb einer Schreinerei dürfte z.B. Bretter und Nägel produzieren. Eine eigene Betriebsstruktur zeigt sich vor allem in eigenen Räumen, Personal und Geräten. Andernfalls ist die Betriebsstruktur von Haupt- und Hilfsbetrieb identisch und eben nicht jeweils eigenständig organisiert.[291]

7.1.2.3 *Eigenständigkeit eines Praxislabors*

Da keine zu hohen Anforderungen an die organisatorische Eigenständigkeit des Praxislabors zu stellen sind, soll dieses Merkmal nicht tiefergehend thematisiert werden. Eine organisatorische Eigenständigkeit des Praxislabors ist jedenfalls anzunehmen, wenn das Praxislabor innerhalb der Praxis in einem abgetrennten Raum oder an einem anderen Ort betrieben wird. Der andere Ort darf dabei auch in gewisser Distanz zur Zahnarztpraxis liegen[292]. Ferner sind eigene angestellte Zahntechniker, zahntechnische Geräte und Arbeitsplätze starke Indikatoren für eine organisatorische Eigenständigkeit des Praxislabors.[293]

---

290 BVerwG NVwZ 1986, 742; VG Augsburg GewArch 1995, 162, 163; Detterbeck, HwO § 3 Rn. 15; Tillmanns, in: Honig/Knörr/Thiel, HwO § 3 Rn. 28.

291 OLG Stuttgart GewArch 1997, 418; VGH BW GewArch 1993, 482; VGH BW GewArch 1993, 74; VGH BW GewArch 1989, 194; NdsOVG GewArch 1993, 422; Detterbeck, HwO § 3 Rn. 8; ebenso im Umkehrschluss Tillmanns, in: Honig/Knörr/Thiel, HwO § 3 Rn. 2.

292 Schl.-Holst. VG GewArch 2000, 426; Knörr, in: Honig/Knörr/Thiel, HwO § 7 Rn. 14.

293 Detterbeck, PL, S. 83.

7.1.2.4 Wirtschaftliche Unselbstständigkeit eines Praxislabors

Das Kriterium der wirtschaftlichen Unselbstständigkeit ist genauer zu beleuchten, da hier der Unterschied zum Nebenbetrieb besonders deutlich wird. Nach *Detterbeck* ist dabei das gesetzliche Verhältnis von Neben- und Hilfsbetrieb zu beachten. Der Nebenbetrieb nach § 3 Abs. 1 HwO kann nur angenommen werden, wenn kein Hilfsbetrieb vorliegt. Anders als der *„eine gewisse wirtschaftliche Eigenständigkeit aufweisende"* Nebenbetrieb muss der Hilfsbetrieb bereits aufgrund des Wortlauts des § 3 Abs. 3 HwO vom Hauptbetrieb wirtschaftlich abhängig sein. Der Hilfsbetrieb ist demnach kein wesensgleiches Minus, sondern ein *„Aliud"* zum Nebenbetrieb.[294]

Die notwendige Unselbstständigkeit des Hilfsbetriebes wird über seine *„wirtschaftliche Abhängigkeit von der Existenz des Hauptbetriebes"* definiert. Im Gegensatz dazu kann ein Nebenbetrieb auch nach Schließung des Hauptbetriebes ohne grundlegende Umstrukturierung am Markt fortbestehen. Falls die Zahnarztpraxis als Hauptbetrieb schließen würde, müsste demnach auch das Praxislabor schließen oder sich grundlegend neu am Markt aufstellen, falls es als Hilfsbetrieb qualifiziert werden soll. Die notwendige Unselbstständigkeit des Praxislabors wäre gegeben, falls das Praxislabor für seine Leistungen (Zahnersatz) keinen anderen Abnehmer als die nun geschlossene Zahnarztpraxis am Markt hätte. Falls ein Praxislabor exklusiv für die Praxis des Inhabers fertigt und keine anderen Abnehmer am Markt hat, bilden die Praxis und das Praxislabor eine wirtschaftliche Einheit. Hier ist das unselbstständige Praxislabor von der Abnahme der Leistungen durch die Praxis wirtschaftlich komplett abhängig. Falls aber diese Einheit nicht besteht und das fragliche Praxislabor ohne wesentliche Umgestaltung alleine am Markt fortbestehen kann, ist das Vorliegen eines unselbstständigen Betriebes im Sinne des § 3 Abs. 3 HwO zu verneinen.

Ein Beispiel ist, wenn das Praxislabor und die Zahnarztpraxis rechtlich selbstständig organisiert sind. In diesem Fall kann das Praxislabor nach der Praxisschließung ohne Weiteres selbstständig am Markt weiter existieren. Insoweit ist keine grundlegende Umgestaltung des Laborbetriebs nötig, da die Produkte und Prozesse unverändert bleiben. Man muss lediglich neue Abnehmer am Markt suchen.[295] Die Notwendigkeit, einen neuen Kunden für den Zahnersatz finden zu müssen, ist nicht mit der grundlegenden Umstrukturierung der betrieblichen

294 Detterbeck, HwO § 3 Rn. 14; Ambs, in: Erbs/Kohlhaas, HwO § 3 Rn. 2; Tillmanns, in: Honig/Knörr/Thiel, HwO § 3 Rn. 27.

295 Detterbeck, PL, S. 83 f.; Musielak GewArch 1992, 406.

Abläufe gleichzusetzen. Demnach ist mit *Detterbeck* ein solches Praxislabor kein unselbstständiger Hilfsbetrieb. Einen neuen Kunden zu finden, ist eine Aufgabe, die auch jedes gewerbliche Dentallabor meistern muss, insbesondere falls ein Kunde keine Aufträge mehr erteilen sollte.

Bei rechtlich selbstständiger Organisation kann keine wirtschaftliche Unselbstständigkeit angenommen werden. Ferner dürfte eine solche Praxislabor-Gesellschaft regelmäßig mit eigener Betriebsstruktur ausgestattet sein, was deren wirtschaftliche Selbstständigkeit weiter untermauert.

Die wirtschaftliche Unselbstständigkeit eines Praxislabors ist im Übrigen nur dann anzunehmen, wenn der Zahnersatz in der Zahnarztpraxis selbst angefertigt wird oder in deren unmittelbarer räumlicher Anbindung. Ein solches Praxislabor ist grundsätzlich so *„eng mit der Praxis verbunden und auf die Bedürfnisse der Praxis ausgerichtet"*, dass im Fall der Praxisschließung das Praxislabor völlig neu aufgestellt werden muss, um weiter existieren zu können. Aber selbst in diesen Fällen kann eine wirtschaftliche Selbstständigkeit nicht komplett ausgeschlossen werden, wenn das Praxislabor sich als eigene Rechtspersönlichkeit neu aufstellen, die ehemaligen Praxisräume selbst weiternutzen und einen entsprechenden Vertrieb aufbauen kann.[296]

Die für einen Hilfsbetrieb notwendige Unselbstständigkeit eines Praxislabors besteht regelmäßig nur, wenn eine unmittelbare organisatorische Anbindung zur Praxis besteht, z.B. weil es keine eigenen Räume, Personal oder Geräte des Praxislabors gibt. Die Unselbstständigkeit ist fraglich, wenn keine unmittelbare Angliederung besteht, z.B. weil es eigene, entfernte Räume, eigenes Personal und Geräte gibt. Die Unselbstständigkeit ist regelmäßig abzulehnen, wenn das Praxislabor (faktisch und rechtlich) selbstständig organisiert ist, z.B. als Labor-GmbH mit jeweils eigener Verwaltung, Räumen, Personal und Geräten.

7.1.3 Dienende Funktion

Nach herrschender Meinung muss ein Hilfsbetrieb dem jeweiligen Hauptbetrieb mit den eigenen Leistungen dienen. Wesentlicher Unterschied zwischen Nebenbetrieb und Hilfsbetrieb sei, dass die Leistungen des Hilfsbetriebes *„regelmäßig nicht für Dritte, sondern für das Hauptunternehmen bestimmt sind"*. Der

296 KG Berlin GewArch 1987, 27; Detterbeck, HwO § 3 Rn. 14; ders., PL, S. 84; Tillmanns, in: Honig/Knörr/Thiel, HwO § 3 Rn. 27.

Leistungsaustausch mit Dritten finde nur im Rahmen des § 3 Abs. 3 Nr. 2 HwO statt.[297]

§ 3 Abs. 3 HwO erfasse daher nur Handwerkstätigkeiten, die im Verhältnis zur Tätigkeit des Hauptbetriebes eine nur *„dienende"* und daher untergeordnete Bedeutung haben. Diese lediglich dienende und untergeordnete Bedeutung im Sinne einer reinen Hilfstätigkeit wird auch als *„Hauptbetriebsakzessorietät"* bezeichnet[298].

Danach darf ein Praxislabor als Hilfsbetrieb gegenüber seiner Praxis auch nur eine dienende und untergeordnete Funktion haben. Zu klären ist, ob Leistungen des Praxislabors dann nicht mehr eine unbedeutende Rolle haben, wenn diese für die wirtschaftliche Existenz des Gesamtbetriebes der Praxis entscheidend sind. Wenn z.B. das Kernprodukt des Hauptbetriebs allein im Eigenlabor hergestellt wird, ist die Herstellung dieses Produktes für den Hauptbetrieb systemrelevant und daher nicht mehr nur von untergeordneter Art. Rechtsprechung und Literatur stellen zur Qualifizierung einer betrieblich-wichtigen Tätigkeit darauf ab, ob die fraglichen Leistungen des Hilfsbetriebes gerade für den Hauptbetrieb *„charakteristisch"* und *„von ihm nicht abtrennbar"* sind. Ist dies der Fall, könne die fragliche Leistung nicht als lediglich untergeordnete und somit nur dienende Funktion eines Hilfsbetriebes qualifiziert werden.[299] Die Hauptbetriebsakzessorietät eines Praxislabors ist demnach abzulehnen, falls die Herstellung von Zahnersatz für das Gesamtunternehmen von Praxis und Praxislabor charakteristisch ist. Dann kann keine Aufspaltung in einen nichthandwerklichen Hauptbetrieb der Zahnarztpraxis und einen eintragungsfreien handwerklichen Hilfsbetrieb des Praxislabors im Sinne des § 3 Abs. 3 HwO erfolgen.[300]

Zu klären ist, wann eine Tätigkeit in diesem Sinne charakteristisch ist. Ein entscheidendes Kriterium der Rechtsprechung ist der Umfang der Tätigkeit des fraglichen Hilfsbetriebes im Verhältnis zur übrigen betrieblichen Tätigkeit[301]. Maßgeblich ist aber grundsätzlich der Einzelfall. Nach *Detterbeck* ist auch das

---

297 BGH NJW 1980, 1337, 1338; BVerwG NVwZ 1986, 742; OLG Karlsruhe NVwZ 1984, 334; Detterbeck, HwO § 3 Rn. 13 m. Verw. auf BVerwG NJW 1980, 1349.

298 Detterbeck, PL, S. 65; Tillmanns, in: Honig/Knörr/Thiel, HwO § 3 Rn. 27; Leisner, HwO § 3 Rn. 19.

299 BVerwG GewArch 1986, 297; OLG Stuttgart GewArch 1998, 385; BayObLG GewArch 1995, 488; Schl.-Holst. VG GewArch 1998, 427; Detterbeck, PL, S. 85; ders., HwO § 3 Rn. 15.

300 Detterbeck, PL, S. 85.

301 BVerwG NVwZ 1986, 742; BayObLG GewArch 1995, 488; Schl.-Holst. VG GewArch 1998, 427.

„betriebliche Gesamtkonzept und das Geschäftsmodell“ beachtlich. Ebenfalls wenn die Tätigkeit im fraglichen Hilfsbetrieb existentiell wichtig für den Hauptbetrieb ist, handelt es sich um keine bloße Hilfstätigkeit[302]. Dies ist dann der Fall, wenn die handwerkliche Tätigkeit einen *„integralen und existenznotwendigen Teil des Betriebsprogramms des Gesamtunternehmens“* bildet.[303]

Eine für die Zahnarztpraxis charakteristische Leistung des Praxislabors wäre demnach gegeben, falls der Umfang der Zahnersatzproduktion nicht nur von untergeordneter Bedeutung gegenüber den anderen Leistungen der Praxis ist und/oder das betriebliche Konzept auf der Eigenherstellung von Zahnersatz beruht, weil diese integraler und existenznotwendiger Teil des Betriebsprogramms der Praxis ist. Die Versorgung der Patienten mit Zahnersatz ist eine zentrale Aufgabe jeder Zahnarztpraxis. Die Herstellung von Zahnersatz ist zwar nicht Teil der eigentlichen Heilbehandlung, aber zumeist notwendige Vorstufe derselben. Ohne den Zahnersatz kann der Zahnarzt eine Vielzahl zahnmedizinischer Krankheitsbilder seiner Patienten nicht effektiv behandeln. Daher spielt die Beschaffung bzw. Herstellung von Zahnersatz im Verhältnis zur zahnärztlichen Heilbehandlung eine nicht untergeordnete Rolle für den Praxisbetrieb. Vielmehr ist dies für eine Zahnarztpraxis von integraler und existenznotwendiger Bedeutung. Im Fall einer Nicht- oder Schlechtleistung eines gewerblichen Dentallabors wird der Betriebsablauf der Praxis gestört. Nichts Anderes gilt aber bei der Versorgung durch ein eigenes Praxislabor.

Auch *Detterbeck* vertritt, dass neben den heilberuflichen zahnärztlichen Tätigkeiten die Versorgung mit Zahnersatz mindestens eine gleichwertige Bedeutung für den Betriebsablauf der Praxis habe[304]. Falls eine Praxis die Versorgung der eigenen Patienten mit Zahnersatz ganz oder überwiegend über das eigene Praxislabor betreibe, sei dies keine untergeordnete Tätigkeit hilfsbetrieblicher Art, sondern integraler und existenznotwendiger Teil des Betriebsablaufs der Praxis. Das betriebliche Gesamtkonzept und das Geschäftsmodell des Gesamtbetriebes Zahnarztpraxis seien maßgeblich für die Annahme einer charakteristischen Tätigkeit. Der Zahnersatz aus dem eigenen Praxislabor bilde einen integralen Bestandteil des Betriebsprogramms der Praxis, wenn nicht auch externe Labors im gleichen oder höheren Umfang beauftragt würden. Der konkrete Grad des notwendigen Auftragsvolumens im Verhältnis zum Gesamtvolumen sei dabei

---

302 OLG Stuttgart GewArch 1998, 385.

303 OVG Münster GewArch 2015, 135; Ambs, in: Erbs/Kohlhaas, HwO § 3 Rn. 3–4; Detterbeck, HwO § 3 Rn. 7; ders., PL, S. 85 f.

304 Detterbeck, PL, S. 86.

nicht immer klar definierbar. Zutreffend argumentiert *Detterbeck*, falls die Fertigung des Zahnersatzes im Praxislabor *„im großen Stil"* erfolge und dies am Markt auch noch *„als besonderes Qualitätsmerkmal der Praxis"* beworben werde, handele es sich um einen *„wesensmäßigen und integralen Funktionsablauf"* dieser Praxis. Eine bloß dienende bzw. untergeordnete Tätigkeit sei auch dann zu verneinen, falls der Umsatz mit Zahnersatz aus dem Praxislabor deutlich weniger als 50 % des Gesamtumsatzes der Praxis ausmache.[305]

Eine dienende Funktion des Praxislabors wäre lediglich anzunehmen, wenn dort nur untergeordnete Hilfsarbeiten zahntechnischer Art erfolgen. Falls aber eine Zahnarztpraxis ganz oder überwiegend im Praxislabor den Zahnersatz für die eigenen Patienten anfertigt und dies auch gegenüber den Patienten werbend herausstellt, ist dies als charakteristische Tätigkeit zu werten, und es liegt kein bloßer Hilfsbetrieb vor.

7.1.4 Fachliche Verbundenheit

Die *„fachliche Verbundenheit mit dem Hauptbetrieb"* ist kein Kriterium eines Hilfsbetriebes, sondern des Nebenbetriebes. Dennoch soll dieser Aspekt bereits hier betrachtet werden. Die fachliche Verbundenheit ist gegeben, falls *„das Betriebsprogramm des Nebenbetriebes bei Berücksichtigung der technischen und wirtschaftlichen Entwicklung und der Interessen der Verbraucher eine fachlich-sinnvolle Ergänzung oder Erweiterung des Betriebsprogrammes des Hauptunternehmens bildet."*[306]

Eine solche fachliche Verbundenheit zwischen Zahnarztpraxis und Eigenlabor besteht regelmäßig. Die Herstellung von Zahnersatz im Praxislabor ist eine sinnvolle Unterstützung der Zahnarztpraxis, da die Herstellung von Zahnersatz regelmäßig einen integral notwendigen Bestandteil des Betriebsprogramms der Praxis bildet. Eine fachliche Verbundenheit darf nicht deshalb verneint werden, weil der fragliche Hilfsbetrieb des Praxislabors handwerklich und der Hauptbetrieb der Praxis freiberuflich tätig wird. Auch in diesem Verhältnis kann ein Hilfsbetrieb bestehen, wie sich aus der Systematik von § 3 Abs. 3 HwO und § 3 Abs. 1 in Verbindung mit § 2 Nr. 3 HwO ergibt. Danach kann ein *„Unternehmen eines sonstigen Wirtschafts- und Berufszweiges"* (vgl. § 2 Nr. 3 HwO) auch das freiberufliche Unternehmen einer Arztpraxis sein.[307]

---

305 Detterbeck, PL, S. 86.

306 BayObLG GewArch 1994, 479; GewArch 1993, 424; GewArch 1989, 334; VGH Mannheim GewArch 1993, 72, 74; Detterbeck, HwO § 3 Rn. 5 m. Verw. auf BVerwG NVwZ 1984, 179; Honig GewArch 1989, 11.

307 Detterbeck, PL, S. 67.

7.1.5 Leistungen für Dritte

Falls es ein Praxislabor gäbe, das zwar organisatorisch eigenständig, aber wirtschaftlich unselbstständig den Zahnersatz als nicht-charakteristische Leistung für seine Zahnarztpraxis herstellt, und die Inhaber des Labors und der Praxis (zumindest wirtschaftlich) identisch sind, bliebe noch zu klären, ob in diesem Praxislabor (auch) Leistungen an Dritte oder nur Arbeiten für den Praxis-Hauptbetrieb erfolgen. Dieses Merkmal ist für die Abgrenzung eines Hilfsbetriebes zu einem Neben- oder Hauptbetrieb entscheidend.

Hilfsbetriebe sind nach den Vorgaben des § 3 Abs. 3 HwO unselbstständige, der wirtschaftlichen Zweckbestimmung des Hauptbetriebs dienende Betriebe eines zulassungspflichtigen Handwerks, wenn sie entweder nach Nr. 1 „*Arbeiten für den Hauptbetrieb oder für andere dem Inhaber des Hauptbetriebs ganz oder überwiegend gehörende Betriebe ausführen*“ oder nach Nr. 2 a „*Leistungen an Dritte bewirken, die als handwerkliche Arbeiten untergeordneter Art zur gebrauchsfertigen Überlassung üblich sind*“. Andernfalls liegt kein Hilfsbetrieb vor.

Nach einer Auffassung liegt i.S.v. § 3 Abs. 3 Nr. 1 HwO schon kein Hilfsbetrieb vor, wenn dort auch für Dritte gearbeitet wird. Falls der fragliche Hilfsbetrieb Leistungen an Dritte bewirkt, die nicht die Vorgaben des § 3 Abs. 3 Nr. 2 HwO erfüllen (z.B. keine Arbeiten von untergeordneter Art), handele es sich um keinen Hilfsbetrieb. Entsprechend sei ein Hilfsbetrieb bereits zu verneinen, wenn seine Leistungen und Waren „*im wesentlichen unverändert*“ im eigentlichen Hauptbetrieb an Dritte (Kunden) weitergereicht werden.[308]

Die Gegenmeinung verneint eine Leistung an Dritte, soweit der Hauptbetrieb die Leistungen des fraglichen Hilfsbetriebes unverändert an die Vertragspartner des Hauptbetriebes weiterreicht. Es bedürfe einer unmittelbaren vertraglichen Leistungsbeziehung zwischen Hilfsbetrieb und Endverbraucher, damit eine Leistung an Dritte nach § 3 Abs. 3 Nr. 2 HwO erfolge.[309]

Die Tätigkeit eines eintragungsfreien Praxislabors dürfte nur für die Zahnarztpraxis erfolgen und nicht (auch) für Dritte (z.B. die Patienten). Falls dort auch für Dritte gefertigt wird, müsste die Herstellung von Zahnersatz eine Leistung von „*untergeordneter Art*“ im Sinne des § 3 Abs. 3 Nr. 2 a HwO sein, damit noch ein Hilfsbetrieb gegeben ist. Unstreitig kommen sowohl der Zahnarzt als auch der zu behandelnde Patient mit dem Zahnersatz des Praxislabors in

---

308 VG Augsburg GewArch 1995, 162, 163; Detterbeck, HwO § 3 Rn. 16 u. Rn. 9 zum Nebenbetrieb m. Verw. auf BayVGH VerwRspr 1959, 187; Leisner, HwO § 3 Rn. 11.

309 BGH NJW 1980, 1337 f.; BVerwG NVwZ 1986, 742; BVerwG NJW 1980, 1349 f; Schmitz, in: Schwannecke, HwO § 3 Rn. 26.

Kontakt. Der Zahnarzt beauftragt die Fertigung einer Krone im eigenen Praxislabor nach den individuellen Bedürfnissen des Patienten. Das Praxislabor fertigt die Krone nach dessen Vorgabe. Der Zahnarzt prüft die Krone auf Erfüllung seiner Vorgaben und bestellt den Patienten zur Eingliederung ein. Daraus ist ersichtlich, dass ein Praxislabor nicht nur unmittelbar für seine Zahnarztpraxis arbeitet, sondern seine Leistungen auch mittelbar für dessen Patienten erbringt.

Dieser Arbeitsablauf liegt derjenigen Auffassung zugrunde, nach der eine Leistung an Dritte bereits dann erfolgt, wenn sie diese Leistung „*im wesentlichen unverändert*" vom Hauptbetrieb erhalten.[310] Eine solche mittelbare Leistung wird auch für die gewerblichen Dentallabors bejaht. Diese seien als „*mittelbare Leistungserbringer*" zu klassifizieren[311]. Eine weitere Meinung sieht in dem Vertragsverhältnis zwischen Zahnarzt und Labor auch einen Vertrag mit Schutzwirkung zugunsten der Patienten (also Dritter)[312]. Dem Laborinhaber ist demnach die Leistungsnähe seiner Produkte zum Patienten auch deutlich bewusst. Auch *Schüßler* bejaht eine mittelbare Leistungserbringung des Praxis- oder Dentallabors an den jeweiligen Patienten. Insoweit werde dem Patienten der Zahnersatz zur „*Aufrüstung des Körpers*" gegen Vergütung übereignet. Der Zahnersatz sei nicht Mittel zum Zweck, der nach der Behandlung im Müll lande, sondern verbleibe im Eigentum und im Körper des Erwerbers[313].

Hieraus ist zu folgern, dass der Zahnersatz auch für den Patienten angefertigt wird. Eine individuell für einen Patienten hergestellte Krone kann keinem anderen Patienten eingegliedert werden. Erst die individuelle medizinische Nachfrage eines Patienten nach dem individuell gefertigten Werkstück stellt die „*Marktgängigkeit*" des Zahnersatzes sicher[314].

Diese Situation ist nicht vergleichbar mit dem Hilfsbetrieb einer Schreinerei, der Nägel und Bretter für den Hauptbetrieb herstellt, der einen Schrank nach individuellen Wünschen des Kunden fertigt. In einer Zahnarztpraxis wird der Zahnersatz nicht teilmontiert angeliefert und von einem Zahnarzt zusammengefügt. Vielmehr ist der angelieferte Zahnersatz das fertige Medizinprodukt.

---

310 VG Augsburg GewArch 1995, 163; Detterbeck, HwO § 3 Rn. 16; Leisner, HwO § 3 Rn. 11; Musielak GewArch 1992, 405 f.; a.A. BGH NJW 1980, 1337 f.; Schmitz, in: Schwannecke, HwO § 3 Rn. 26.

311 Quaas/Zuck/Clemens, Medizinrecht, § 30 Rn. 25, vgl. dort Rn. 22 ff.; Zuck, SGB V, § 57, Rn. 14.

312 Krauskopf, SGB V § 88 Rn. 16.

313 Schüßler, ZPL, S. 77.

314 Schüßler, ZPL, S. 93.

Auch *Detterbeck* stellt zutreffend fest, dass der Zahnersatz aus dem Praxislabor „*im wesentlichen unverändert in den Mund des Patienten*“ eingegliedert wird. Der Zahnarzt passe diesen (wenn überhaupt) nur geringfügig an. Eine „*substantielle Umgestaltung*“ erfolge nicht. Die Herstellung von Zahnersatz sei auch keine bloße Vorstufe[315] der Heilbehandlung, ohne Kontakt zu dem Patienten, sondern ein selbstständiger Arbeitsablauf. Bei „*sowohl technischer als auch natürlicher*“ Wertung stelle das Praxislabor den Zahnersatz damit nicht für den Zahnarzt zur weiteren Bearbeitung, sondern „*in erster Linie für die Patienten*“ her.[316]

Der Zahnersatz stellt eine individuelle Sonderanfertigung nach Vorgabe des Zahnarztes dar. Regelmäßig wird der Zahnersatz vom Zahnarzt nicht (wesentlich) verändert. Das Labor weiß aufgrund der Auftragsvergabe, für welchen speziellen Patienten der Zahnersatz hergestellt werden soll. Daher ist fraglich, warum die Herstellung des patientenbezogenen Zahnersatzes als Leistung des Praxislabors nach § 3 Abs. 3 HwO nur unmittelbar für die Zahnarztpraxis als Hauptbetrieb erfolgen soll. Es existieren unterschiedliche Ansichten zu der Frage, ob nur der unmittelbare Leistungsaustausch mit Dritten der Annahme eines Hilfsbetriebes entgegensteht[317] oder ob Leistungen an Dritte schon vorliegen, wenn der Hauptbetrieb die Leistungen im Wesentlichen unverändert an Dritte weitergibt[318]. Nach *Detterbeck* ist ein Vergleich mit dem Nebenbetrieb hilfreich. Die Vorgaben in § 3 Abs. 1 HwO ließen darauf schließen, dass „*der handwerkliche Nebenbetrieb in einen Leistungsaustausch mit Dritten treten*“ müsse und dass „*seine Leistungen nicht ausschließlich für den Hauptbetrieb bestimmt*“ seien. Es komme aber nur darauf an, dass „*endgültiger Empfänger*“ der Leistungen, selbst falls diese „*aus organisatorischen Gründen*“ vom Hauptbetrieb an den Endkunden vermittelt würden, der Dritte sein müsse. Keine Voraussetzung eines Nebenbetriebes sei, dass der Leistungsaustausch mit Dritten unmittelbar zwischen Nebenbetrieb und Dritten erfolgen müsse.[319]

Danach schließt auch ein derartiger nur mittelbarer Leistungsaustausch mit Dritten die Annahme eines Hilfsbetriebes aus. Der Wortlaut betreffend den

---

315 A.A. OLG Karlsruhe NVwZ 1984, 334, wonach die Zahnbehandlung auf der Vorstufe der Zahntechnik aufbaue.

316 So fast wörtlich Detterbeck, PL, S. 80.

317 BGH NJW 1980, 1337 f.; BVerwG NVwZ 1986, 742; BVerwG NJW 1980, 1349 f. Schmitz, in: Schwannecke, HwO § 3 Rn. 26.

318 VG Augsburg GewArch 1995, 162, 163; Detterbeck, HwO § 3 Rn. 16 (vgl. Rn. 9 zum Nebenbetrieb) m. Verw. auf BayVGH VerwRspr 1959, 187; Leisner, HwO § 3 Rn. 11.

319 Detterbeck, HwO § 3 Rn. 9; ebenso VG Augsburg GewArch 1995, 163; Leisner, HwO § 3 Rn. 11.

Nebenbetrieb in § 3 Abs. 1 HwO („*Leistungen für Dritte*“) ist nahezu identisch mit dem Wortlaut betreffend den Hilfsbetrieb in § 3 Abs. 3 Nr. 2 HwO („*Leistungen an Dritte*“). Nach *Detterbeck* spricht eine mittelbare Leistung an Dritte grundsätzlich gegen die Qualifizierung als Hilfsbetrieb. Dies gelte zumindest, wenn die Leistung nicht von untergeordneter Art sei. § 3 Abs. 3 Nr. 2 HwO regele sowohl die unmittelbare als auch die mittelbare Leistungsbewirkung an Dritte. Damit verbleibe für § 3 Abs. 3 Nr. 1 HwO nur noch der Anwendungsfall, dass exklusiv für den Hauptbetrieb und nicht auch mittelbar für Dritte gearbeitet werden dürfe. Wenn „*handwerkliche Waren hergestellt oder handwerkliche Leistungen erbracht*“ werden, die nicht unter § 3 Abs. 3 Nr. 2 HwO fallen, handele es sich nur um einen Hilfsbetrieb, falls ausschließlich für den Hauptbetrieb i.S.d. § 3 Abs. 3 Nr. 1 HwO gearbeitet werde.[320]

Dieser Auffassung ist zu folgen. Falls der Endverbraucher mit den Produkten eines gefahrgeneigten Handwerks unmittelbar in Berührung kommt, ist es unerheblich, wie dieser Kontakt herbeigeführt wird. Der bereits dargestellte Schutzzweck der HwO[321] steht im Widerspruch zu einer Freistellung von den Restriktionen der HwO mittels der Qualifizierung als Hilfsbetrieb aufgrund einer fehlenden unmittelbaren Leistungsbeziehung[322].

Daher müsste für die Qualifizierung als Hilfsbetrieb sichergestellt sein, dass die Erzeugnisse des Hilfsbetriebes nicht an Dritte gelangen. Die Leistungen eines Praxislabors sind aber dazu bestimmt, die Patienten der Praxis zu versorgen. Zahntechnische Leistungen für die Zahnarztpraxis (ohne Weitergabe an Patienten) gibt es nicht. Ein Zahntechniker ist kein Hausmeister, der die technischen Anlagen der Praxis wartet. Ferner ist der Zahnersatz kein bloßes Hilfsmittel (wie z.B. eine Injektionsnadel), das nach der Behandlung entsorgt wird. Eine mittelbare Leistungserbringung des Praxislabors an Dritte liegt unstreitig vor. Der Zahnersatz aus dem Praxislabor wird regelmäßig von der Zahnarztpraxis unverändert an die Patienten gereicht. Daher erfolgen im Praxislabor nicht nur „*Arbeiten für den Hauptbetrieb oder für andere dem Inhaber des Hauptbetriebs ganz oder überwiegend gehörende Betriebe*“ nach § 3 Abs. 3 Nr. 1 HwO, sondern auch für Dritte. Das Praxislabor ist nur dann noch ein Hilfsbetrieb, soweit diese Leistungen von lediglich untergeordneter Art nach § 3 Abs. 3 Nr. 2 a HwO sind.

320 Detterbeck, PL, S. 78.
321 Vgl. 4.2.3.3.
322 Ausführlich dazu 9.3.1 und 9.3.2.

7.1.5.1 Leistungen von untergeordneter Art

Nach der Literatur unterscheidet die HwO zwischen einem Hilfsbetrieb „*im engeren Sinne*" (§ 3 Abs. 3 Nr. 1 HwO) und „*im weiteren Sinne*" (§ 3 Abs. 3 Nr. 2 HwO). Werden an Dritte handwerkliche Leistungen bewirkt, handele es sich nur noch in den Fällen von Nr. 2 um einen Hilfsbetrieb „*im weiteren Sinne*".[323] Zu den handwerklichen Arbeiten im Sinne des § 3 Abs. 3 Nr. 2 a HwO zählen Zusammenbau, Anschluss und Montage angelieferter Gegenstände, soweit diese Tätigkeiten im Verhältnis zur Hauptleistung wirtschaftlich „*unbedeutend*" sind. Beispiele seien die Montage einer Lampe, die Nachbesserungen an gelieferten Sachen und „*Änderung von Konfektionskleidung*", mithin einfache und kostengünstige Arbeitsvorgänge. Keine untergeordneten Tätigkeiten seien dagegen „*die Montage einer Badezimmereinrichtung, die Installation einer Heizungs- oder Wasserversorgungsanlage oder das arbeitsintensive Einpassen einer komplexen Einbauküche*", mithin arbeitsintensive, teure und/oder komplexe Tätigkeiten.[324]

Unter § 3 Abs. 3 Nr. 2 HwO fallen auch handwerkliche Leistungen des Hilfsbetriebes, die über den Hauptbetrieb mittelbar an Dritte bewirkt werden. Beispiele sind, dass ein Kfz-Gebrauchtwagenhändler die PKW vor der Übergabe in seiner Kfz-Werkstatt wartet bzw. repariert oder ein Computer-Händler vor Übergabe des Computers in seiner Software-Abteilung Programme auf Kundenwunsch installiert und einstellt.[325]

Daher ist zu klären, ob der im Praxislabor hergestellte Zahnersatz ein einfaches und günstiges Hilfsprodukt ist oder vielmehr eine arbeitsintensive, teure und/oder komplexe Arbeit bzw. Leistung darstellt. Der Zahnersatz ist in seiner Herstellung regelmäßig arbeitsintensiv, teuer und komplex[326]. Die Produktion von Zahnersatz im Praxislabor ist eine charakteristische Tätigkeit und bildet einen integralen und existenznotwendigen Bestandteil der betrieblichen Praxisabläufe. Dies gilt erst recht, wenn die Praxis sich exklusiv über das Praxislabor mit Zahnersatz versorgt und wenn das Praxislabor entsprechend professionell organisiert ist. Obwohl die Hauptleistung in der ärztlichen Heilbehandlung besteht, ist die Versorgung der Patienten mit Zahnersatz und anderen zahntechnischen Produkten keine Leistungen von untergeordneter Art. Dies ist zwar

---

323 Tillmanns, in: Honig/Knörr/Thiel, HwO § 3 Rn. 29.

324 Tillmanns, in: Honig/Knörr/Thiel, HwO § 3 Rn. 34

325 Detterbeck, PL, S. 78; a.A. BVerwG NVwZ 1986, 742.

326 Vgl. dazu die o.g. Ausführungen von Schüßler.

keine selbstständige Hauptleistung, aber eine geschuldete Leistung im Rahmen der Heilbehandlung, die ihren Erfolg erst ermöglicht.[327]

Die Versorgung der Patienten mit Zahnersatz ist maßgeblich für den Erfolg der Heilbehandlung. Der Zahnersatz aus dem Praxislabor ist damit eine mittelbare (Haupt-)Leistung an die Patienten und keine untergeordnete (Hilfs-) Leistung.

7.1.5.2 *Leistungen i.S.d. Ausnahmetatbestände*

Eine Prüfung der weiteren Ausnahmetatbestände des Hilfsbetriebes *„im weiteren Sinne"* nach § 3 Abs. 3 Nr. 2 b und c HwO erübrigt sich. Bereit der Wortlaut der Regelungen schließt eine Anwendung auf die entgeltliche Produktion von Zahnersatz in einem Praxislabor aus. Das Praxislabor bewirkt unstreitig keine Leistungen an Patienten, die *„in unentgeltlichen Pflege-, Installations-, Instandhaltungs- oder Instandsetzungsarbeiten bestehen"* oder *„in entgeltlichen Pflege-, Installations-, Instandhaltungs- oder Instandsetzungsarbeiten an solchen Gegenständen bestehen"*, die in der Zahnarztpraxis selbst hergestellt worden sind oder für die die Zahnarztpraxis als Hersteller im Sinne des Produkthaftungsgesetzes gilt.

7.1.5.3 *Unmittelbarkeitskriterium*

Ein Praxislabor ist kein eintragungsfreier Hilfsbetrieb, soweit man die Anfertigung des für die Patienten benötigten Zahnersatzes auch als Leistungserbringung für die Patienten qualifiziert. Die Herstellung von Zahnersatz für die Patienten der jeweiligen Praxis erfolgt nach überwiegender Ansicht der Literatur als mittelbare Leistungen an Dritte[328]. Das BVerwG und der BGH haben dagegen Praxislabors, die ausschließlich für den Eigenbedarf ihrer Praxis fertigen, als eintragungsfreie Hilfsbetriebe im Sinne des § 3 Abs. 3 Nr. 1 HwO qualifiziert. Grundlage dafür bildet das sog. *„Unmittelbarkeitskriterium"*. Falls der Zahnarzt in seinem Praxislabor ausschließlich für die eigene Praxis fertige, erfolge damit kein unmittelbarer (Leistungs-)Austausch mit Dritten. Die Tätigkeit des Praxislabors erfolge unmittelbar weder für die Patienten noch für andere Zahnärzte. Eine Leistung oder Arbeit für Dritte liege nur vor, falls das Praxislabor einen

---

327 Detterbeck, PL, S. 64 f.

328 Detterbeck, HwO § 2 Rn. 9; Krause GewArch 1984, 313 f.; Leisner, HwO § 2 Rn. 7; Schmitz, in: Schwannecke, HwO § 3 Rn 20; Schüßler, ZPL, S. 88 ff.; a.A. Badura ZM 1978, 597 ff.; Pohl ZM 1977, 709 ff.

unmittelbaren Marktzugang bzw. unmittelbaren Leistungsaustausch mit Dritten (z.B. wie ein gewerbliches Dentallabor) habe.[329] Die Anwendung des Unmittelbarkeitskriteriums führt danach dazu, dass ein Praxislabor als eintragungsfreier Hilfsbetrieb qualifiziert werden kann und somit in handwerksrechtlich zulässiger Weise Zahnersatz produzieren darf. Daraus ergeben sich weitreichende Konsequenzen, weshalb diese Rechtsprechung kritisch zu hinterfragen ist.[330]

7.2 Konsequenzen des Unmittelbarkeitskriteriums

Die rechtlichen und praktischen Konsequenzen der Anwendung des Unmittelbarkeitskriteriums sind gravierend. Soweit nur für die Patienten der identischen Praxis- und Laborinhaber gefertigt wird und das Praxislabor keinen unmittelbaren Marktzugang zu Dritten hat, wären diverse Praxislabors als eintragungsfreie Hilfsbetriebe zu bewerten. Am Ende käme es nur auf das organisatorische Geschick der Praxis- und Laborinhaber an, ob eine Eintragungspflicht nach HwO besteht.[331] In einem solchen „Hilfsbetrieb" müsste der Zahnarzt die Vorgaben der HwO, das handwerksrechtliche Betriebsleiterprinzip und das freiberufliche Prinzip der engmaschigen Anleitung und Überwachung nicht beachten[332]. Dort dürfte man also ohne fachlich qualifizierten Betriebsleiter das Medizinprodukt Zahnersatz fertigen. Der Zahnarzt könnte sich in der räumlich entfernten Praxis auf die Behandlung seiner Patienten konzentrieren. Das Praxislabor wäre nur dann kein solcher Hilfsbetrieb, falls es auch für Zahnarztpraxen fertigt, deren Inhaber nicht mit dem Inhaber des Praxislabors identisch sind.[333]

7.3 Kritik an der Rechtsprechung

Die höchstrichterliche Rechtsprechung übersieht mit der Anwendung des Unmittelbarkeitskriteriums nachfolgende Aspekte, die eine Qualifizierung des Praxislabors als eintragungsfreien Hilfsbetrieb verbieten.

---

329 BGH NJW 1980, 1337; BVerwG NJW 1980, 1349.

330 Detterbeck, PL, S. 72 f.; ders., HwO § 3 Rn. 13.; Tillmanns, in: Honig/Knörr/Thiel, HwO § 3 Rn. 33–38 HwO § 3 Rn. 33 ff.

331 Detterbeck, PL, S. 68 ff.

332 Detterbeck, PL, S. 71.

333 BGH NJW 1980, 1337; BVerwG NJW 1980, 1349; Detterbeck, PL, S. 71.

7.3.1 Gefahrenabwehr

Die Anwendung des Unmittelbarkeitskriteriums bedeutet, dass die Herstellung zahntechnischer Produkte zur Versorgung der eigenen Patienten eine unmittelbare Leistung an den Zahnarzt darstellt. Dabei wird ignoriert, dass ebenso eine mittelbare Leistung an die Patienten erfolgt. Daher ist es fraglich, ob allein das Unmittelbarkeitskriterium ausreicht, um die vorliegenden Leistungsbeziehungen handwerksrechtlich korrekt zu bewerten. Umso problematischer ist, dass die Konsequenzen aus der Anwendung des Unmittelbarkeitskriteriums im Widerspruch zu dem handwerksrechtlichen Schutzzweck der Gefahrenabwehr stehen.[334]

Falls in einem Praxislabor keine qualifizierte Überwachung mehr stattfinden muss, drohen Gefahren für die Gesundheit der Patienten. BGH und BVerwG stellen darauf ab, dass der Vertrag zur Herstellung und Lieferung des Zahnersatzes zwischen Labor und Zahnarzt geschlossen wird. Dabei wird aber übersehen, dass der Zahnersatz stets zur Behandlung des individuellen Krankheitsbildes eines Patienten dient. Dieser Patient bekommt diesen Zahnersatz in seinen Körper eingegliedert. Das Labor weiß mit der Beauftragung, welcher Patient in unmittelbaren Kontakt mit dem Zahnersatz treten wird. Solche Endverbraucher soll das Handwerksrecht aber vor möglichen Gefahren des Produktes schützen. Der Bezug der höchstrichterlichen Rechtsprechung auf einen vertraglichen Leistungsbegriff überzeugt daher nicht. Der Zahnersatz ist kein standardisiertes Bauteil, das man in einem Hauptbetrieb verwendet, um ein neues Werk zu erschaffen. Der Zahnersatz ist das Werk, das dem Patienten eingegliedert wird. Der Zahnarzt ist aus handwerklicher Sicht nur der Verwender, nicht aber der Ersteller des Zahnersatzes.

Nach Teilen der Rechtsprechung und Literatur[335] ist ein Betriebsteil kein Hilfsbetrieb nach § 3 Abs. 3 Nr. 1 HwO mehr, wenn die Waren und Leistungen des fraglichen Betriebsteils vom Hauptbetrieb nahezu unverändert an die Konsumenten weitergereicht werden. Falls Leistungen an Dritte erfolgen, seien für die Qualifizierung als Hilfsbetrieb die engen Grenzen des § 3 Abs. 3 HwO zu beachten. Dies diene dem Zweck, die Verbraucher effektiv vor den typischen Gefahren zulassungspflichtiger Handwerke zu schützen.[336]

---

334 Detterbeck, HwO, Einleitung Rn. 9–11; ders., PL, S. 72; ebenso Knörr, in: Honig/Knörr/Thiel, HwO § 8 Rn. 2.

335 OLG Karlsruhe NVwZ 1984, 334; BayVGH BayVBl. 1958, 315, 316; VG Augsburg GewArch 1995, 163; Detterbeck, HwO § 3 Rn. 9; Leisner, HwO § 3 Rn. 11 u. § 2 Rn. 7; Musielak GewArch 1992, 405 f.; Siegert/Musielak, § 3 Rn. 7.

336 BGH GewArch 2013, 407 Rn. 16.

Etwas Anderes darf auch nicht für das Praxislabor gelten. Das Praxislabor steht in einer „faktischen“ Leistungsbeziehung zu den Patienten, da der Zahnersatz an die Patienten nahezu unverändert weitergereicht wird. Mit den o.g. Ansichten[337] kann das Praxislabor nicht als Hilfsbetrieb gewertet werden. Die Angestellten im Praxislabor dürften andernfalls unbeaufsichtigt einem gefahrgeneigten Gesundheitshandwerk nachgehen. Es bestünde die Gefahr, dass gesundheitsbedrohliche Fehler in Materialauswahl oder Fertigung zu spät oder gar nicht entdeckt werden, da die Herstellung nicht unter Anleitung und Überwachung eines entsprechend qualifizierten Betriebsleiters erfolgt. Der bezweckte Schutz der Patienten vor den typischen Gefahren der Zahntechnik kann nicht erreicht werden.[338]

7.3.2 Widerspruch

Die Anwendung des Unmittelbarkeitskriteriums bedingt einen Widerspruch zwischen der handwerksrechtlichen Freistellung der Praxislabors und dem Schutzzweck der HwO. Die handwerkliche Herstellung von Waren in einem unselbstständigen Teil eines Betriebes und die Weitergabe über den Betrieb an die Konsumenten sind mit der Freistellung von den Restriktionen der HwO unvereinbar. Ansonsten ist es nur eine organisatorische Frage, ob eine gefahrgeneigte Handwerkstätigkeit in einem Betrieb vom dem Grundsatz der Betriebsleiterpräsenz ausgeklammert werden kann.[339]

Dann wäre es leicht, die Eintragungspflicht zu umgehen und den Schutzzweck des Handwerksrechts ad absurdum zu führen. Jeder Handwerksbetrieb könnte sich auf eine Freistellung im Sinne des Unmittelbarkeitskriteriums berufen, falls die im Betriebsteil produzierten Waren keine unmittelbare Leistung an die Endkunden darstellen, da nur der Hauptbetrieb diese Produkte dem Kunden vermittelt, z.B. durch Einbau der Produkte. Auf die faktische Leistungsnähe käme es nicht mehr an. Dazu verweist *Detterbeck* auf die handwerklichen Tätigkeiten im Bereich der Kraftfahrzeugtechnik[340]. Diese unterliegen nach § 1 Abs. 2 i.V.m. Anl. A Nr. 20 HwO ebenso der Zulassungspflicht und damit den strengen

---

337 OLG Karlsruhe NVwZ 1984, 334; BayVGH BayVBl. 1958, 315, 316; VG Augsburg GewArch 1995, 163; Detterbeck, HwO § 3 Rn. 9; Leisner, HwO § 3 Rn. 11 u. § 2 Rn. 7; Musielak GewArch 1992, 405 f.; Siegert/Musielak, § 3 Rn. 7.

338 Detterbeck, PL, S. 72.; ders., HwO § 7 Rn. 6; Knörr, in: Honig/Knörr/Thiel, HwO § 7 Rn. 14.

339 Detterbeck, PL, S. 73; Musielak GewArch 1992, 406.

340 Detterbeck, PL, S. 73 f.

Restriktionen der HwO. Dies schützt die Autofahrer vor unsachgemäßer Reparatur und damit vor Gefährdung von Leib und Leben. Dieser Schutzzweck der Restriktionen der HwO wird auch von der Rechtsprechung bestätigt[341]. Dies alles könnte man aber umgehen, wenn man das Unmittelbarkeitskriterium auch auf das Kfz-Handwerk anwendet. Dann könnte ein Kfz-Werkstattinhaber in gesonderten Räumen einen angeblichen Hilfsbetrieb einrichten, der für den Hauptbetrieb Reparaturen vornimmt. Die im Hauptbetrieb werkvertraglich mit dem Fahrzeughalter vereinbarte Reparatur von dort ausgebauten Kfz-Teilen könnte dann im Hilfsbetrieb ohne Anleitung oder Überwachung eines qualifizierten Betriebsleiters erfolgen. Der Kfz-Werkstattinhaber könnte hier argumentieren, er betreibe einen Hilfsbetrieb im Sinne des § 3 Abs. 3 Nr. 1 HwO. Die Reparatur der ausgebauten Teile erfolge als exklusive Leistung für seinen Hauptbetrieb im Sinne des Unmittelbarkeitskriteriums. Der Kunde des Hauptbetriebes erhalte die reparierten Teile nicht unmittelbar ausgehändigt, da diese im Hauptbetrieb z.B. durch den Werkstattinhaber in die Fahrzeuge montiert werden. Der unmittelbare Marktzutritt der fraglichen Betriebsteile in den gesonderten Betriebsräumen sei mangels unmittelbaren Leistungsaustauschs mit den Kunden des Hauptbetriebes nicht gegeben. Nach der Rechtsprechung des BVerwG und BGH seien dies Arbeiten für den Hauptbetrieb durch einen eintragungsfreien Hilfsbetrieb im Sinne von § 3 Abs. 3 HwO.[342]

Der faktische Leistungskreislauf der Produkte des Hilfsbetriebes, die unmittelbar den Hauptbetrieb und dann mittelbar den Endverbraucher erreichen, wird künstlich durch die Rechtsprechung von BVerwG und BGH aufgespaltet, als ob die Arbeiten und Produkte des Hilfsbetriebes keinerlei Bezug zu dem Endverbraucher hätten. Dies ist aber sowohl bei der reparierten Kfz-Bremse als auch bei dem Zahnersatz nicht der Fall. Es ist unvorstellbar, dass Hilfskräfte ohne fachkundige Anleitung und Überwachung den technischen Innenaufbau einer Bremsanlage bearbeiten und danach die montierte Bremsanlage zum Einbau an den Hauptbetrieb zurücksenden. Der Inhaber des Hauptbetriebes kann die Qualität der Arbeiten im Inneren der Bremsanlage nicht mehr überprüfen, es sei denn, er würde die gesamte Bremsanlage im Hauptbetrieb erneut auseinander- und wieder zusammenbauen. Wenn dem so wäre, macht es aber keinen Sinn, einen Hilfsbetrieb für diese Arbeiten einzurichten. Der effektive Schutz der Verbraucher vor den Gefahren einer unsachgemäßen Ausübung

341 VGH Kassel BeckRS 2010, 51110; OVG Lüneburg NVwZ-RR 2005, 173; OLG Frankfurt GRUR 2005, 695.

342 Detterbeck, PL, S. 73 f.

zulassungspflichtiger Handwerke in einem solchen Kfz-Betrieb könnte nicht sichergestellt werden. Insoweit bestätigt *Detterbeck* zutreffend, dass ein eintragungsfreier Hilfsbetrieb (ohne qualifizierten Betriebsleiter) den Schutz der Verbraucher vor den Gefahren einer unsachgemäßen Ausübung zulassungspflichtiger Handwerke nicht sicherstellen kann. Daher darf das höchstrichterliche Kriterium des unmittelbaren Marktzugangs nicht für die Qualifizierung als Hilfsbetrieb entscheidend sein. Der mit der Eintragungspflicht verfolgte Schutzzweck hat bereits vor der großen Handwerksnovelle gegolten und gilt nun umso mehr. Deshalb ist eine teleologische Reduktion der Befreiungstatbestände der HwO erforderlich, die eine Ausnahme von der Zulassungsbedürftigkeit der Ausübung von A-Handwerken vorsehen.[343]

Diese teleologische Reduktion ist auch im Fall des Praxislabors notwendig. Aus gefahrenhandwerklicher Sicht sind Verbraucher bzw. Empfänger der gefahrenträchtigen Leistung die Patienten. Der Zahnarzt sei nur derjenige, der das Produkt an den Verbraucher weitergibt[344]. Würde man keine teleologische Reduktion des § 3 Abs. 3 Nr. 1 HwO dahin gehend vornehmen, dass auch der mittelbare Leistungsaustausch mit Dritten der Qualifizierung als Hilfsbetrieb entgegensteht, widerspräche dies der gesetzgeberischen Strukturentscheidung und der Sondersituation, die dem gefahrgeneigten Gesundheitshandwerk der Zahntechnik zu eigen ist. Auch würde man das Praxislabor gegenüber dem gewerblichen Dentallabor in ungerechtfertigter und gefährlicher Weise privilegieren. Denn auch das gewerbliche Dentallabor hat keine unmittelbare Leistungsbeziehung zum Patienten. Die Zahnärzte, die selbst keine Verbraucher sind, sind auch nicht den potentiellen Gesundheitsgefahren durch mangelhaften Zahnersatz ausgesetzt. Da aber die gewerblichen Dentallabors ohne unmittelbaren Verbraucherkontakt trotzdem der HwO unterliegen, kann es nicht sein, dass die gleichen Produkte eines Praxislabors nur deshalb von den handwerksrechtlichen Restriktionen befreit werden, weil dieses (ebenso) in keinem unmittelbaren Leistungsaustausch mit den Verbrauchern steht.

Die bereits beschriebene Ausbildung des Zahnarztes[345] ist kein taugliches Argument für die unterschiedliche Behandlung. Selbst die bereits meisterlich überwachten Produkte eines gewerblichen Dentallabors sollen und müssen von dem behandelnden Zahnersatz dahin gehend geprüft werden, ob sie für den Patienten

---

343 LG Itzehoe GewArch 2008, 40; ebenso Detterbeck, PL, S. 74; Hüpers GewArch 2014, 194.

344 Detterbeck, PL, S. 81.

345 Vgl. 4.2.1.2.

und seine Behandlung tauglich und nicht gefährlich sind.[346] Eine zahnärztliche Endkontrolle kann nicht indes jede Gefahr entdecken. Eine Vielzahl von Fehlern, z.B. bei der Werkstoffauswahl, ist nicht bzw. nur mit erheblichem Mehraufwand durch eine zahnärztliche Kontrolle feststellbar. Der Zahnarzt kann nach der Lieferung des Zahnersatzes keine vollständige Kontrolle mehr dahin gehend durchführen, ob Fehler in der Materialauswahl oder im Produktionsvorgang erfolgt sind und der Zahnersatz ungeeignet oder gesundheitsgefährdend ist. Der Zahnersatz wird als fertiges Medizinprodukt angeliefert und nicht als Rohling zur weiteren Verarbeitung. Der Zahnarzt kann nur die äußerliche Beschaffenheit und Passform kontrollieren. Er kann aber nicht in den Zahnersatz hineinsehen. Für eine (Material-)Prüfung müsste man den Zahnersatz einer materialtechnischen Untersuchung unterziehen, was aber seine Zerstörung bedeuten würde. Die zahnärztliche Endkontrolle stellt daher keinen ausreichenden Schutz vor den möglichen Gesundheitsgefahren dar.

Der Schutz der Patienten vor den typischen Gesundheitsgefahren der Zahntechnik verbietet nach alldem die Anwendung des Unmittelbarkeitskriteriums. § 3 Abs. 1 Nr. 1 HwO geht ferner stillschweigen davon aus, dass die Arbeiten und Produkte des Hilfsbetriebes im Hauptbetrieb verbleiben und dort vollständig verwertet werden. Eine Eintragungspflicht ist dann nicht erforderlich, weil fehlerhafte oder potentiell gefährliche Produkte gar nicht die Kunden des Hauptbetriebes erreichen können. Fehlerhafte und gefährliche Produkte des Hilfsbetriebes sollen demnach nur den Hauptbetrieb selbst betreffen können.[347]

Falls aber diese gefährlichen Produkte auch den Verbraucher erreichen können, wird diese ungeschriebene Bedingung nicht erfüllt. Eine Befreiung von der Eintragungspflicht kommt nicht mehr infrage. Eine solche Befreiung hat auch dann zu unterbleiben, wenn die fraglichen handwerklichen Leistungen über den Hauptbetrieb im Wesentlichen unverändert an die Konsumenten weitergegeben werden.[348]

7.3.3 Ungleichbehandlung

Die Anwendung des Unmittelbarkeitskriteriums widerspricht dem in der Rechtsprechung anerkannten Grundsatz der „*Gleichbehandlung aller handwerklichen Tätigkeiten*“[349]. Ein gewerbliches Dentallabor steht wie ein Praxislabor mit den Patienten in keinem unmittelbaren Leistungsaustausch. Auch hier wird der

346 Detterbeck, PL, S. 82.

347 Detterbeck, PL, S. 75; Tillmanns, in: Honig/Knörr/Thiel, HwO § 3 Rn. 6.

348 BayVGH VerwRspr 1959, 187; Detterbeck, PL, S. 75.

349 BVerwG NVwZ-RR 2012, 23; BVerwG VerwRspr 1970, 357.

Zahnersatz regelmäßig erst durch den Zahnarzt kontrolliert, kurz bevor er an die Patienten weitergegeben wird. Das gewerbliche Dentallabor ist grundsätzlich eintragungspflichtig. Die höchstrichterliche Freistellung des Praxislabors von der Eintragungspflicht widerspricht damit auch der gesetzlichen Einordnung des Zahntechnikerhandwerks als zulassungspflichtiges Handwerk und ist unter dem Aspekt der Gleichbehandlung abzulehnen.[350]

Auch *Schüßler* ist der Ansicht, dass hier eine „*auffällige*" Ungleichbehandlung erfolge, insbesondere was die Präsenzpflicht des Betriebsleiters angehe. Dies stehe im Widerspruch zu dem rechtsstaatlichen Grundsatz, dass „*Gleiches gleich zu behandeln*" sei.[351] Es gibt im Fall des Praxislabors keine Rechtfertigung, gleichartige Tätigkeiten ungleich zu behandeln. Vielmehr ist es aufgrund des identischen Schutzzwecks dringend geboten, beide Ausübungsformen des Zahntechnikerhandwerks gleichermaßen zu regulieren. Das Unmittelbarkeitskriterium widerspricht in seiner Konsequenz dem gesetzgeberischen Schutzzweck der HwO und ist daher abzulehnen.[352]

7.3.4 Empfänger

Der Zahnersatz wird im Wesentlichen unverändert in den Mund des Patienten eingegliedert. Die Tätigkeit des Zahnarztes beschränkt sich in der Regel auf die Kontrolle der Einhaltung seiner Vorgaben. Insoweit ist dieser Prozess vergleichbar mit dem Einbau eines individuell gefertigten Ersatzteils, wie das überholte Bremssystem im obigen Beispiel[353]. Die Eingliederung des Zahnersatzes „*als eigenständige Heilbehandlung*" baut auf dem Arbeitsablauf der Herstellung von individuellem Zahnersatz auf. Dabei sind die zahntechnischen Arbeiten und Produkte keine bloße Vorstufe der nachfolgenden Heilbehandlung. Demgegenüber argumentiert die Rechtsprechung, dass die nach der Herstellung der zahntechnischen Produkte vom Zahnarzt noch zu erbringenden Leistungen auf den vorherigen zahntechnischen Arbeiten aufbauten[354]. Dies ändert aber nichts am Befund, dass der Zahnersatz im Wesentlichen unverändert im Mund des Patienten eingegliedert wird. Die Herstellung von Zahnersatz bildet einen selbstständigen Arbeitsablauf. Die zahntechnischen Produkte stellen daher bereits für sich einen bleibenden Wert dar, wohingegen die Heilbehandlung ohne diese gar nicht durchführbar ist.

350 Detterbeck, PL, S. 76.
351 Schüßler, ZPL, S. 43.
352 Detterbeck, PL, S. 72 f.
353 Vgl. 7.3.2.
354 OLG Karlsruhe NVwZ 1984, 334.

Technisch gesehen stellt das Dentallabor den Zahnersatz also nicht für den Zahnarzt, sondern für den jeweiligen Patienten her, dessen medizinische Bedürfnisse die Art und Weise der Anfertigung zwingend vorgeben. Aufgrund der Herstellung des Zahnersatzes für einen speziellen Empfänger, der nicht der Zahnarzt ist, sind die Voraussetzungen des § 3 Abs. 3 Nr. 1 HwO für das Praxislabor nicht gegeben.[355]

7.3.5 Umgehungsgefahr

Das Praxislabor wäre gegenüber einer Zahnarztpraxis organisatorisch eigenständig, wenn eine räumliche und organisatorische Trennung bestünde[356].

§ 3 Abs. 3 HwO fordert aber die grundsätzliche Unselbstständigkeit des Hilfsbetriebes im Verhältnis zum Hauptbetrieb. Dies ist auch das wesentliche Abgrenzungsmerkmal zum Nebenbetrieb, der trotz organisatorischer Verbundenheit über ein solches Maß an Eigenständigkeit verfügen muss, dass er auch ohne den Hauptbetrieb wirtschaftlich weiter existieren kann. Der Hilfsbetrieb dagegen ist in seiner wirtschaftlichen Existenz vom Bestehen des Hauptbetriebes abhängig.[357]

Eine wirtschaftliche Unselbstständigkeit ist jedenfalls dann zu verneinen, wenn Praxislabor und Praxis jeweils rechtlich selbstständig betrieben werden, ungeachtet der Frage, wer Inhaber des jeweiligen Unternehmens ist. Als rechtlich selbstständiges Unternehmen kann ein Praxislabor nach der Schließung der Praxis wirtschaftlich fortbestehen. Insoweit wäre es dann ein gewerbliches Dentallabor. Das Praxislabor könnte dann ohne Weiteres für andere Zahnärzte produzieren. Eine Umgestaltung des Betriebes des Praxislabors wäre nicht erforderlich, da die notwendigen Produktionsprozesse bereits bestehen. Es müssen nur neue Kunden geworben werden.[358]

Falls dagegen eine direkte, enge räumliche Beziehung zwischen Labor und Praxis besteht, ist die Frage der Unselbstständigkeit anders zu bewerten. Eine Fortführung des Praxislabors nach Schließung der Praxis würde eine fundamentale Umgestaltung des Betriebsablaufs erfordern. Es müssten z.B. neue Räume gefunden werden. Dennoch ist auch hier nicht ausgeschlossen, dass das Praxislabor

355 Detterbeck, PL, S. 80; vgl. Leisner, HwO § 2 Rn. 7 zur Wertung als Nebenbetrieb.

356 BVerwG NVwZ 1986, 742; VG Arnsberg GewArch 1998, 427 f.; VG Augsburg FHOeffR 46 Nr. 10674; Detterbeck, PL, S. 83.

357 KG Berlin GewArch 1987, 27; Leisner, HwO § 3 Rn. 18; Musielak GewArch 1992, 406; Schmitz, in: Schwannecke, HwO § 3 Rn. 27.

358 Detterbeck, PL, S. 83; Musielak GewArch 1992, 406.

selbstständig als gewerbliches Labor weiter existieren könnte, wenn eine Umgestaltung der Organisation in rechtlicher und tatsächlicher Hinsicht erfolgt.[359]

Es besteht das Risiko, dass der jeweilige Inhaber den Betrieb eines Praxislabors künstlich als eintragungsfreien Hilfsbetrieb installiert. *Detterbeck* sieht zu Recht die Gefahr, dass man durch geschickte Aufgliederung der Betriebsfertigung in mehrere Prozesse einen Umgehungstatbestand schaffen kann. Eine Möglichkeit sei, dass die betriebliche Produktion in Teilproduktionsschritte aufgegliedert und auf verschiedene Betriebseinheiten verteilt werde. Zwar seien diese Betriebseinheiten gegenüber dem Hauptbetrieb im gewissen Maße eigenständig, jedoch könnten sie niemals die Schwelle der Selbstständigkeit erreichen. Dort erfolgt nur die Teilfertigung eines Produktes, welches aber nur als Ganzes markttauglich sei. So könne man den Betrieb in einen Hauptbetrieb und mehrere Hilfsbetriebe im Sinne des § 3 Abs. 3 Nr. 1 HwO aufteilen, ohne Gefahr zu laufen, dass ein Betriebsteil einen handwerksrechtlich kritischen Grad an Eigenständigkeit erreicht, der die Qualifizierung als Hilfsbetrieb verhindert.[360]

Das Unmittelbarkeitskriterium darf nicht zu einer Umgehung der Restriktionen der HwO führen. Lediglich unwesentliche Tätigkeiten eines zulassungspflichtigen Handwerks dürfen in einem zulassungsfreien Hilfsbetrieb erfolgen. Diese erfüllen nicht den Grundtatbestand des § 1 Abs. 1 u. 2 S. 1 HwO und erfordern schon deshalb keine Eintragung. Dementsprechend fordert der Wortlaut des § 3 Abs. 3 HwO, dass die Handwerkstätigkeiten im fraglichen Betriebsteil lediglich eine dienende und untergeordnete Bedeutung haben dürfen. Diese ist dann nicht gegeben, wenn die Tätigkeit charakteristisch für den Hauptbetrieb ist. Das ist auch in der o.g. künstlichen Aufgliederung der Praxislaborfertigung der Fall. Jeder Teilproduktionsschritt der Betriebsteile ist unabdingbar für die Produktion des Zahnersatzes und damit die Versorgung der Patienten im Hauptbetrieb der Praxis.[361] Ein Gesamtunternehmen kann nicht künstlich in einen nichthandwerklichen Hauptbetrieb und einen eintragungsfreien handwerklichen Hilfsbetrieb aufgegliedert werden, falls eine für den Gesamtbetrieb charakteristische Tätigkeit im fraglichen Betriebsteil erfolgt[362]. Es ist eine Einzelfallentscheidung, ob im fraglichen Betriebsteil eine charakteristische Tätigkeit ausgeübt wird. Je größer der Umfang

359 Detterbeck, PL, S. 84.

360 Detterbeck, PL, S. 84 f.

361 BVerwG NVwZ 1986, 742; OLG Stuttgart GewArch 1998, 385; BayObLG GewArch 1995, 488; Schl.-Holst. VG GewArch 1998, 427; Detterbeck, PL, S. 85.

362 BVerwG NVwZ 1986, 742; OLG Stuttgart GewArch 1998, 385; BayObLG GewArch 1995, 488; Schl.-Holst. VG GewArch 1998, 427.

der Tätigkeit im jeweiligen Betriebsteil im Verhältnis zur Gesamtproduktion ist, desto bedeutsamer ist die Tätigkeit für den Gesamtbetrieb.[363] Bei nahezu exklusiver Eigenversorgung der Zahnarztpraxis aus dem jeweiligen Praxislabor, scheidet die Annahme einer für die Zahnarztpraxis nicht-charakteristischen Tätigkeit aus. Auch dem Gesamtkonzept und Geschäftsmodell des jeweiligen Betriebs kommt eine entscheidende Bedeutung zu. Falls die handwerkliche Tätigkeit charakteristisch für den Gesamtbetrieb ist, kann diese keine untergeordnete Rolle im Sinne eines Hilfsbetriebes spielen.[364]

Wird mit der Eigenherstellung von Zahnersatz gegenüber Patienten geworben, ist diese Eigenherstellung ein Charakteristikum der Zahnarztpraxis. Wenn die Zahnarztpraxis nahezu ausschließlich den von ihr verwendeten Zahnersatz selbst im eigenen Praxislabor herstellt und dies auch als Merkmal des Betriebes am Markt bewirbt, ist dies ein *„wesentlicher und integraler Bestandteil“* des betrieblichen Ablaufs dieser Praxis. Als reine Hilfstätigkeit im Sinne des § 3 Abs. 3 Nr. 1 HwO kann dies nicht mehr bezeichnet werden. Ein deutliches Indiz für eine charakteristische Tätigkeit ist der Umsatz, selbst wenn dieser nicht die Hälfte des Gesamtumsatzes der Praxis ausmachen sollte.[365]

Die Versorgung der Patienten mit Zahnersatz ist auch kein unwesentlicher, sondern ein zentraler Bestandteil des Betriebsablaufs einer Zahnarztpraxis. Ihr kommt eine mindestens ebenso große Bedeutung zu wie die Prophylaxe und Kieferorthopädie. Eine bloße hilfsbetriebliche Verrichtung kann daher grundsätzlich nicht angenommen werden, wenn alle diesbezüglichen Produktionsschritte in der Praxis und dem eigenen Praxislabor ausgeführt werden.[366]

7.4 Zwischenergebnis

Die Anwendung des Unmittelbarkeitskriteriums ist mit der überwiegenden Literatur[367] abzulehnen. Damit erfüllt ein Praxislabor die Voraussetzungen eines Hilfsbetriebes regelmäßig nicht. Allerdings könnte ein Praxislabor ein eintragungsfreier unerheblicher Nebenbetrieb sein.

363 BVerwG NVwZ 1986, 742; BayObLG GewArch 1995, 488; Schl.-Holst. VG GewArch 1998, 427; Detterbeck, PL, S. 85.

364 OLG Stuttgart GewArch 1998, 385; Detterbeck, PL, S. 85.

365 OLG Stuttgart GewArch 1998, 385; BayObLG GewArch 1995, 488; SHVG GewArch 1998, 426 f.; Detterbeck, HwO § 3 Rn. 15; ders., PL, S. 85.

366 Detterbeck, PL, S. 86.

367 Detterbeck, HwO § 2 Rn. 9; Krause GewArch 1984, 313 f.; Leisner, HwO § 2 Rn. 7; Schmitz, in: Schwannecke, HwO § 3 Rn 20; Schüßler, ZPL, S. 88 ff.

8. Eintragungsfreier unerheblicher Nebenbetrieb

8.1 Merkmale

Neben den gesetzlichen positiven und negativen Tatbestandsmerkmalen des § 2 Nr. 3 i.V.m. § 3 Abs. 1 u. 2 HwO haben Rechtsprechung und Literatur weitere anerkannte Voraussetzungen des eintragungsfreien Nebenbetriebes entwickelt. Dies sind die Inhaberidentität zwischen Haupt- und Nebenbetrieb, eine wirtschaftliche, organisatorische und fachliche Verbindung mit dem Hauptunternehmen, eine gewisse Eigenständigkeit des Nebenbetriebes und ein anderer Zweck als die Gesamtunternehmung.[368] Ferner darf die fragliche handwerkliche Tätigkeit die Unerheblichkeitsgrenze des § 3 Abs. 2 HwO nicht überschreiten.

8.1.1 Inhaberidentität

Auch bei einem Nebenbetrieb müssen die Inhaber von Haupt- und Nebenbetrieb identisch sein. Nach einer Meinung ist eine rechtliche Identität erforderlich. Danach müssen beide Einheiten *„demselben Rechtssubjekt“*[369] zugehören. Die vorzugswürdige, mindestens ebenso starke Gegenansicht stellt auf die wirtschaftliche Identität ab[370].

Die Qualifizierung als Nebenbetrieb hängt demnach davon ab, ob die Praxis- und Laborinhaber zumindest wirtschaftlich identisch sind. Insoweit kann auf die obigen Ausführungen[371] verwiesen werden. Falls schon keine wirtschaftliche Identität gegeben ist, ist die Qualifizierung als Nebenbetrieb zu verneinen.

8.1.2 Verbindung mit Hauptunternehmen

Der handwerkliche Nebenbetrieb unterscheidet sich nach § 2 Nr. 2 und 3 HwO von einem unabhängigen Unternehmen dadurch, dass er mit einem anderen

---

368 Detterbeck, HwO § 3 Rn. 3 ff.; ders., HwO § 3 Rn. 3 ff. und Rn. 2.; Honig/Knörr, § 3 Rn. 4 ff.; Leisner, HwO § 3 Rn. 3 ff.; Schmitz, in: Schwannecke, HwO § 3 Rn. 7.

369 OLG Stuttgart GewArch 1987, 128, 129; Tillmanns, in: Honig/Knörr/Thiel, HwO § 3 Rn. 4.

370 Detterbeck, HwO § 3 Rn. 3 m. Verw. auf VG Augsburg GewArch 1995, 162, 163; Leisner, HwO § 3 Rn. 4.

371 Vgl. 7.1.1.

Unternehmen verbunden ist. Die für die Annahme eines Nebenbetriebs notwendige Verbindung mit dem Hauptunternehmen ist gegeben, wenn die Betriebsinhaber von Hauptbetrieb und Nebenbetrieb zumindest in wirtschaftlicher Hinsicht identisch sind und wenn der Nebenbetrieb Praxislabor und der Hauptbetrieb Zahnarztpraxis eine gewisse „*wirtschaftliche, organisatorische und fachliche Beziehung*" zueinander aufweisen.[372]

Die wirtschaftliche Verbundenheit zwischen Haupt- und Nebenbetrieb ist gegeben, falls der als Nebenbetrieb infrage kommende Betrieb den wirtschaftlich-unternehmerischen Zwecken des Hauptbetriebes dient. Das ist der Fall, falls die nebenbetrieblichen Produkte oder Leistungen die Wirtschaftlichkeit des Hauptbetriebes fördern.[373]

Ein Praxislabor erfüllt regelmäßig dieses Kriterium, soweit es Zahnersatz zur Versorgung der Patienten der Zahnarztpraxis liefert. Insoweit kann auf die bereits gemachten Ausführungen zum Eigenzahnersatz als Charakteristikum der Zahnarztpraxis[374] verwiesen werden.

Das Erfordernis eines organisatorischen Zusammenhangs zwischen Haupt- und Nebenbetrieb ist dann erfüllt, wenn der „*interne betriebliche Ablauf*" von Haupt- und Nebenbetrieb „*aufeinander abgestimmt*" ist und „*gemeinsame innerbetriebliche Einrichtungen*" vorhanden sind (z.B. gemeinsame Material- oder Personalverwaltung). Wenn das Praxislabor nicht vollständig selbstständig und unabhängig von der Praxis organisiert ist, ergibt sich regelmäßig ein gewisser organisatorischer Zusammenhang zwischen Praxis und Labor. So verhält es sich etwa, wenn die Lohnabrechnung der Zahntechniker oder der Materialeinkauf über die Verwaltung der Praxis organisiert sind. Ferner ist der organisatorische Zusammenhang gegeben, wenn das Praxislabor in unmittelbarer, räumlicher Nähe belegen ist und Geräte und Einrichtungen der Praxis nutzt. Sollte aber das Praxislabor vollständig selbstständig und unabhängig von der Praxis organisiert sein, besteht die notwendige Verbundenheit mit dem Hauptbetrieb nicht.[375]

---

372 BVerwG GewArch 1961, 58; VGH BW GewArch 1993, 481,483; GewArch 1989, 193; BayObLG GewArch 1976, 19; Detterbeck, HwO § 3 Rn. 3.

373 BGH GewArch 1992, 27; BVerwG GewArch 1987, 25; OVG Hamburg GewArch 1993, 75; NdsOVG GewArch 1993, 422; VGH Mannheim GewArch 1993, 72, 74; Detterbeck, HwO § 3 Rn. 4 m. Verw. auf BVerwG, 23.6.1983 – 5 C 37/81 – E 67, 273/278; Dohrn GewArch 1986, 116; Tillmanns, in: Honig/Knörr/Thiel, HwO § 3 Rn. 4 f.

374 Vgl. 7.1.3.

375 BVerwG GewArch 1961, 58; VGH BW GewArch 1993, 481, 483; GewArch 1989, 193; BayObLG GewArch 1976, 19; Detterbeck, HwO § 3 Rn. 4.

8.1.3 Fachliche Beziehung

Haupt- und Nebenbetrieb müssen auch „*fachlich*" miteinander verbunden sein[376]. Das ist dann der Fall, wenn das Betriebsprogramm des Nebenbetriebes marktorientiert gestaltet ist und zudem eine sinnvolle Ergänzung oder Erweiterung des Betriebsprogrammes des Hauptunternehmens in wirtschaftlicher und fachlicher Hinsicht bildet[377].

Die Herstellung von Zahnersatz ergänzt die Ausübung der Zahnheilkunde in praktischer und fachlicher Hinsicht. Die zahnmedizinische Heilbehandlung baut zumeist auf der Verwendung von Zahnersatz auf. Die Herstellung von Zahnersatz ist sogar als notwendige Vorstufe der Heilbehandlung zu sehen. Die Herstellung von Zahnersatz ist daher als wirtschaftlich und fachlich sinnvolle Ergänzung des Betriebsprogrammes der jeweiligen Praxis zu werten, weshalb die notwendige fachliche Verbundenheit regelmäßig zu bejahen ist.

8.1.4 Eigenständigkeit

Trotz der Notwendigkeit der fachlichen Verbundenheit ist es erforderlich, dass ein Nebenbetrieb eine gewisse Eigenständigkeit gegenüber dem Hauptbetrieb aufweist[378].

Da eine starke wirtschaftliche und organisatorische Verbundenheit von Praxis und Praxislabor eine gewisse Unselbstständigkeit des Praxislabors bedingt, ist zu klären, welcher Grad der Eigenständigkeit für die Qualifizierung als Nebenbetrieb nötig ist. Der Nebenbetrieb selbst muss ein Betrieb und nicht nur eine unselbstständige Abteilung oder Filiale sein. Die fachlichen Leistungen des Nebenbetriebs, also seine Erzeugnisse und Dienstleistungen, bilden die Kriterien für die Qualifizierung der Eigenständigkeit eines Nebenbetriebes. Die Erzeugnisse und Dienstleistungen von Haupt- und Nebenbetrieb haben sich

---

376 BVerwG GewArch 1987, 26; BVerwG NVwZ 1984, 179; NdsOVG GewArch 1993, 422; VGH Mannheim GewArch 1993, 72, 74; VGH BW GewArch 1989, 195; BayObLG GewArch 1994, 479; GewArch 1993, 424 Detterbeck, HwO § 3 Rn. 5.

377 VGH BW GewArch 1993, 7; BayObLG GewArch 1994, 479; GewArch 1993, 424; GewArch 1989, 334; Detterbeck, HwO § 3 Rn. 6 unter Verw. auf BVerwG NVwZ 1984, 179.

378 VGH BW, GewArch 1993, 482; GewArch 1989, 194; VGH Mannheim GewArch 1993, 72, 74; NdsOVG GewArch 1993, 422; Ambs, in: Erbs/Kohlhaas, HwO § 3 Rn. 2; Detterbeck, HwO § 3 Rn. 8 m. Verw. auf OLG Stuttgart GewArch 1997, 418; Tillmanns, in: Honig/Knörr/Thiel, HwO § 3 Rn. 3 und 11.

so voneinander zu unterscheiden, dass die Trennung der Tätigkeiten in unterschiedliche Betriebsteile aus wirtschaftlicher und technischer Sicht gerechtfertigt ist.[379]

Somit muss das Produkt bzw. die Leistung des Nebenbetriebes für sich allein bereits marktfähig sein. Nur dann kann der Nebenbetrieb eigenständig am Markt agieren und bestehen. Wenn im Praxislabor Zahnersatz hergestellt wird, der zur Eingliederung beim Patienten geeignet ist, handelt es sich um ein marktgängiges Produkt. Allerdings ist es nicht möglich, Tätigkeiten desselben Handwerks künstlich in einen Haupt- und Nebenbetrieb aufzuspalten. Daher ist bei einem Ein-Personen-Unternehmen ein Nebenbetrieb grundsätzlich nicht möglich. Der Nebenbetrieb muss als Gewerbe qualifiziert werden, d.h. er muss insbesondere mit Gewinnerzielungsabsicht handeln. Darüber hinaus ist es nötig, dass in dem Nebenbetrieb ein Handwerk nach der Anlage A der HwO handwerksmäßig betrieben wird.[380]

Die Zahntechnik ist ein Handwerk nach der Anlage A. Im Praxislabor erfolgt zumeist keine freiberufliche Tätigkeit. Eine Gewinnerzielungsabsicht des zahnärztlichen Betriebsinhabers ist regelmäßig gegeben. Eine Unterscheidung dahin gehend, in welchem Betriebsteil der Gewinn realisiert bzw. verbucht wird, ist überflüssig. Es muss zumindest eine wirtschaftliche Identität vorliegen. Daher stellt jedwede gewinnbringende Tätigkeit des Praxislabors für den Inhaber der Zahnarztpraxis einen geldwerten Vorteil dar (z.B. aufgrund der Gewinnbeteiligung).

Auch *Schüßler* sieht als Motiv für den Betrieb eines Praxislabors die Gewinnerzielungsabsicht des zahnärztlichen Inhabers[381]. Der Zahnarzt wolle mit der Errichtung eines Praxislabors einen „*Unternehmerlohn*" generieren und eine „*Eigenkapitalverzinsung*" erreichen. Das Praxislabor diene nicht für „*milde Werke*" oder zum „*Geldwechseln*", sondern werde aus finanziellen Motiven betrieben[382].

Aufgrund der beruflichen Qualifikation der Zahntechniker und Zahntechnikermeister in den Gewerbelabors muss das Hilfsargument, dass nur das eigene Praxislabor die nötige Qualität liefern könne, abgelehnt werden. Die Gewin-

---

379 Detterbeck, HwO § 3 Rn. 8; ders. WiVerw 2009, 252 ff.; Tillmanns, in: Honig/Knörr/Thiel, HwO § 3 Rn. 3.

380 Ambs, in: Erbs/Kohlhaas, HwO § 3 Rn. 3; Detterbeck, HwO § 3 Rn. 1 und 6; Tillmanns, in: Honig/Knörr/Thiel, HwO § 3 Rn. 11.

381 Schüßler, ZPL, S. 29 und 33.

382 Schüßler, ZPL, S. 79 und 83.

nerzielungsabsicht wäre selbst dann zu bejahen, wenn eventuelle Ersparnisse[383] durch die Beauftragung des eigenen Praxislabors an den Patienten weitergeben werden müssten. Die Absicht der Gewinnerzielung macht es auch gleichzeitig unmöglich, eine unmittelbare Leistung an den Zahnarzt anzunehmen[384]: „*Damit, dass der Zahnarzt an eigene Adresse etwas in Rechnung stellte, was er laut Badura nicht für Patienten, sondern für sich selber produziert hätte, und diese Rechnung an sich selber bezahlte, könnte er keinen Gewinn machen.*"

Ein Praxislabor, das marktfähigen Zahnersatz herstellt, ist regelmäßig eigenständig.

8.1.5 Zweckrichtung

Aus dem Wort „*Nebenbetrieb*" folgt, dass der „*Zweck der Gesamtunternehmung im Wesentlichen*" etwas anderes sein muss als die jeweilige Handwerkstätigkeit des Nebenbetriebes[385].

Dies bedeutet, dass der Zweck des Nebenbetriebs nicht im Zweck des Gesamtunternehmens oder des Hauptbetriebes aufgehen darf[386].

Demnach darf ein Praxislabor als handwerklicher Nebenbetrieb der Praxis nicht das gleiche „*Arbeitsergebnis*"[387] produzieren wie der Hauptbetrieb des Zahnarztes. *Detterbeck* fordert, dass eine Hauptbetriebsakzessorietät dann abzulehnen sei, falls die Handwerkstätigkeit für das Gesamtunternehmen charakteristisch sei. Dann könne zum einen keine Aufspaltung in einen nichthandwerklichen Hauptbetrieb der Zahnarztpraxis und einen eintragungsfreien handwerklichen Hilfsbetrieb des Praxislabors erfolgen. Zum anderen könne das Praxislabor auch nicht als Nebenbetrieb im Sinne des § 3 Abs. 1 i.V.m. § 2 Nr. 3 HwO qualifiziert werden. Denn auch ein Nebenbetrieb setze voraus, dass sein Zweck nicht mit dem Zweck des Gesamtunternehmens ineinander aufgehe.[388]

---

383 Dieners/Reese/Kemmner PharmR 2017, 480 zur Gewinnerzielung mittels Zeit- und Personalaufwandersparnis.

384 Schüßler, ZPL, S. 83.

385 Ambs, in: Erbs/Kohlhaas, HwO § 3 Rn. 1; Detterbeck, HwO § 3 Rn. 7; Tillmanns, in: Honig/Knörr/Thiel, HwO § 3 Rn. 10.

386 BGH GewArch 1992, 27; VG Regensburg BeckRS 2017, 143704, Rn. 22; Ambs, in: Erbs/Kohlhaas, HwO § 3 Rn. 1; Detterbeck, PL, S. 87; ders., HwO § 3 Rn. 7; Schmitz, in: Schwannecke, HwO § 3 Rn. 7; Tillmanns, in: Honig/Knörr/Thiel, HwO § 3 Rn. 10.

387 Ambs, in: Erbs/Kohlhaas, HwO § 3 Rn. 1.

388 Detterbeck, PL, S. 87; a.A. Leisner, HwO § 2 Rn. 7.

Eine gemeinsame Zweckrichtung von Haupt- und Nebenbetrieb sei gegeben, wenn der Hauptbetrieb von den Leistungen und Produkten des Nebenbetriebes abhängig sei. Das Gesamtunternehmen bzw. dürfe nicht allein von der Ausübung der handwerklichen Tätigkeit im Nebenbetrieb bestimmt sein. Ansonsten gebe es keinen Nebenbetrieb neben dem Hauptbetrieb[389].

Der Zweck des Praxislabors und der Praxis müssen verschieden sein. Keine unterschiedliche Zweckrichtung liegt vor, falls die Anfertigung von Zahnersatz ein wesentliches Merkmal der jeweiligen Zahnarztpraxis im Sinne einer charakteristischen Tätigkeit ist. Die unterschiedliche Zweckrichtung ist insbesondere zu verneinen, falls die im fraglichen Betriebsteil ausgeübte handwerkliche Tätigkeit ein *„fester und existenznotwendiger Teil des Betriebsprogrammes des Gesamtunternehmens“* ist.[390]

Der Nebenbetrieb muss ferner auch in der wirtschaftlichen Bedeutung seiner Produktion eindeutig hinter dem Hauptbetrieb zurückstehen und darf daher nicht lukrativer sein als der Hauptbetrieb selbst[391]. Liegt der wirtschaftliche Schwerpunkt nicht eindeutig bei dem Hauptunternehmen, muss man von zwei unabhängigen Betrieben ausgehen.[392]

Das Praxislabor wird von *Detterbeck* schon nicht als Hilfsbetrieb qualifiziert, weil die exklusive Eigenfertigung von Zahnersatz regelmäßig ein wesentliches Merkmal der jeweiligen Zahnarztpraxis ist. Damit stimme die Zweckrichtung des Praxislabors mit der Zweckrichtung der Praxis überein. Demnach sei die Herstellung von Zahnersatz als charakteristische Tätigkeit des Hauptbetriebes zu werten, da diese ein wesentliches Merkmal der Praxis und einen integralen Bestandteil des Betriebsablaufs bilde.[393]

Ein Praxislabor verfolgt regelmäßig keine andere Zweckrichtung als die zugehörige Praxis, nämlich die Versorgung der Patienten mit Zahnersatz. Die Herstellung bildet damit einen integralen und existenznotwendigen Teil des Betriebsprogramms der Praxis. Ohne sie wäre die Versorgung der Patienten nicht gesichert. Ein wirtschaftlicher Schwerpunkt des Gesamtbetriebes liegt

---

389 OVG Münster BeckRS 2014, 57346; OLG München GewArch 1993, 205; Detterbeck, HwO § 3 Rn. 7 und 15.

390 Detterbeck, WiVerw 2017, 175; vgl. OVG Münster BeckRS 2014, 57346; Honig GewArch 1989, 8.

391 BGH GewArch 1992, 25, 27; BVerwG GewArch 1961, 68; BayObLG GewArch 1995, 487; Detterbeck, PL, S. 87.

392 BVerwG GewArch 1983, 139; Detterbeck, HwO § 3 Rn. 7.

393 Detterbeck, PL, S. 87.

damit auch auf dem Praxislabor. Demnach ist eine Qualifizierung als Nebenbetrieb abzulehnen.

8.2 Unerheblichkeitsgrenze

Das Praxislabor kann auch nur dann ein eintragungsfreier Nebenbetrieb sein, wenn die Unerheblichkeitsgrenze des § 3 Abs. 2 HwO nicht überschritten wird. Falls der Nebenbetrieb unterhalb dieser Grenze bleibt, sind die Restriktionen der HwO gem. § 3 Abs. 1 i.V.m. § 2 Nr. 3 HwO nicht anwendbar. Erst bei Überschreitung der Unerheblichkeitsgrenze besteht die Eintragungspflicht. Nach § 7 Abs. 1 HwO reicht es aus, wenn die Eintragungsbedingungen nur für den fraglichen Nebenbetrieb erfüllt werden.[394]

8.2.1 Definition

Eine Tätigkeit im Sinne von § 3 Abs. 1 HwO ist nach Absatz 2 dann „*unerheblich*", wenn „*sie während eines Jahres die durchschnittliche Arbeitszeit eines ohne Hilfskräfte Vollzeit arbeitenden Betriebs des betreffenden Handwerkszweigs*" nicht übersteigt.

Dieser Vergleichsmaßstab nach Jahresarbeitszeit eines „*idealtypischen Handwerksbetriebes*" ist aufgrund der großen Handwerksnovelle in 2003 eingeführt worden. Damit ist nur auf einen in „*Vollzeit*" arbeitenden Betrieb abzustellen. Man darf nur solche Handwerksbetriebe als Vergleich zugrunde legen, in denen jeweils nur eine Vollzeitarbeitskraft tätig ist. Für eine Vergleichsberechnung ungeeignet sind solche Handwerksbetriebe, in denen Hilfskräfte oder mehrere Handwerker beschäftigt sind. Gleiches gilt, falls nur eine Halbtagskraft tätig ist oder falls es sich um sogenannte „*Feierabendhandwerksbetriebe*" handelt.[395]

Zur Ermittlung der durchschnittlichen Arbeitszeit dieses „*idealtypischen Ein-Personen-Handwerksbetriebes*" i.S.d. § 3 Abs. 2 HwO sind die Handwerksstatistiken zugrunde zu legen[396]. Nach weitverbreiteter Auffassung beträgt die durchschnittliche Arbeitszeit eines ohne Hilfskräfte in Vollzeit arbeitenden Betriebs des betreffenden Handwerkszweigs ca. 1664 Stunden pro Jahr[397]. Zur

---

394 Ambs, in: Erbs/Kohlhaas, HwO § 1 Rn. 8 ff.; Detterbeck, HwO § 3 Rn. 17; Tillmanns, in: Honig/Knörr/Thiel, HwO § 3 Rn. 21.

395 BT-Drucks. 13/9388, S. 18 zur Änderung von § 3 Abs. 2 durch Handwerksnovelle 1998; Detterbeck, HwO § 3 Rn. 10; Tillmanns, in: Honig/Knörr/Thiel, HwO § 3 Rn. 14.

396 Detterbeck, HwO § 3 Rn. 10; Tillmanns, in: Honig/Knörr/Thiel, HwO § 3 Rn. 15.

397 Schmitz, in: Schwannecke, HwO § 3 Rn. 13; IHK Berlin, Schwarzarbeit, S. 3; IHK Schwaben unter https://www.schwaben.ihk.de/produktmarken/Beratung_

Bestimmung einer Grenzverletzung sind die *„einschlägigen Arbeitszeiten mehrerer im Nebenbetrieb Beschäftigter"* zu addieren[398].

8.2.2 Bemessungsgrundlagen

In einem Nebenbetrieb kann es neben den originär handwerklichen Tätigkeiten auch solche Tätigkeiten geben, die mit der Organisation und Verwaltung des Nebenbetriebes zu tun haben. Dies sind z.B. das Personalwesen oder der Materialeinkauf. Man unterscheidet (Handwerks-)Tätigkeiten und weitere Tätigkeiten von kaufmännischer oder ähnlicher Art.[399]

8.2.2.1 Wesentliche Tätigkeiten

Bei der Ermittlung der Jahresarbeitszeit des fraglichen Nebenbetriebes sind grundsätzlich nur die Tätigkeiten zu berücksichtigen, die zu dem jeweils zulassungspflichtigen Handwerk originär zu zählen sind. Der Betrieb eines *„Minderhandwerks"* schließt dagegen den Betrieb eines Nebenbetriebes aus. Die Eintragungspflicht besteht dann, unabhängig von der jeweiligen Jahresarbeitszeit, nicht.[400]

§ 1 Abs. 2 S. 1 Alt. 2 HwO gibt vor, dass ein Gewerbebetrieb nur dann ein Betrieb eines zulassungspflichtigen Handwerks ist, wenn Tätigkeiten ausgeübt werden, die für ein Gewerbe der Anlage A wesentlich sind. *Detterbeck* spricht dabei von *„wesentlichen Tätigkeiten"*. Daher folgert die Rechtsprechung, dass keine Eintragungspflicht aus der Ausübung von *„unwesentlichen"* Tätigkeiten eines zulassungspflichtigen Handwerks erwachsen kann. Das Vorliegen von wesentlichen Tätigkeiten ergibt sich aus fachlichen Merkmalen. Unwesentlich sind dagegen quantitative oder wirtschaftliche Aspekte. Die Frage des *„zeitlichen Umfangs der betreffenden Arbeiten im Rahmen des Gewerbebetriebs"* hat nach der Rechtsprechung[401] deshalb keinen Einfluss auf die Definition von wesentlichen Tätigkeiten. Werden in dem fraglichen Betriebsteil nur Arbeiten verrichtet, welche keine wesentlichen Kenntnisse und Fertigkeiten des jeweils

und_Dienstleistung/recht_und_steuern/Gewerberecht/Gewerbemeldung-und--abgrenzung/Unerheblicher_handwerklicher_Nebenbetrieb/554056, Abruf: 02.03.2019 11:15.

398 Detterbeck, PL, S. 90 in der Fn.; Tillmanns, in: Honig/Knörr/Thiel, HwO § 3 Rn. 18.

399 Leisner, HwO § 3 Rn. 14; Tillmanns, in: Honig/Knörr/Thiel, HwO § 3 Rn. 19.

400 BVerfG NVwZ 2001, 187; Detterbeck, HwO § 3 Rn. 11.

401 BVerwG NVwZ 2014, 1241, Rn. 25.

zulassungspflichtigen Handwerks erfordern, liegt ein Minderhandwerk vor, für das die Zulassungsbeschränkungen der HwO nicht gelten.[402]

Hinsichtlich der Unerheblichkeitsgrenze wird gesondert geprüft, ob die Grenze überschritten ist, falls im Nebenbetrieb mehrere Handwerke im Sinne der Anlage A ausgeübt werden[403]. Eine Eintragungspflicht besteht nur für die Tätigkeiten, die für sich alleine die Unerheblichkeitsgrenze des § 3 Abs. 2 HwO verletzen.[404]

Die Herstellung von Zahnersatz im fraglichen Praxislabor stellt die Ausübung der Zahntechnik im Sinne der Anlage A der HwO dar. Eine wesentliche Tätigkeit liegt vor, da bei der Herstellung von Zahnersatz die wesentlichen Kenntnisse und Fertigkeiten des zulassungspflichtigen Zahntechnikerhandwerks erforderlich sind. Andere Handwerkstätigkeiten werden im Praxislabor regelmäßig nicht ausgeübt. Somit ist die zur Herstellung von Zahnersatz im Praxislabor aufgewendete Arbeitszeit zur Berechnung einer etwaigen Überschreitung der Unerheblichkeitsgrenze zu berücksichtigen.

8.2.2.2 Tätigkeiten kaufmännischer Art

Auch die Arbeitszeit für Tätigkeiten, die nicht die eigentliche Handwerksausübung darstellen, müssen berücksichtigt werden. Zu den wesentlichen Handwerkstätigkeiten seien auch die *„begleitenden Tätigkeiten kaufmännischer und ähnlicher Art“* zu zählen. Zu berücksichtigen seien z.B. *„Akquise, Einkauf, Absatz, Buchführung, Kalkulation und Rechnungsstellung“*.[405]

8.2.3 Überschreitung der Unerheblichkeitsgrenze

Die Tätigkeit im Praxislabor überschreitet die Unerheblichkeitsgrenze nur dann nicht, wenn der Umfang dieser Tätigkeit gleich oder kleiner wäre als die jährliche Durchschnittsarbeitszeit eines ohne Hilfskräfte Vollzeit arbeitenden gewerblichen Dentallabors. Der Umfang ergibt aus der Arbeitszeit für die Ausübung der Zahntechnik und begleitende Tätigkeiten kaufmännischer und ähnlicher Art. *Detterbeck* geht davon aus, dass in einem Praxislabor die Unerheblichkeitsgrenze regelmäßig erreicht[406] wird, wenn ein Vollzeit-Zahntechniker oder mehrere

402 Detterbeck, HwO § 1 Rn. 38.

403 BVerfG NVwZ 2001, 187.

404 Detterbeck, HwO § 3 Rn. 11.

405 Leisner, HwO § 3 Rn. 14; Tillmanns, in: Honig/Knörr/Thiel, HwO § 3 Rn. 19.

406 Anmerkung: Wohl eher überschritten.

Teilzeit-Zahntechniker, deren Gesamtarbeitszeit derjenigen einer Vollzeitkraft entspricht, dort tätig sind. Denn zusätzlich sei noch die Zeit zu berücksichtigen, die der Zahnarzt im Praxislabor für die Anleitung und Überwachung der Zahntechniker aufwendet. Gleiches gelte für die Arbeitszeiten, die auf laborbezogene Buchführung und Personalwesen entfallen.[407]

Geht man demnach in einem gewerblichen Dentallabor, in dem z.B. nur ein Zahntechnikermeister ohne Hilfskräfte in Vollzeit arbeitet, von 46 Arbeitswochen (52 Kalenderwochen abzüglich sechs Wochen Urlaub) im Jahr aus, ergibt sich bei einer Arbeitszeit von durchschnittlich 40 Stunden pro Woche eine Jahresarbeitszeit von 1840 Stunden. Zieht man nun 240 Stunden für einen maximalen Krankheitsausfall von sechs Wochen im Jahr ab, erscheinen 1664 Stunden für das gewerbliche Dentallabor als realistische Zahl zur Bestimmung der Unerheblichkeitsgrenze.[408]

Fraglich ist, ob die Arbeitszeit in einem typischen Praxislabor, das exklusiv den Eigenbedarf der Zahnarztpraxis des identischen Inhabers deckt, diese Stundengrenze überschreitet. Falls die Produktion von Zahnersatz durch den Arbeitsaufwand eines Vollzeit-Zahntechnikers oder mehrerer Teilzeit-Zahntechniker (mit entsprechender Gesamtarbeitszeit) in einem Praxislabor erfolgt, ist die Gesamtarbeitszeit regelmäßig so hoch wie die durchschnittliche Jahresarbeitszeit eines gewerblichen Ein-Mann-Dentallabors. Zu der Arbeitszeit für die Herstellung von Zahnersatz im Praxislabor kommt noch der zeitliche Aufwand für laborbezogene Buchführung und Personalwesen hinzu. Deshalb wird in einem idealtypischen Ein-Personen-Praxislabor die Unerheblichkeitsgrenze überschritten.[409]

Dieses Ergebnis wird von der folgenden Überlegung bestätigt: Das gewerbliche Dentallabor benötigt mindestens eine Praxis als Kunden, um überhaupt am Markt wirtschaftlich existieren zu können. Wenn aber das idealtypische gewerbliche Ein-Mann-Dentallabor rund 1664 Arbeitsstunden zur Versorgung einer Zahnarztpraxis aufwenden muss, muss das Praxislabor zur Versorgung derselben Praxis mindestens die gleiche Arbeitszeit aufwenden. Es kann sogar behauptet werden, dass die Gesamtarbeitszeit im typischen Praxislabor regelmäßig sogar höher liegen dürfte als im gewerblichen Dentallabor. Dies wäre dann der Fall, wenn anhand der im Praxislabor erzielten Umsätze eine durchschnittliche Arbeitszeit abzuleiten wäre, die das Äquivalent des gewerblichen Dentallabors überschreitet. Durchschnittlich erwirtschaftete ein Beschäftigter

407 Schmitz, in: Schwannecke, HwO § 3 Rn. 13 f.

408 Vgl. Schwannecke/Heck GewArch 2004, 135 zur Berechnungsmethode.

409 Detterbeck, PL, S. 89.

eines gewerblichen Dentallabors z.B. in 2015 jeweils nur rund 32.895 € Umsatz. Der Beschäftigte im Praxislabor erwirtschaftete dagegen rund 119.812 €. Dabei waren in 2015 ca. 9.348 Zahntechniker in 43.106 Zahnarztpraxen beschäftigt. Es ergibt sich eine Quote von rund 0,2 Zahntechnikern pro Praxislabor und rund 7,9 Beschäftigte (Zahntechniker, zahntechnische Hilfskräfte und weitere Beschäftigte) pro gewerbliches Dentallabor. Geht man nun davon aus, dass diese Umsätze auch durch ein idealtypisches Ein-Mann-Dentallabor bzw. ein Praxislabor mit einem Vollzeit-Zahntechniker oder mehreren Teilzeit-Zahntechniker (mit entsprechender Gesamtarbeitszeit) im gleichen Verhältnis erwirtschaftet werden, ergibt sich, dass im Praxislabor mit einem Vollzeit-Zahntechniker oder mehreren Teilzeit-Zahntechniker mehr Arbeitsstunden geleistet werden müssen als im idealtypischen Ein-Mann-Dentallabor. Nur so kann es sein, dass ein Praxislabor mit durchschnittlich weniger Personal mehr Umsatz als ein Dentallabor erwirtschaften kann. Zu den für den Zahnersatz anfallenden Arbeitsstunden kommt der Einsatz des Zahnarztes oder der Praxiskräfte für laborbezogene Buchführung und Personalwesen hinzu. Die idealtypische Stundengrenze ist in jedem Fall überschritten.

Der Gegeneinwand, dass der Zahnersatz aus dem Praxislabor teurer sein könnte und daher mit weniger Arbeitsstunden mehr Umsatz erzielt werden könnte, ist abzulehnen. Aufgrund der einschlägigen Abrechnungsvorschriften darf der Zahnersatz aus dem Praxislabor nicht mehr kosten als der aus dem gewerblichen Dentallabor. Eine Gewinnerzielung über die Deckung der Auslagen für die Herstellung von Zahnersatz hinaus ist dem Zahnarzt gesetzlich verboten[410], was bereits aus § 9 der Gebührenordnung für Zahnärzte (GOZ) hervorgeht: „*Neben den für die einzelnen zahnärztlichen Leistungen vorgesehenen Gebühren können als Auslagen die dem Zahnarzt tatsächlich entstandenen angemessenen Kosten für zahntechnische Leistungen berechnet werden, soweit diese Kosten nicht nach den Bestimmungen des Gebührenverzeichnisses mit den Gebühren abgegolten sind.*“ Der Auslagenbegriff des § 9 GOZ ist auch auf Zahnersatz aus dem Praxislabor anzuwenden[411]. § 9 Abs. 1 GOZ bezieht den Auslagenbegriff explizit auf die zahntechnischen Leistungen. § 9 Abs. 2 GOZ stellt klar, dass die Pflicht zur Erteilung eines Kostenvoranschlags bezüglich der zahntechnischen Leistungen sowohl für das gewerbliche als auch das praxiseigene Labor gilt. Zu

---

410 BZÄK/KZBV, Einkauf, 2015, S. 4; Laufs/Katzenmeier/Lipp, Arztrecht, III. Der Behandlungsvertrag Rn. 44; Wabnitz/Janovsky, HBWiStStR, 13. Kapitel. Straftaten im Gesundheitswesen III. Der Zahnarzt- und Dentalbereich Rn. 94.

411 So ausdrücklich BZÄK/KZBV, Zahnmedizin und Zahntechnik, 2015, S. 4.

den zahntechnischen Leistungen nach § 9 GOZ zählen nach *Spickhoff* die handwerklichen Leistungen des Zahntechnikers und die zur Fertigung des Werkstückes benötigten Materialien. *Zuck* bestätigt dies, soweit diese zahntechnischen Leistungen „*für eine ausreichende, zweckmäßige und wirtschaftliche Versorgung mit Zahnersatz*" notwendig sind.[412]

Es wurde bereits festgestellt[413], dass die Herstellung von Zahnersatz im Praxislabor nicht als freiberufliche Leistung zu werten ist, soweit der Zahnarzt nicht eigenhändig tätig ist oder den jeweils tätigen Mitarbeiter permanent und engmaschig anleitet und überwacht. Nach der Literatur sind zahntechnische Leistungen i.S.d. § 9 GOZ „*alle im Rahmen zahnärztlicher Behandlung für eine ausreichende, zweckmäßige und wirtschaftliche Versorgung mit Zahnersatz notwendigen Leistungen, einschließlich Zahnkronen und Suprakonstruktionen*", die mittels angestellter Zahntechniker entweder von einem gewerblichen Labor oder in einem Praxislabor erbracht werden[414].

Folglich dürfen z.B. für eine Krone aus dem Praxislabor nur solche Kosten geltend gemacht werden, die auch im Dentallabor entstehen würden, und zwar die „*tatsächlich entstandenen angemessenen Kosten für zahntechnische Leistungen*". Damit wäre es nicht zulässig, dass der Zahnarzt für Zahnersatz aus dem eigenen Praxislabor mehr berechnet und somit die Arbeitszeit im Praxislabor unter die idealtypische Stundengrenze fällt und die Unerheblichkeitsgrenze nicht überschritten wird. Zusätzlich ist die Regelung des § 88 Abs. 3 SGB V zu bedenken: „*Preise für zahntechnische Leistungen ..., ohne die zahntechnischen Leistungen beim Zahnersatz einschließlich Zahnkronen und Suprakonstruktionen, die von einem Zahnarzt erbracht werden, haben die Preise*[415] [...] *um mindestens 5 vom Hundert zu unterschreiten.*"

Nicht ausgeschlossen ist, dass der Zahnersatz aus dem Praxislabor teurer sein könnte, z.B. wenn man auf die Abrechnung auf Basis von Privatleistungen abstellt. Aber auch dann gibt es Grenzen für den Zahnarzt, die er gegenüber Privatpatienten beachten muss. Wäre der Zahnersatz des Praxislabors tatsächlich faktisch teurer als der eines Drittlabors, ist es fraglich, ob bei der Beauftragung des eigenen Praxislabors nicht doch eher finanzielle als zahnmedizinische Erwägungsgründe die Entscheidung des Zahnarztes geleitet haben. Dies wäre

---

412 Spickhoff, in: Spickhoff, GOZ § 9 Rn. 3; Zuck, GOZ § 9 Rn. 2.

413 Vgl. 4.2.3.

414 KassKomm, SGB V § 57 Rn. 9a; Quaas/Zuck/Clemens, Medizinrecht, § 30 Rn. 22; Spickhoff, in: Spickhoff, GOZ § 9 Rn. 3; Zuck, GOZ § 9 Rn. 2.

415 Anmerkung: Preise der gewerblichen Dentallabors.

aber unzulässig, da ein Zahnarzt nicht ein gewinnorientierter Gewerbetreibender, sondern ein Angehöriger eines Heilberufes ist. Daher darf er sich bei seiner Berufsausübung auch nicht von finanziellen Interessen leiten lassen, sondern muss seine gesamte Tätigkeit am Prinzip des Patientenwohls mittels bestmöglicher medizinischer Behandlung ausrichten.[416]

Daher kann von dem durchschnittlichen Umsatz des Praxislabors auf die aufgewendete Arbeitszeit für Zahntechnik und begleitende Tätigkeiten geschlossen werden. Da diese Umsätze im Schnitt höher als die des gewerblichen Dentallabors sind, müssen im Praxislabor mindestens genauso viele, aber eher mehr Arbeitsstunden pro Mitarbeiter geleistet werden. Dies gilt umso mehr, wenn im Praxislabor für gewöhnlich weniger Angestellte tätig sind als im gewerblichen Labor, z.B. weil es keine angestellten Meister oder Büroangestellte für die Abrechnung und Personalverwaltung gibt. Da die fragliche Tätigkeit im idealtypischen Ein-Personen-Praxislabor die durchschnittliche Jahresarbeitszeit des idealtypischen Ein-Personen-Dentallabors regelmäßig übersteigt, ist die Unerheblichkeitsgrenze überschritten.

8.3 Zwischenergebnis

Ein Praxislabor ist regelmäßig kein eintragungsfreier unerheblicher Nebenbetrieb, da bereits der zeitliche Umfang der ausgeübten Tätigkeit nicht als unerheblich qualifiziert werden kann.

---

416 BGH GRUR 2012, 1050 Rn. 23; Detterbeck, PL, S. 106 f.

9. Zusammenfassung der handwerksrechtlichen Bewertung

Ein Praxislabor, dessen Inhaber identisch mit dem Inhaber der Zahnarztpraxis ist und das exklusiv für diese Praxis den Zahnersatz herstellt, kann regelmäßig weder als ein eintragungsfreier handwerklicher Hilfsbetrieb noch als ein eintragungsfreier unerheblicher handwerklicher Nebenbetrieb qualifiziert werden. Die höchstrichterliche Rechtsprechung aus 1979 beruht auf einer fehlerhaften Bewertung der bestehenden Leistungsbeziehungen zwischen Praxislabor, Zahnarzt und Patient, der Verkennung der dort typischen Arbeitsabläufe sowie der Nichtbeachtung der negativen Konsequenzen für den Markt und die Patienten.

Ob das Praxislabor im Verhältnis zu der Zahnarztpraxis als eigenständiger Betrieb oder als integraler Bestandteil zu werten ist, muss nicht geklärt werden. Sowohl der eigenständige Betrieb als auch ein integraler Bestandteil unterfallen den Vorgaben der HwO als eintragungspflichtiger Handwerksbetrieb.[417]

Soweit die Tätigkeit im Praxislabor keine zahnärztliche Tätigkeit (mehr) darstellt, gilt die Eintragungspflicht der HwO. Ohne Eintragung wird das Handwerk der Zahntechniker rechtswidrig ausgeübt. In diesem Fall drohen erhebliche Sanktionen. Wer ein Handwerksgewerbe entgegen der Vorgaben des § 1 Abs. 1 S. 1 HwO betreibt, handelt nach § 117 Abs. 1 Nr. 1 HwO ordnungswidrig. Dies kann nach § 117 Abs. 2 HwO mit einer Geldbuße von bis zu 10.000 Euro geahndet werden. Weiterhin kann nach § 16 Abs. 3 HwO die Fortsetzung des Betriebs verboten werden. Der rechtswidrige Betrieb kann auch eine unlautere Wettbewerbshandlung darstellen[418].

---

417 Detterbeck, PL, S. 87.

418 Detterbeck, HwO § 1 Rn. 14; Thiel, in: Honig/Knörr/Thiel, HwO § 1 Rn. 8.

10. Handwerksrechtliche Betrachtung der Berufsordnungen

Das Praxislabor und dessen Betrieb werden in diversen zahnärztlichen Berufsordnungen genannt, die zumeist inhaltlich der MBO entsprechen. § 11 MBO erwähnt das Praxislabor wie folgt: „*Der Zahnarzt ist berechtigt, im Rahmen seiner Praxis ein zahntechnisches Labor zu betreiben oder sich an einem gemeinschaftlichen zahntechnischen Labor mehrerer Zahnarztpraxen zu beteiligen. Das Zahnarztlabor kann auch in angemessener räumlicher Entfernung zu der Praxis liegen.*“

Der Zahnarzt darf demnach im Rahmen seiner Praxis ein Praxislabor betreiben. Fraglich ist aber, ob der handwerksrechtlich unzulässige Betrieb eines Praxislabors durch solche Berufsordnungen legitimiert werden kann. Die satzungsmäßige Berufsordnung einer Landeszahnärztekammer verdrängt indes kein formelles und vorrangiges Bundesgesetz. Solche Berufsordnungen sind nur konkretisierende Berufsausübungsregelungen im Rahmen der freiberuflichen Ausübung des Heilberufs eines Zahnarztes. Eine ganz andere Frage ist aber, ob aufgrund der Vorgaben der Berufsordnung es dem Zahnarzt handwerksrechtlich erlaubt ist, ein Praxislabor zu betreiben, ohne die Restriktionen der HwO beachten zu müssen. Da diese Vorschriften nur die freiberufliche Berufsausübung regeln, entfalten sie keine unmittelbare handwerksrechtliche Wirkung. Sie regeln nicht, ob ein Praxislabor ein handwerksrechtlich eintragungsfreier Hilfs- oder unerheblicher Nebenbetrieb ist. Falls zahnärztliche Berufsordnungen als bloßes Satzungsrecht Derartiges regeln würden, wäre diese Regelung nicht mit der HwO als formelles und vorrangiges Bundesgesetz vereinbar und nichtig.[419]

Die Berufsordnungen der Landeszahnärztekammern regeln die Möglichkeit der freiberuflichen Ausübung der Zahntechnik in eigener Praxis, aber nicht die gewerbliche Handwerksausübung und diesbezügliche handwerksrechtliche Vorgaben. Der Betrieb eines Praxislabors bleibt auch vor diesem Hintergrund handwerksrechtlich unzulässig, wenn es sich um eine handwerkliche Tätigkeit handelt und die Voraussetzungen der HwO nicht erfüllt sind.

---

419 Detterbeck WiVerw 2017, 153 ff.; ders. ZTM, 500 ff.; ders., PL, S. 91.

11. Wettbewerbs- und berufsrechtliche Aspekte des Praxislabors

Falls ein Zahnarzt ohne Eintragung in die Handwerksrolle oder unter Missachtung der strengen Betriebsleiterpräsenz ein Praxislabor unzulässig betreibt, verletzt er die gesetzlichen Vorgaben, die seine Mitbewerber beachten müssen. Der Zahnarzt spart sich etwa das Gehalt eines angestellten (fachlich-qualifizierten) Betriebsleiters des Praxislabors. Er leitet aber auch nicht persönlich das Praxislabor und spart sich somit auch die dafür notwendige Arbeitszeit und kann mehr Patienten behandeln. Der unzulässige Betrieb schafft ihm einen finanziellen Vorteil und damit auch einen direkten Wettbewerbsvorteil. Dies kann eine unlautere und damit verbotene geschäftliche Handlung im Sinne des Gesetzes gegen den unlauteren Wettbewerb (UWG) darstellen.

11.1 Schutzzweck des UWG

§ 3 Abs. 1 UWG verbietet unlautere geschäftliche Handlungen. § 3 Abs. 2 UWG ergänzt, dass von dem Verbot auch geschäftliche Handlungen gegenüber Verbrauchern umfasst sind. § 1 UWG besagt, dass das UWG dem Schutz der Mitbewerber, der Verbraucher sowie der sonstigen Marktteilnehmer vor unlauteren geschäftlichen Handlungen dient und auch das Interesse der Allgemeinheit an einem unverfälschten Wettbewerb schützt. Vom Schutzzweck sind daher nicht nur Handlungen gegenüber sonstigen Marktteilnehmern und Mitbewerbern, sondern auch „*gleichrangig*" gegenüber Verbrauchern[420] umfasst. Der Schutz der Verbraucher steht auch „*nicht isoliert*", sondern „*in einer Wechselbeziehung mit dem Schutz der Mitbewerber*".[421]

Das UWG bezweckt damit eine „*Schutzeinheit*" zwischen Markt und Marktteilnehmer. Im Fall des Dentalmarkts sind dies die Zahnärzte, andere gewerbliche Laborbetreiber, die Patienten und die Krankenkassen. Der Begriff der Unlauterkeit ist entsprechend der Vielzahl der geschäftlichen Praktiken weit zu fassen. Obwohl die Unlauterkeit zentraler Begriff des § 3 Abs. 1 UWG ist, fehlt eine gesetzliche Definition. Der Begriff ist nur mittels besonderer

420 Diemer, in: Erbs/Kohlhaas, UWG § 1 Rn. 1; Köhler, in: Köhler/Bornkamm/Feddersen, UWG § 3 Rn. 2.8; Podszun, in: Harte-Bavendamm/Henning-Bodewig, UWG § 1 Rn. 2; Sosnitza, in: Ohly/Sosnitza, UWG § 1 Rn. 19.

421 Sosnitza, in: MüKoUWG, § 1 Rn. 25.

Unlauterkeitstatbestände fassbar. Einen solchen Tatbestand bildet § 3 a UWG als sog. „*Rechtsbruchtatbestand*".[422]

Unlauter handelt demnach, wer einer gesetzlichen Vorschrift zuwiderhandelt, die auch dazu bestimmt ist, im Interesse der Marktteilnehmer das Marktverhalten zu regeln, und wenn der Verstoß geeignet ist, die Interessen von Verbrauchern, sonstigen Marktteilnehmern oder Mitbewerbern spürbar zu beeinträchtigen. Eine tatbestandliche gesetzliche Vorschrift ist „*jede Rechtsnorm, die in Deutschland Geltung besitzt*"[423]. Ferner sind auch Normen des „*primären und sekundären Unionsrechts*", z.B. EU-Verordnungen, umfasst[424]. Neben formellen Gesetzen sind auch „*Rechtsverordnungen, autonome Satzungen von Gemeinden und Kammern sowie Gewohnheitsrecht*" gemeint. Entscheidend ist nur, dass die Vorschrift für den Handelnden verbindlich ist.[425]

11.2 Unlautere geschäftliche Handlung

Der Betrieb eines nicht eingetragenen Praxislabors könnte eine solche unlautere geschäftliche Handlung sein. Die Vorgaben der HwO zur Eintragung sind gesetzliche Vorschriften i.S.d. § 3 a UWG. Beispielsweise ist bei Verstoß gegen die Vorgaben der HwO ein unlauterer Vorteil in der Ersparnis der „*Kosten für die Einstellung eines Meisters*" zu sehen.[426]

Die fragliche Vorschrift der HwO muss aber auch eine Regelung des Marktverhaltens zum Gegenstand haben, damit der Unlauterkeitstatbestand erfüllt wird. Als Marktverhalten ist jede Tätigkeit auf einem Markt zur objektiven Förderung des Absatzes oder des Bezugs zu werten, durch die ein Unternehmer auf Mitbewerber, Verbraucher oder sonstige Marktteilnehmer einwirkt. Beispiele sind das

---

422 Köhler, in: Köhler/Bornkamm/Feddersen, UWG § 3 Rn. 2.29; Sosnitza, in: Ohly/Sosnitza, UWG § 3 Rn. 15 f.

423 BGH GRUR 2005, 960, 961; v. Jagow, in: Harte-Bavendamm/Henning-Bodewig, UWG § 3 a Rn. 12; Köhler, in: Köhler/Bornkamm/Feddersen, UWG § 3 a Rn. 1.52; Ohly, in: Ohly/Sosnitza, UWG § 3 a Rn. 12.

424 OLG München WRP 2015, 1522 Rn. 49; OLG Hamburg GRUR-RR 2010, 57, 58; v. Jagow, in: Harte-Bavendamm/Henning-Bodewig, UWG § 3 a Rn. 12 ff.; Köhler, in: Köhler/Bornkamm/Feddersen, UWG § 3 a Rn. 1.52.

425 BGH GRUR 2011, 169 Rn. 45; Köhler, in: Köhler/Bornkamm/Feddersen, UWG § 3 a Rn. 1.52; Ohly, in: Ohly/Sosnitza, UWG § 3 a Rn. 12.

426 BGH GRUR 1992, 123, 125; Dieners/Reese/Kemmner PharmR 2017, 480; Fritzsche, in: Spickhoff, UWG § 3 a Rn. 12; v. Jagow, in: Harte-Bavendamm/Henning-Bodewig, UWG § 3 a Rn. 80; Köhler, in: Köhler/Bornkamm/Feddersen, UWG § 3 a Rn. 1.25, 1.28, 1.143 zur Meisterpräsenz; Krauskopf, SGB V § 88 Rn. 18.

Angebot und die Nachfrage von Waren oder Dienstleistungen, Werbung und Abschluss und Durchführung von Verträgen. Kein Marktverhalten sind dagegen solche Tätigkeiten, die keine Außenwirkung auf den Markt entfalten, z.B. Produktion, Forschung und Entwicklung und Schulung von Arbeitnehmern.[427]

Die Vorgaben der HwO stellen handwerkliche Berufsausübungsregelungen dar. Solche Berufsausübungsregelungen sind auch Marktverhaltensregelungen, soweit sie eine bestimmte Qualität, Sicherheit oder Unbedenklichkeit der hergestellten Ware oder angebotenen Dienstleistungen gewährleisten sollen. § 1 Abs. 1 u. 2 S. 1 HwO statuiert i.V.m. § 7 HwO eine solche Marktverhaltensregelung. Diese Vorschriften verknüpfen die Erlaubnis zur Ausübung eines bestimmten Handwerks mit der notwendigen Eintragung in die Handwerksrolle. Damit ist die Eintragung nicht nur eine wettbewerbsrechtlich grundsätzlich irrelevante Marktzutrittsregelung, sondern auch eine wettbewerbsrechtlich relevante Marktverhaltensregelung.[428]

Mit *Detterbeck* ist die Pflicht zur Betriebsleiterpräsenz aus § 1 Abs. 1 u. 2 S. 1 i.V.m. § 7 HwO abzuleiten. Die Betriebsleiterpräsenz gewährleistet eine *„bestimmte Qualität, Sicherheit oder Unbedenklichkeit der hergestellten Waren oder angebotenen Dienstleistungen“*. Der handwerksrechtliche Grundsatz der Betriebsleiterpräsenz stellt demnach eine wettbewerbsrelevante Marktverhaltensregel dar.[429]

Für den unzulässigen Betrieb eines Praxislabors ist es letztendlich irrelevant, ob die Eintragungspflicht eine ansonsten *„wettbewerbsrechtlich grundsätzlich irrelevante Marktzutrittsregelung“* oder eine *„wettbewerbsrelevante Marktverhaltensregel“* ist. Maßgeblich ist, ob durch die Vorschrift der Marktzutritt zum Schutz der Gesundheit der Konsumenten beschränkt wird. Analog zu Verstößen gegen Regelungen, welche die Berufsausübung von einer qualifikationsabhängigen Genehmigung abhängig machen, fällt *„der Betrieb eines zulassungspflichtigen*

---

427 BGH GRUR 2013, 1056 Rn. 15; OLG Frankfurt GRUR 2005, 695; Götting/Hetmank, in: Fezer/Büscher/Obergfell, UWG § 3 a Rn. 135; v. Jagow, in: Harte-Bavendamm/Henning-Bodewig, UWG § 3 a Rn. 25 ff.; Köhler, in: Köhler/Bornkamm/Feddersen, UWG § 3 a Rn. 1.62; Quaas/Zuck/Clemens, Medizinrecht, § 30 Rn. 26.

428 BGH GRUR 2017, 194; BGH GRUR 2013, 1056; Detterbeck, PL, S. 94; Detterbeck/Voit, ZEL, S. 96; Fritzsche, in: Spickhoff, UWG § 3 a Rn. 12; Köhler, in: Köhler/Bornkamm/Feddersen, UWG § 3 a Rn. 1.143 u. 1.143 a.

429 Detterbeck, PL, S. 93 f.; ebenso BGH GewArch 2013, 407 Rn. 14 ff. = BGH GRUR 2013, 1056; Schaffert, in: MüKoUWG, § 4 Rn. 152.

Handwerks" ohne „*die Eintragung in der Handwerksrolle mit dem Marktverhalten zusammen*". Solche Verstöße sind im Sinne von § 3 a UWG unlauter.[430]

Die Eintragungspflicht im Zahntechnikerhandwerk dient nach ganz herrschender Meinung dem Gesundheitsschutz der Patienten[431]. Bereits die gesetzliche Entwicklung zeigt, dass die Eintragungspflicht die Verbraucher vor typischen Lebens- und Gesundheitsgefahren des gefahrgeneigten Handwerks schützen soll. Dies belegt der Paradigmenwechsel der großen Handwerksnovelle[432]. Daher ist auch keine bewusste und planmäßige Missachtung der §§ 1 ff. HwO notwendig, damit ein Wettbewerbsverstoß im Sinne des UWG bejaht werden kann. Allein der Verstoß gegen die HwO ist ausreichend für die Annahme der Unlauterkeit des zahnärztlichen Praxislabors. Das UWG ist auch auf Freiberufler, wie z.B. Zahnärzte, anzuwenden.[433]

11.3 Zwischenergebnis

Der Betrieb eines Praxislabors ohne die gesetzlich vorgeschriebene Eintragung stellt regelmäßig eine unlautere geschäftliche Handlung dar.

11.4 Berufspflichten

Der Zahnarzt kann durch den unzulässigen Betrieb des Praxislabors auch seine beruflichen Pflichten als Angehöriger eines Heilberufes verletzen, was ebenso einen Verstoß im Sinne des § 3 a UWG darstellen kann[434].

Die Berufspflichten der Zahnärzte ergeben sich aus den Berufsordnungen der Landeszahnärztekammern. Diese Berufsordnungen sind zwar keine Gesetze

---

430 So fast wörtlich v. Jagow, in: Harte-Bavendamm/Henning-Bodewig, UWG § 3 a Rn. 80; vgl. BGH GRUR 2013, 1056, 1058; OLG Karlsruhe Beck RS 2014, 14572; OLG Frankfurt GRUR 2005, 695.

431 OVG NRW BeckRS 2017, 131921; VG Regensburg BeckRS 2017, 143704.

432 BT-Drucks. 15/1206, S. 22.

433 BGH NJW 2009, 3582 ff.; OLG München GewArch 1991, 352; Detterbeck, PL, S. 94 m. Verw. auf BGH NJW 1980, 1337; Götting/Hetmank, in: Fezer/Büscher/Obergfell, UWG § 3 a Rn. 124; v. Jagow, in: Harte-Bavendamm/Henning-Bodewig, UWG § 3 a Rn. 58; Köhler, in: Köhler/Bornkamm/Feddersen, UWG § 3 a Rn. 1.133.

434 BGH GRUR 2015, 1237; BGH GRUR 2012, 1050 Rn. 23 ff.; Detterbeck, PL, S. 112; Köhler, in: Köhler/Bornkamm/Feddersen, UWG § 3 a Rn. 1.133 – 1.133 a; Ohly, in: Ohly/Sosnitza, UWG § 3 a Rn. 53.

im formellen, aber im materiellen Sinne[435]. Die Berufsordnungen geben „*Indizien für die berufliche Sorgfalt*" der Angehörigen der zuständigen Kammer und für deren „*Branchengepflogenheiten*". Sie sind „*insofern bei der Beurteilung der Unlauterkeit* [...] *heranzuziehen* [...], *sofern sie repräsentativ erscheinen und das übliche Verhalten nicht unzulässig ist*".[436] Die Berufsordnungen der Landeszahnärztekammern stimmen im Wesentlichen mit der MBO überein. Die nachfolgenden Ausführungen beschränken sich deshalb auf die Vorschriften der MBO.

11.4.1 Gesundheitsschutz

Nach § 2 MBO ist der Gesundheitsschutz der Patienten das oberste Gebot für die Berufsausübung des Zahnarztes. Der Zahnarzt wird zum Dienst an der Gesundheit der einzelnen Menschen und der Allgemeinheit berufen. Ferner ist der zahnärztliche Beruf nach § 2 Abs. 2 MBO auch mit besonderen Berufspflichten verbunden. Insbesondere umfassen diese Berufspflichten der MBO die Pflicht, „*den zahnärztlichen Beruf gewissenhaft und nach den Geboten der ärztlichen Ethik und der Menschlichkeit auszuüben*", die „*Regeln der zahnmedizinischen Wissenschaft zu beachten*", dem „*ihm im Zusammenhang mit dem Beruf entgegengebrachten Vertrauen zu entsprechen*", „*sein Wissen und Können in den Dienst der Vorsorge, der Erhaltung und der Wiederherstellung der Gesundheit zu stellen*" und „*das Selbstbestimmungsrecht seiner Patienten zu achten*".

Das berufsrechtliche Gebot zum Gesundheitsschutz ist deckungsgleich mit dem Schutzzweck der HwO, der durch den unzulässigen Betrieb des Praxislabors mangels Eintragung und strenger Betriebsleiterpräsenz gefährdet wird.

11.4.2 Überwachungs- und Anleitungspflicht

Die permanente Überwachung und Anleitung der Mitarbeiter des Praxislabors ist auch eine Berufspflicht des Zahnarztes. Die MBO fordert zwar nicht ausdrücklich den Zahnarzt dazu auf, seine Mitarbeiter bei der Verrichtung zahntechnischer Arbeiten permanent anzuleiten und zu überwachen. Diese Pflicht folgt aber daraus, dass ohne die permanente Anleitung und Überwachung die

---

435 BVerfG GRUR 2011, 838, 839; OLG Köln GRUR-RR 2006, 600; Götting/Hetmank, in: Fezer/Büscher/Obergfell, UWG § 3 a Rn. 124; v. Jagow, in: Harte-Bavendamm/Henning-Bodewig, UWG § 3 a Rn. 14 u. 58; Köhler, in: Köhler/Bornkamm/Feddersen, UWG § 3 a Rn. 1.132 m. Verw. auf BVerfGE 33, 125, 155 f.; Köhler, in: Köhler/Bornkamm/Feddersen, UWG § 3 a Rn. 1.52; Ohly, in: Ohly/Sosnitza, UWG § 3 a Rn. 40.

436 So Fritzsche, in: Spickhoff, UWG § 3 a Rn. 10; i. E. ebenso v. Jagow, in: Harte-Bavendamm/Henning-Bodewig, UWG § 3 a Rn. 58.

Herstellung von Zahnersatz nicht durch das persönliche und fachliche Wissen und Können des Zahnarztes geprägt ist. Dann liege keine freiberufliche, sondern eine gewerbliche Tätigkeit vor. Zahnärztliche Tätigkeiten müssen durch den Zahnarzt selbst oder unter seiner permanenten Anleitung und Überwachung erfolgen.[437]

Folglich stellt die zahnärztliche permanente Überwachung und Anleitung des Praxislabors einen elementaren Aspekt einer gewissenhaften Berufsausübung dar. § 19 Abs. 3 MBO macht den Zahnarzt dafür verantwortlich, dass die Praxismitarbeiter am Patienten nur unter seiner Aufsicht und Anleitung tätig werden. Dies bedeutet aber nicht, dass im Praxislabor der Mitarbeiter unbeaufsichtigt arbeiten darf, ohne dass die zahnärztlichen Berufspflichten im Sinne des § 2 MBO verletzt werden[438]. Das Gegenteil ist der Fall. Nach § 19 Abs. 2 MBO darf der Zahnarzt seine Praxismitarbeiter nur für solche Aufgaben einsetzen, für die sie ausreichend qualifiziert sind. Eine Delegation von diversen Hilfstätigkeiten bei gleichzeitiger Überwachungspflicht durch den Zahnarzt ist nur im Rahmen des § 1 Abs. 5 und 6 ZHG möglich. Solche Hilfstätigkeiten sind nach § 1 Abs. 5 ZHG z.B. *„die Herstellung von Röntgenaufnahmen, Entfernung von Belägen, Füllungspolituren, das Legen und Entfernen provisorischer Verschlüsse, die Herstellung provisorischer Kronen und Brücken und die Herstellung von Situationsabdrücken“*. Diese Tätigkeiten gelten damit nicht mehr als eigene zahnärztliche Tätigkeiten, müssen aber nach § 19 Abs. 3 MBO trotzdem durch den Zahnarzt engmaschig überwacht und angeleitet werden. Wenn die zahnärztliche Aufsichts- und Überwachungspflicht bereits für solche Hilfsarbeiten gilt, muss diese für die Tätigkeit der Zahnersatzherstellung, soll diese als zahnärztliche Tätigkeit qualifiziert werden, erst recht gelten. Wird diese Aufsichts- und Überwachungspflicht im Praxislabor nicht erfüllt, verletzt dies die zahnärztlichen Berufspflichten.[439]

11.4.3 Unabhängigkeit

Der Zahnarzt ist zur fachlichen Unabhängigkeit verpflichtet. Insoweit dürfen nur medizinische Aspekte seine beruflichen Entscheidungen beeinflussen. Die herrschende Ansicht sieht diese Pflicht darin begründet, dass der Zahnarzt nicht

---

437 OVG BeckRS 2017, 131921, Rn 44 f. unter Verw. auf BVerwGE 88, 122 = juris, Rn. 12; OLG München BeckRS 2016, 11825; Detterbeck, HwO § 2 Rn. 9; ders. WiVerw 2017, 164 f.; ders., PL, S. 106.

438 Detterbeck, PL, S. 106.

439 Detterbeck, PL, S. 106.

Gewerbetreibender[440], sondern Angehöriger eines freien Heilberufes ist. Daher dürfe er sich bei seiner Berufsausübung, also der Tätigkeit der Diagnose, Linderung und Heilung, nicht von sachfremden finanziellen Interessen leiten lassen, sondern müsse seine gesamte Tätigkeit am Prinzip des Patientenwohls und der hieraus folgenden Pflicht zur bestmöglichen medizinischen Behandlung ausrichten.[441] Der BGH stellt dazu fest, dass es eine „*unangemessene unsachliche Einflussnahme auf die zahnärztliche Diagnose- und Therapiefreiheit*" darstellt, wenn sich Zahnärzte vertraglich dazu verpflichten, nur ein bestimmtes Dentallabor für ihren Zahnersatz zu beauftragen und die Zahnärzte dadurch am Gewinn dieses Labors beteiligt sind[442]. Entsprechend hatte das OLG Nürnberg geurteilt, dass ein Zahnarzt, der sich verpflichtet, jeden Zahnersatz bei einem bestimmten Labor zu beauftragen, und daraus geldwerte Vorteile zieht, das Vertrauen seiner Patienten missbraucht. Diese vertrauen darauf, dass der Arzt „*seine Behandlungsentscheidungen ausschließlich unter dem Gesichtspunkt des Patientenwohles*" treffe, nicht aber „*nach dem Gesichtspunkt der Gewinnmaximierung*".[443]

Die Pflicht zur fachlichen Unabhängigkeit findet sich auch in den Regelungen des § 2 Abs. 1 u. Abs. 2 a MBO, aber insbesondere in § 2 Abs. 7 u. 8 MBO wieder. Demnach ist es dem Zahnarzt verboten, „*für die Verordnung, die Empfehlung oder den Bezug für Patienten von Arznei-, Heil- oder Hilfsmitteln sowie Medizinprodukten eine Vergütung oder sonstige vermögenswerte Vorteile für sich oder Dritte versprechen zu lassen oder anzunehmen*"[444]. Entsprechend stellt „*eine Vergütung oder sonstige vermögenswerte Vorteile für sich oder Dritte*" als Gegenleistung für die Beauftragung eines bestimmten Dentallabors einen Verstoß gegen die zahnärztlichen Berufspflichten dar. In derartigen Fällen könnte sich der Zahnarzt nicht nur von medizinischen, sondern auch von finanziellen Motiven leiten lassen[445]. Dabei ist es egal, ob der Zahnarzt Mitgesellschafter oder

---

440 Vgl. § 1 Abs. 4 ZHG: „*Die Ausübung der Zahnheilkunde ist kein Gewerbe*".

441 BT-Drucks. 17/6906, 70; Detterbeck, PL, S. 106 f. m. Verw. auf BGH GRUR 2012, 1050 Rn. 23; Joussen, in: Becker/Kingreen, SGB V § 95 Rn. 9, 12; Laufs/Katzenmeier/Lipp, Arztrecht, II. Ärztliches Berufsrecht Rn. 4; Schnapp/Wigge, § 6 Rn. 153.

442 BGH GRUR 2012, 1050 zur Laborgewinnbeteiligung mittels gesellschaftsrechtlicher Konstruktion; Quaas/Zuck/Clemens, Medizinrecht, § 30 Rn. 27.

443 OLG Nürnberg BeckRS 1987, 31127995; BZÄK/KZBV, Zahnmedizin und Zahntechnik, 2015, S. 10; Detterbeck/Voit, ZEL, S. 63; Quaas/Zuck/Clemens, Medizinrecht, § 30 Rn. 27.

444 BZÄK/KZBV, Zahnmedizin und Zahntechnik, 2015, S. 5.

445 BGH GRUR 2012, 1050 Rn. 28 ff.; OLG Nürnberg BeckRS 1987, 31127995; Detterbeck, PL, S. 108.

Alleingesellschafter der Labor-Gesellschaft ist. Ebenso ist es schädlich, wenn er in anderer Weise am Umsatz und damit dem Gewinn des fraglichen Labors partizipiert (z.B. mittels Rückvergütung; sog. „*Kickbacks*"). Der BGH bejaht einen Verstoß gegen die zahnärztliche Berufspflicht bereits dann, wenn zwischen Labor und Zahnarzt eine Abrede besteht, welche die „*Sicherstellung einer fristgerechten und kontinuierlichen Belieferung mit Dentallaborleistungen in gleichbleibend hoher Qualität sowie der kontinuierlichen Fortentwicklung der für die zahnmedizinische Behandlung notwendigen Dentallaborprodukte*" bezweckt[446].

Das Argument, man beauftrage „*das eigene Labor*", weil es das „*qualitativ Beste*" sei, steht nach Ansicht des BGH der Annahme einer Verletzung der Berufspflichten nicht entgegen. Ferner ist es auch unerheblich, dass die vertragliche Vergabepflicht an das Labor nicht greift, falls die Patienten aktiv die Beauftragung eines (anderen) Labors verlangen. Denn die Verpflichtung des Arztes zur Wahrung der Patienteninteressen schützt auch und insbesondere solche Patienten, die keine eigenen Vorgaben zur Auswahl eines Labors machen und somit auf die ärztliche Unabhängigkeit vertrauen, die aber gerade in dieser Konstellation nicht mehr besteht.[447]

Die Pflicht zur fachlichen Unabhängigkeit besteht losgelöst von der Frage, ob in handwerksrechtlich unzulässiger Weise Zahnersatz in dem Beteiligungs- oder Praxislaborlabor hergestellt wird. Selbst falls ein geeigneter Betriebsleiter dort tätig ist, verstößt der Zahnarzt in solchen Konstellationen gegen seine ärztliche Pflicht zur Wahrung der fachlichen Unabhängigkeit.[448]

Die Entscheidung des BGH betraf einen Fall von vertraglichen Vereinbarungen zwischen Zahnärzten und anderen Dentallaborinhabern, die insgesamt als berufsordnungs- und wettbewerbswidrig und ferner als nichtig nach § 134 BGB qualifiziert wurden. Der Verstoß gegen die Pflicht zur Unabhängigkeit besteht aber nicht nur im Falle einer vertraglichen Abrede. Einen Rechtsverstoß stellt es auch dar, wenn der Zahnarzt grundsätzlich immer das Dentallabor beauftragt, an dessen Gewinnen er partizipiert. Auch hier steht nicht die bestmögliche Behandlung des Patienten, sondern der finanzielle Anreiz im Fokus der zahnärztlichen Auftragsvergabe. Der BGH betont, dass der Zahnarzt „*diese berufsrechtlichen Gebote und Verbote auch dann zu befolgen*" habe, wenn er „*im Rahmen seiner Praxis ein eigenes zahntechnisches Labor*" nach § 11 MBO

446 BGH GRUR 2012, 1050 Rn. 32.

447 So fast wörtlich BGH GRUR 2012, 1050 Rn. 28.

448 Detterbeck, PL, S. 108.

betreibt. Nichts anderes gelte, wenn *„er ein solches Labor auslagert und von einem Dritten betreiben lässt“.*[449]

Falls der Zahnarzt ein eigenes Praxislabor betreibt, ist der Verstoß gegen die Berufspflicht zur Unabhängigkeit evident. Der Zahnarzt hat ein Labor eingerichtet, damit dort sein Zahnersatz produziert wird[450]. Die berufsrechtliche Problematik bleibt die Gleiche, egal ob das eigene Praxislabor oder ein externes Dentallabor beauftragt wird, an dem der Zahnarzt beteiligt ist. Die Auftragsvergabe führt immer zu einem wirtschaftlichen Vorteil des Zahnarztes[451]. Der Verstoß gegen die Berufspflicht zur fachlichen Unabhängigkeit ist eindeutig, wenn der Zahnarzt im eigenen Praxislabor fertigen lässt und neben den tatsächlich entstandenen Kosten noch einen Gewinnanteil einkalkuliert, wie es bei einem gewerblichen Dentallabor üblich ist[452]. Ein Zahnarzt, der eigene zahntechnische Leistungen zum Selbstkostenpreis abrechnet, ist der absolute Ausnahmefall[453]. Denn das würde bedeuten, dass der Zahnarzt ohne Gewinnerzielungsabsicht handelt. Nach *Schüßler* ist dies kaum denkbar[454]. Falls ein Zahnarzt den Zahnersatz nur zum Selbstkostenpreis weitergeben möchte, kann er auch ein gewerbliches Dentallabor beauftragen und muss sich nicht mit Aufbau, Betrieb und Verwaltung des Praxislabors beschäftigen.

Der Betrieb des Praxislabors zur Versorgung der eigenen Praxis verletzt damit regelmäßig das Gebot zur fachlichen Unabhängigkeit.

11.4.4 Gewinnverbot

Die Gewinnerzielung, also der Aufschlag eines Betrages, der über die Deckung der Auslagen für die Herstellung von Zahnersatz hinausgeht, ist dem Zahnarzt nach § 9 GOZ verboten. Zahntechnische Leistungen sind alle für *„eine ausreichende, zweckmäßige und wirtschaftliche Versorgung mit Zahnersatz notwendigen Leistungen, einschließlich Zahnkronen und Suprakonstruktionen“*[455]. Auch das dafür notwendige Material ist davon umfasst.[456]

---

449 BGH GRUR 2012, 1050 Rn. 25.

450 Detterbeck, PL, S. 108 f.

451 BZÄK/KZBV, Zahnmedizin und Zahntechnik, 2015, S. 10.

452 BZÄK/KZBV, Zahnmedizin und Zahntechnik, 2015, S. 9.

453 Detterbeck, PL, S. 109.

454 Schüßler, ZPL, S. 33, 79, 83 f. und 87.

455 § 9 GOZ; vgl. § 56 Abs. 2 Satz 3 SGB V.

456 OLG Koblenz BeckRS 2005, 01871 = NJOZ 2005, 2887; OLG Hamm BeckRS 2004, 2544; Spickhoff, in: Spickhoff, GOZ § 9 Rn. 3; Zuck, GOZ § 9 Rn. 2.

Daraus folgt, dass die Kalkulation eines Gewinns ein „*aliud*" zu den „*tatsächlich entstandenen angemessenen Kosten für zahntechnische Leistungen*" ist, welche noch abgerechnet werden dürfen[457]. Zahnärzte dürfen demnach mit Zahnersatz grundsätzlich keinen Gewinn machen. Sie müssen den Laborrechnungsbetrag ohne Aufschlag weiterreichen. Auch eine spätere Rückvergütung des Labors muss an den Patienten bzw. den Kostenträger weitergereicht werden und darf nicht als Gewinn vereinnahmt werden. Alle weitergehenden Rabatte oder wirtschaftlichen Vorteile, die der Zahnarzt vom gewerblichen Dentallabor erhält, müssen unmittelbar an die Zahlungspflichtigen weitergegeben werden[458]. Dies gilt gleichermaßen für die Kostenersparnisse aufgrund der Beauftragung eines gewerblichen Dentallabors wie auch eines eigenen Praxislabors[459]. Ausgenommen ist lediglich ein Skonto von maximal drei Prozent[460].

Die Gegenansicht will das Recht auf einen Gewinnanteil mit dem Wortlaut des damaligen Regierungsentwurfs zu § 9 GOZ[461] begründen. Dieses Argument verfängt aber nicht. Die geltende Norm sieht keine Gewinnkalkulationsmöglichkeit vor. Die fragliche Formulierung des Regierungsentwurfs „*Einschluss eines angemessenen kalkulatorischen Gewinnanteils*" hat in den Wortlaut des § 9 Abs. 1 GOZ bewusst keinen Einzug gefunden. Eine Auslegung oder Erweiterung des Wortlauts ist nicht möglich. Mangels planwidriger Regelungslücke verbietet sich eine weitergehende Auslegung des § 9 GOZ dahin gehend, dass Zahnärzte einen Gewinn als Teil ihres Auslagenersatzes berechnen dürfen. Der Begriff der „*Auslage*" und der Begriff der „*Gewinnerzielung*" schließen sich per se aus.[462]

Schüßler erachtet es als lebensfremd, dass Zahnärzte auf eigene Rechnung und eigenes Risiko ein Praxislabor betreiben, ohne für die dort erbrachten Leistungen einen Gewinnanteil in die Gesamtrechnung miteinzubeziehen[463]. Eine

457 OLG Köln r + s 1999, 82; Detterbeck/Plagemann, ZPL online, Kap. D., S. 97; Schüßler, ZPL, S. 81, 83 f.; Wabnitz/Janovsky, HBWiStStR, 13. Kapitel. Straftaten im Gesundheitswesen III. Der Zahnarzt- und Dentalbereich Rn. 94.

458 BR-Drucks. 276/87 S. 76; Spickhoff, in: Spickhoff, GOZ § 9 Rn. 4; Zuck, GOZ § 9 Rn. 3.

459 Spickhoff, in: Spickhoff, GOZ § 9 Rn. 8; Wabnitz/Janovsky, HBWiStStR, 13. Kapitel. Straftaten im Gesundheitswesen III. Der Zahnarzt- und Dentalbereich Rn. 96: „*Noch einfacher ist es dann, wenn der Zahnarzt selbst über ein Dentallabor verfügt, das die Rechnung an die Zahnarztpraxis stellt*".

460 BZÄK/KZBV, Einkauf, 2015, S. 4; Wabnitz/Janovsky, HBWiStStR, 13. Kapitel. Straftaten im Gesundheitswesen III. Der Zahnarzt- und Dentalbereich Rn. 94; Zuck, GOZ § 9 Rn. 3.

461 BR-Drucks. 276/87, S. 75.

462 Detterbeck, PL, S. 110; Schüßler, ZPL, S. 80 ff.

463 Schüßler, ZPL, S. 83.

Erlaubnis zur Gewinnerzielung mit dem Eigenzahnersatz folgt auch nicht daraus, dass nach § 11 MBO der Zahnarzt berechtigt ist, „*im Rahmen seiner Praxis ein zahntechnisches Labor zu betreiben oder sich an einem gemeinschaftlichen zahntechnischen Labor mehrerer Zahnarztpraxen zu beteiligen*". § 11 MBO enthält keine Rückausnahme zu dem Verbot des gewinnmaximierenden Verhaltens.[464]

Zahnärzte verstoßen gegen eine zentrale Berufspflicht, wenn sie am Gewinn eines Labors beteiligt sind, von dem sie ihren Zahnersatz beziehen. Dabei ist es gleichgültig, ob dies ein gewerbliches Dentallabor oder das eigene Praxislabor ist. Auch auf eine entsprechende vertragliche Bezugspflicht kommt es nicht an.

11.4.5 Problematik des Praxislabors eines Z-MVZ

Nach *Detterbeck/Voit* ist es abgesehen von seltenen Ausnahmefällen, berufsrechtswidrig, wenn die angestellten Zahnärzte eines Z-MVZ den Zahnersatz zur Behandlung ihrer Patienten aus dem Praxislabor dieses Z-MVZ beziehen. Dies stelle keine zahnärztliche Berufsausübung, sondern eine berufsrechtswidrige Beschaffungsentscheidung dar[465].

Wie bereits ausgeführt wurde[466], wäre es handwerksrechtlich grundsätzlich zulässig, dass in dem Praxislabor eines Z-MVZ, das seinen Betrieb vor dem 01.10.2020 aufgenommen hat, ein nach Maßgabe der Approbationsordnung von 1955 ausgebildeter Zahnarzt als Laborleiter zur permanenten Überwachung und Anleitung der Mitarbeiter des Praxislabors fungiert, während andere Zahnärzte die Patienten des Z-MVZ behandeln und den dafür notwendigen Zahnersatz im Praxislabor des Z-MVZ anfertigen lassen.

Detterbeck/Voit sehen in dieser Konstellation aber einen potentiellen Berufsrechtsverstoß. Eine zahnärztliche Berufsausübung erfolge in einer Praxislaborgemeinschaft schon dann nicht mehr, wenn die dort erbrachten Leistungen nicht einem bestimmten Zahnarzt zugeordnet und das Laborpersonal bei dem Träger der Laborgemeinschaft angestellt sei[467].

In einem rechtlich selbstständig organisierten Dentallabor, das mit der Trägergesellschaft eines Z-MVZ oder mit deren Gesellschafter wirtschaftlich verbunden sei, erfolge schon keine zahnärztliche Tätigkeit, sondern die gewerbliche Ausübung des Zahntechnikerhandwerks. Die dort tätigen Zahntechniker seien schließlich nicht bei einem Zahnarzt, sondern bei dem Dentallabor angestellt.

---

464 Detterbeck, PL, S. 111.

465 So i. E. Detterbeck/Voit, ZEL, S. 87.

466 Vgl. 5.2.

467 Detterbeck/Voit, ZEL, S. 71 m. Verw. auf BZÄK, Komm MBO § 11 Rn. 8.

Der zahnärztliche Behandler könne daher nicht im Sinne der berufsrechtlichen Vorgaben die Fertigung von Zahnersatz engmaschig überwachen bzw. steuernd und korrigierend eingreifen.[468] Bei einem dermaßen rechtlich selbstständigen Labor eines Z-MVZ seien, analog zum Fall der Praxislaborgemeinschaft, die berufsrechtlichen Vorgaben für den Betrieb eines zulässigen Eigenlabors schon nicht erfüllt[469].

Falls ein angestellter Zahnarzt des Z-MVZ dieses rechtlich selbstständige Dentallabor mit der Herstellung von Zahnersatz beauftrage, stelle dies eine „*Beschaffungsentscheidung*" zur Behandlung seiner Patienten dar[470]. Dabei dürfe sich der Zahnarzt aber nur am Wohl seiner Patienten orientieren und sich nicht (auch) von wirtschaftlichen Interessen leiten lassen[471]. Ein unzulässiger wirtschaftlicher Anreiz sei nach *Detterbeck/Voit* auch gegeben, wenn die wirtschaftlichen Vorteile nicht dem Zahnarzt selbst, sondern einem Dritten zukämen.[472]

Insoweit ist bereits in dieser Konstellation ein Verstoß gegen die zahnärztliche Pflicht zur fachlichen Unabhängigkeit nicht auszuschließen, falls aufgrund dieser Beschaffungsentscheidung der Trägergesellschaft des Z-MVZ oder deren Gesellschaftern wirtschaftliche Vorteile zukommen könnten.

Auch bei einem rechtlich unselbstständigen Praxislabor eines Z-MVZ ist es nach *Detterbeck/Voit* zweifelhaft, ob dort die Herstellung von Zahnersatz als Tätigkeit des behandelnden Zahnarztes zu qualifizieren sei, weil die notwendige permanente und engmaschige Überwachung und Eingriffsmöglichkeit des Behandlers nicht gegeben sei[473]. Auch in dieser Konstellation erfolge eine Beschaffungsentscheidung[474].

Diese Ansicht ist zutreffend, falls nicht der zahnärztliche Behandler selbst, sondern ein anderer entsprechend ausgebildeter Zahnarzt oder ein Zahntechnikermeister als Laborleiter des Praxislabors des Z-MVZ fungiert.

Wenn der angestellte Behandler in diesem Praxislabor seinen Zahnersatz anfertigen lässt, ist nach *Detterbeck/Voit* nicht von einer zahnärztlichen Herstellung, sondern von einer Beschaffungsentscheidung auszugehen. Dies gelte auch, wenn das Praxislabor des Z-MVZ durch einen Zahnarzt geleitet werde, der

468 Detterbeck/Voit, ZEL, S. 72 f.
469 Detterbeck/Voit, ZEL, S. 73.
470 Dies., ebenda.
471 Vgl. 11.4.3; ebenso Detterbeck/Voit, ZEL, S. 75 m. Verw. a. BGH NJW-RR 2011,260; NJW 2011,2211.
472 Detterbeck/Voit, ZEL, S. 73 f.
473 Detterbeck/Voit, ZEL, S. 78.
474 Detterbeck/Voit, ZEL, S. 79 f.

nach Maßgabe der Approbationsordnung von 1955 ausgebildet worden sei. Eine Ausnahme könne nur gelten, wenn organisatorisch sichergestellt sei, dass für den jeweiligen Behandler ein spezieller Zahntechniker im Praxislabor dauerhaft zugewiesen sei und dass dieser Zahntechniker vom zahnärztlichen Behandler permanent und engmaschig angeleitet und überwacht werde. Derartige Fälle seien aber aufgrund organisatorischer Gegebenheiten kaum anzutreffen.[475]

Der im Z-MVZ angestellte Behandler habe regelmäßig keine unmittelbare Weisungsbefugnis gegenüber den Zahntechnikern im Labor. Die Leitung des Praxislabors eines Z-MVZ durch irgendeinen angestellten Zahnarzt sei nicht ausreichend, um eine Herstellung von Zahnersatz durch den jeweiligen Behandler annehmen zu können, da dieser die Herstellung nicht selbst engmaschig anleite und überwache. Die zahnärztliche Laborleitung sei lediglich ausreichend, einen Verstoß gegen § 1 HwO zu verhindern.[476]

An diesem Ergebnis könne nach *Detterbeck/Voit* auch die vertragliche Beziehung des Z-MVZ zu den jeweiligen Patienten im Rahmen des Behandlungsvertrages oder die Zulassung des Z-MVZ zur vertragszahnärztlichen Versorgung nichts ändern. Maßgeblich sei, ob im Rahmen der Behandlung eine konkrete Entscheidung möglicherweise auch durch wirtschaftliche Aspekte beeinflusst werde. Soweit der angestellte Zahnarzt eines Z-MVZ gehalten sei, den Zahnersatz stets oder überwiegend im Praxislabor des Z-MVZ fertigen zu lassen, könne dies einen Verstoß gegen die Pflicht zur fachlichen Unabhängigkeit des Zahnarztes darstellen. Der angestellte Zahnarzt sei sich bewusst, dass die ihm vorgegebene Beschaffungsentscheidung immer zu einer Vorteilsgewährung für sich oder einen Dritten (z.B. die Gesellschafter des Z-MVZ) führe.[477]

Selbst wenn nur der Anschein bestünde, dass die angestellten Zahnärzte sich bei der Beschaffungsentscheidung (auch) von wirtschaftlichen Interessen (Dritter) haben leiten lassen, handelten diese berufsrechtswidrig. Mit dem zahnärztlichen Berufsrecht sei es aufgrund des Vertrauensschutzes unvereinbar, wenn sich die Behandler eines Z-MVZ auch von wirtschaftlichen Interessen leiten ließen.[478]

Dieser Argumentation von *Detterbeck/Voit* überzeugt. Die berufsrechtliche Pflicht zur fachlichen Unabhängigkeit besteht für jeden Zahnarzt, egal ob er angestellt oder selbstständig tätig ist. Die Patienten müssen sich stets darauf

---

475 Detterbeck/Voit, ZEL, S. 80.
476 Detterbeck/Voit, ZEL, S. 83.
477 Detterbeck/Voit, ZEL, S. 84 f.
478 Detterbeck/Voit, ZEL, S. 87.

verlassen können, dass der Behandler seine Entscheidungen nur an medizinisch-fachlichen Aspekten und nicht auch an wirtschaftlichen Interessen ausrichtet. Wenn das Praxislabor eines Z-MVZ durch einen entsprechend ausgebildeten Zahnarzt geleitet wird, kann dies den Verstoß gegen § 1 HwO verhindern. Daraus folgt aber nicht, dass die Herstellung im Praxislabor auch eine zahnärztliche Berufsausübung der angestellten Behandler des Z-MVZ darstellt. Folglich trifft der Behandler des Z-MVZ nur eine Beschaffungsentscheidung. Bei dieser Entscheidung ist er zur fachlichen Unabhängigkeit verpflichtet, egal ob er Zahnersatz in einem gewerblichen Dentallabor Dritter oder in einem (rechtlich selbstständigen oder unselbstständigen) Praxislabor des Z-MVZ beauftragt. Eine vertragliche Verpflichtung, den Zahnersatz stets oder vorzugsweise aus dem Praxislabor des Z-MVZ beziehen zu müssen, kann unzulässige wirtschaftliche Anreize für den Behandler (z.B. durch Boni, Provisionen oder Rückvergütungen) oder für Dritte, wie die Betreibergesellschaft (z.B. durch Umsatzsteigerungen) des Z-MVZ und/oder deren Gesellschafter (z.B. höhere Dividenden) begründen. Solche Anreize sind mit den berufsrechtlichen Vorgaben zur fachlichen Unabhängigkeit unvereinbar. Selbst wenn der Behandler nicht vertraglich zur Beauftragung des Praxislabors des Z-MVZ verpflichtet wäre, besteht stets ein entsprechender Anreiz bzw. Druck aufgrund der bestehenden Strukturen und Abhängigkeiten.

11.5 Marktverhaltensregelung

Berufsordnungen der Landeszahnärztekammern stellen auch eine Marktverhaltensregelung im Sinne des § 3 a UWG dar, soweit die einschlägigen Vorschriften den Gesundheitsschutz der Patienten sichern sollen[479]. Der Begriff der gesetzlichen Vorschrift in § 3 a UWG ist im Sinne des Schutzgedankens weit auszulegen. Die Satzungen der körperschaftsrechtlich organisierten Rechtsträger sind solche gesetzlichen Vorschriften im Sinne des § 3 a UWG. Dies gilt „*insbesondere*" für Berufsordnungen. Zur Erfüllung des Tatbestandsmerkmals „*gesetzliche Vorschriften*" reicht „*auf gesetzlicher bzw. satzungsrechtlicher Grundlage gesetztes und schriftlich niedergelegtes Recht von Organen*" aus, auch wenn diese Organe „*weder der Legislative noch der staatlichen Exekutive zuzurechnen*" sind. Umfasst sind auch „*Selbstregulierungsorgane*".[480]

---

479 Detterbeck/Voit, ZEL, S. 99.

480 OLG München WRP 2015, 1522 Rn. 49; OLG Hamburg GRUR-RR 2010, 57, 58; v. Jagow, in: Harte-Bavendamm/Henning-Bodewig, UWG § 3 a Rn. 13; Köhler, in: Köhler/Bornkamm/Feddersen, UWG § 3 a Rn. 1.52.

Die Berufsordnungen der Landeszahnärztekammern sind auch nach Ansicht des BGH tatbestandliche Marktverhaltensregeln zum Schutze der Patienteninteressen im Sinne des § 3 a UWG: *„Die Bestimmung des § 1 V BO Zahnärzte Nordrhein*[481]*, nach der der Zahnarzt keine Verpflichtung eingehen soll, die seine Unabhängigkeit bei der Berufsausübung beeinträchtigen kann, stellt eine Marktverhaltensregelung* [...] *dar"*[482]. Marktverhaltensregeln seien insbesondere die Normen, welche den Gesundheitsschutz der Patienten sichern sollen, z.B. die Pflicht zur fachlichen Unabhängigkeit. Deshalb dürfen Zahnärzte sich ausschließlich von medizinischen Aspekten und nicht von kommerziellen Interessen leiten lassen[483]. Gleiches gilt für die Pflicht der Zahnärzte zur permanenten Anleitung und Überwachung von zahntechnischen Arbeiten zum Schutze der Gesundheit der Patienten.[484]

11.6 Zwischenergebnis

Schon der Betrieb eines Praxislabors ohne die gesetzliche Eintragung stellt regelmäßig einen Verstoß gegen die dargestellten zahnärztlichen Berufspflichten und damit eine unlautere geschäftliche Handlung im Wettbewerb dar. Aber auch bei Bezug von Zahnersatz aus einem Praxislabor, das handwerksrechtlich zulässig betrieben wird, darf der Zahnarzt sich nicht von finanziellen Interessen leiten lassen, da er ansonsten gegen die bereits dargestellte[485] Berufspflicht zur fachlichen Unabhängigkeit verstößt[486].

11.7 Aktivlegitimation

Diverse Personen und Institutionen können gegen solche unlautere geschäftliche Handlungen vorgehen.

---

481 Gemeint ist die Berufsordnung der jeweiligen Landeszahnärztekammer.

482 Leitsatz von BGH GRUR 2015, 1237.

483 BGH GRUR 2015, 1237 Rn. 18; GRUR 2012, 1050 Rn. 23 ff.; Detterbeck, PL, S. 112; Köhler, in: Köhler/Bornkamm/Feddersen, UWG § 3 a Rn. 1.133 – 1.133 a; Ohly, in: Ohly/Sosnitza, UWG § 3 a Rn. 53.

484 Detterbeck, PL, S. 112.

485 Vgl. 11.4.3.

486 Detterbeck/Voit, ZEL, S. 67, 73, 75 u. 87.

11.7.1 Zahnärzte

§ 8 UWG erlaubt, denjenigen, der eine nach § 3 oder § 7 UWG unzulässige geschäftliche Handlung vornimmt, auf Beseitigung und bei Wiederholungsgefahr auf Unterlassung in Anspruch zu nehmen. Der Anspruch auf Unterlassung besteht nach § 8 Abs. 1 S. 2 UWG bereits dann, wenn eine derartige Zuwiderhandlung droht. Diese Ansprüche stehen nach § 8 Abs. 3 UWG auch jedem Mitbewerber zu. Wer zu den Mitbewerbern des Zahnarztes i.S.d. § 8 Abs. 3 Nr. 1 i.V.m. § 2 Abs. 1 Nr. 3 UWG zu zählen ist, bestimmt sich danach, wer in einem konkreten Wettbewerbsverhältnis zu dem Zahnarzt steht. Ein solches konkretes Wettbewerbsverhältnis liegt vor, wenn zwischen den Vorteilen, die jemand durch die fragliche Handlung erzielen will, und den Nachteilen, die ein anderer dadurch erleidet, eine Wechselbeziehung zur Förderung des eigenen und Beeinträchtigung des fremden Wettbewerbs besteht.[487]

Die Förderung des eigenen Wettbewerbs (durch den Betrieb eines Praxislabors ohne die gesetzliche Eintragung zur Versorgung der eigenen Patienten) bedingt die Beeinträchtigung der Mitbewerber. Jeder Zahnersatz, der im Praxislabor hergestellt wird, entzieht den Mitbewerbern einen diesbezüglichen Auftrag.

Nach § 3 a UWG muss der fragliche Rechtsverstoß geeignet sein, die Interessen des klagenden Mitbewerbers spürbar zu beeinträchtigen. Dies ist dann zu bejahen, wenn ein Praxislabor betrieben wird, ohne dass dort ein handwerksrechtlich qualifizierter Betriebsleiter beschäftigt ist. Insoweit spart sich der Betreiber des Praxislabors dessen Lohn[488]. Diese Kostenersparnis schlägt sich in den Preisen der angebotenen Produkte und Dienstleistungen nieder, da der Konkurrent die Kosten, die durch Beauftragung eines externen gewerblichen Dentallabors entstehen, in sein Angebot einpreisen und somit höhere Preise verlangen muss[489]. Allein die abstrakte Möglichkeit der spürbaren Beeinflussung ist im Sinne von § 3 a UWG ausreichend, soweit der Rechtsverstoß hierzu geeignet ist.[490]

---

487 BGH GRUR 2006, 1042 Rn. 14; Bähr, in: MüKoUWG, § 2 Rn. 238 ff; Fezer, in: Fezer/Büscher/Obergfell, UWG § 2 Abs. 1 Nr. 3 Rn. 34; Keller, in: Harte-Bavendamm/Henning-Bodewig, UWG § 2 Rn. 132; Sosnitza, in: Ohly/Sosnitza, UWG § 2 Rn. 57 f.

488 Nach Detterbeck/Voit, ZEL, S. 97 kann dies sogar einen unlauteren Wettbewerbsvorteil darstellen.

489 Vgl. § 9 GOZ zu den Auslagen.

490 BZÄK/KZBV, Einkauf, 2015, S. 10; Detterbeck, PL, S. 95; Götting/Hetmank, in: Fezer/Büscher/Obergfell, UWG § 3 a Rn. 1; v. Jagow, in: Harte-Bavendamm/

Nach einer anderen Ansicht ist es aufgrund des Wortlauts des § 3 a UWG schon gar nicht erforderlich, dass die unlautere geschäftliche Handlung auch faktisch die Interessen anderer Marktteilnehmer beeinträchtigen muss. Vielmehr genüge die „*theoretische*“ Eignung zu einer spürbaren Beeinflussung. Diese Möglichkeit sei gegeben, wenn eine „*objektive Wahrscheinlichkeit*“ bestehe, „*dass die konkrete geschäftliche Handlung solche Interessen spürbar beeinträchtigt*“. Dieser Ansatz sei gerechtfertigt, weil es im Einzelfall schwierig sei, die tatsächliche Beeinträchtigung zu beweisen. Eine unlautere geschäftliche Handlung wirke sich oft erst nach längerer Zeit aus. Die Pflicht zum „*Abwarten*“ wäre aber für den Wettbewerb nicht zumutbar. Der Kläger müsse daher lediglich die entsprechende Eignung darlegen und beweisen können.[491]

Detterbeck sieht die oben genannte Möglichkeit eines spürbaren Einfluss als gegeben an: „*Diese Kostenersparnis*[492] *kann der Inhaber des Praxislabors, der zugleich als Zahnarzt tätig ist, an seine Patienten zumindest teilweise weitergeben und dadurch kostengünstiger arbeiten als der klagende Konkurrent, der die zahntechnischen Produkte von einem gewerblichen Zahnlabor bezieh*t […]“[493]

Die Möglichkeit des spürbaren Einflusses des Praxislabors aufgrund des finanziellen Vorteils für den Zahnarzt ist zu bejahen. Demnach sind klageberechtigte Mitbewerber zunächst andere Zahnärzte, die auf demselben Markt tätig sind. Im Zweifel sind dies alle, die ihre Leistungen im Sinne der Heilbehandlung nach § 1 ZHG im selben Einzugsgebiet anbieten.

11.7.2 Landeszahnärztekammern

Auch Landeszahnärztekammern können nach § 8 Abs. 3 Nr. 2 UWG gegen einzelne Zahnärzte, die sich wettbewerbswidrig verhalten, klagen. Zu den klagebefugten Verbänden nach § 8 Abs. 3 Nr. 2 UWG sind auch die in der Rechtsform einer Körperschaft des öffentlichen Rechts (vgl. § 62 BRAO) verfassten Kammern der freien Berufe zu zählen. Dies ist durch die Ergänzung der Formulierung „*oder selbständiger beruflicher Interessen*“ klargestellt worden[494]. Gleiches

Henning-Bodewig, UWG § 3 a Rn. 37; Köhler, in: Köhler/Bornkamm/Feddersen, UWG § 3 a Rn. 1.100.

491 OLG Hamburg GRUR-RR 2017, 65 Rn. 96; Köhler, in: Köhler/Bornkamm/Feddersen, UWG § 3 a Rn. 1.97.

492 Bezüglich Lohn eines fachlich qualifizierten Betriebsleiters; nach Detterbeck/Voit, ZEL, S. 97 kann dies einen unlauteren Wettbewerbsvorteil darstellen.

493 So ausdrücklich Detterbeck, PL, S. 95.

494 Goldmann, in: Harte-Bavendamm/Henning-Bodewig, UWG § 8 Rn. 302.

gilt für wettbewerbsrechtliche Klagen gegen Dritte (z.B. Vertragspartner der Zahnärzte), die Zahnärzte zu einem wettbewerbswidrigen Verhalten verleiten.[495]

11.7.3 Inhaber gewerblicher Dentallabors

Inhaber von gewerblichen Dentallabors, die ihren Zahnersatz den Zahnärzten anbieten, sehen sich mit neuer Konkurrenz konfrontiert, weil das Praxislabor entweder auch für andere Zahnärzte arbeitet und/oder für den Inhaber des Praxislabors (und damit für potentielle Kunden des gewerblichen Dentallabors). Beide Varianten sind wettbewerbsrechtlich relevant. Auch Inhaber gewerblicher Dentallabors, die im räumlichen Einzugsgebiet eines Praxislabors tätig sind, sind nach § 8 Abs. 3 Nr. 1 UWG klageberechtigt. Inhaber von gewerblichen Dentallabors und Praxislabors stehen in einem konkreten Wettbewerbsverhältnis, da sie um denselben Zahnarzt konkurrieren.[496]

Damit der Inhaber eines gewerblichen Dentallabors auch gegen einen Zahnarzt klagen kann, der selbst ein Praxislabor betreibt, muss aber ein konkretes Wettbewerbsverhältnis bestehen. Das Praxislabor zur Eigenversorgung und das Dentallabor zur Drittversorgung müssen nach § 8 Abs. 3 Nr. 1 i.V.m. § 2 Abs. 1 Nr. 3 UWG Mitbewerber auf demselben Markt sein. Historisch ist ein solches Wettbewerbsverhältnis zwischen Zahntechnikern und Zahnärzte gegeben, da jeweils gleiche zahntechnische Leistungen angeboten werden[497]. Allerdings gibt *Detterbeck* zu Recht zu bedenken, dass es früher noch nicht die Trennung der beiden dentalen Berufsgruppen hinsichtlich der Ausübung der Zahnheilkunde und Ausübung der Zahntechnik gegeben habe. Das ZHG habe erstmalig diese „*Kurierfreiheit*" beseitigt und damit den Zahntechnikern die Ausübung der Zahnheilkunde verboten.[498]

Daher ist zu fragen, ob man noch von einem solchen Wettbewerbsverhältnis sprechen kann. Man könnte annehmen, dass zwischen gewerblichen Dentallabors und Praxislabors schon kein Wettbewerbsverhältnis bestehen könne, da zwischen den Patienten und den Labors kein unmittelbarer Kontakt und keine vertragliche Verbindung bestehe. Die Kunden des gewerblichen Dentallabors sind die Zahnärzte. Ein Zahnarzt, der sich aber über das eigene Praxislabor versorgt, ist kein potentieller Kunde mehr. Zwar mindert dies die Chance des Dentallabors auf Aufträge, ändert aber nichts am Wettbewerbsverhältnis der

495 Detterbeck, PL, S. 96 m. Verw. auf BGH GRUR 2015, 1237.
496 Detterbeck, PL, S. 96 m. Verw. auf OLG Oldenburg GewArch 1977, 378 ff.
497 Detterbeck, PL, S. 97 m. Verw. auf RG JW 1907, 87.
498 BVerfG NJW 1969, 1571; Detterbeck, PL, S. 97.

gewerblichen Dentallabors, die um denselben Zahnarzt konkurrieren. Der Inhaber des Praxislabors steht nicht mit dem Dentallabor in einem Wettbewerbsverhältnis, da seine Kunden nicht andere Zahnärzte sind, falls das Praxislabor nicht auch für andere Zahnärzte fertigt.[499]

Ältere Entscheidungen haben noch (ohne Bewertung des Wettbewerbsverhältnisses) in dieser Konstellation einen Wettbewerbsverstoß abgelehnt. Es könne dahingestellt bleiben, ob zwischen den Parteien auch ein konkretes Wettbewerbsverhältnis bestehe, falls das gerügte Verhalten nicht sittenwidrig i.S.d. § 1 UWG sei. Ein Dentallabor habe ferner mit den Patienten des Zahnarztes schon keinen unmittelbaren Austausch in vertraglicher und tatsächlicher Hinsicht.[500]

Das Unmittelbarkeitskriterium betrifft aber nicht die Frage des konkreten Wettbewerbsverhältnisses, sondern ob Leistungen an Dritte erfolgen. Daher kann man durchaus ein konkretes Wettbewerbsverhältnis zwischen den Inhabern von gewerblichen Dentallabors und Praxislabors annehmen. Eine Qualifikation als Mitbewerber könne nicht mit dem Argument abgelehnt werden, dass keine unmittelbare Leistungsbeziehung besteht. § 8 Abs. 3 Nr. 1 i.V.m. § 2 Abs. 1 Nr. 3 UWG fordert kein unmittelbares, sondern ein *„konkretes"* Wettbewerbsverhältnis der Akteure. Ein konkretes Wettbewerbsverhältnis kann aber auch von mittelbarer Art sein.[501]

Die h.M. bestätigt, dass ein konkretes Wettbewerbsverhältnis vorliegen kann, wenn auf unterschiedlichen Vertriebsstufen gleichartige Waren oder Dienstleistungen innerhalb desselben Endverbraucherkreises Absatz finden[502]. Ein konkretes Wettbewerbsverhältnis bestehe auch, wenn *„zwischen den Vorteilen, welche die eine Partei durch eine Maßnahme für ihr Unternehmen oder das eines Dritten zu erreichen sucht, und den Nachteilen, die die andere Partei dadurch erleidet"*, eine *„Wechselwirkung"* derart bestehe, dass *„der eigene Wettbewerb gefördert und der fremde Wettbewerb beeinträchtigt werden kann"*[503]. Zwischen

499 Badura ZM 1978, 606 f.; Krauskopf, SGB V § 88 Rn. 6; Münchener Anwaltshandbuch Medizinrecht, § 7 Rn. 374; i. E. a.A. Detterbeck, PL, S. 98 f.

500 BGH NJW 1980, 1337; OLG Hamm GRUR 1978, 438; Krauskopf, SGB V § 88 Rn. 6; Münchener Anwaltshandbuch Medizinrecht, § 7 Rn. 374.

501 BGH GRUR 2014, 552 Rn. 17, 19; Bähr, in: MüKoUWG, § 2 Rn. 259 ff. und Rn. 249 ff.; Köhler, in: Köhler, in: Köhler/Bornkamm/Feddersen, UWG § 2 Rn. 99; Sosnitza, in: Ohly/Sosnitza, UWG § 2 Rn. 62 m. w. N.

502 BGH GRUR 2014, 1114; Bähr, in: MüKoUWG, § 2 Rn. 259 f.; Jänich, in: MüKoUWG, § 4 Rn. 44; Keller, in: Harte-Bavendamm/Henning-Bodewig, UWG § 2 Rn. 144; Sosnitza, in: Ohly/Sosnitza, UWG § 2 Rn. 61.

503 So fast wörtlich BGH GRUR 2014, 1114.

einem Produzenten, der seine Produkte an einen bestimmten Händler liefert und dem Händler, der dieselben Produkte an Verbraucher absetzt, könne ein konkretes Wettbewerbsverhältnis bestehen. Es sei unerheblich, dass die Beteiligten auf „*unterschiedlichen Wirtschaftsstufen*" stehen. Wichtig sei nur, dass sie sich an den gleichen Abnehmerkreis richten. Denn mittelbar seien die Kunden des Händlers auch die Kunden des Produzenten. Ein konkretes Wettbewerbsverhältnis zwischen einem Produzenten und einem Händler sei daher nicht dadurch ausgeschlossen, weil der eine nur an Unternehmer (z.B. den Händler) und der andere nur an Verbraucher liefert.[504]

Eine vergleichbare Situation besteht nach *Detterbeck* auch zwischen einem Zahnarzt als Inhaber eines Praxislabors und dem Inhaber eines gewerblichen Dentallabors[505]. Beide produzieren Zahnersatz für den Patienten als Endverbraucher. Die Wertung, dass der Zahnarzt im Verhältnis zum Patient Dienstleister einer Heilbehandlung und nicht Werkunternehmer sei[506], könne daran nichts ändern. Eine Differenzierung nach Typus der Verträge bzw. nach mittelbarer oder unmittelbarer Leistung sei wettbewerbsrechtlich irrelevant. Entscheidend sei nur die konkret beanstandete Tätigkeit des fraglichen Mitbewerbers. Dies sei vorliegend die Herstellung zahntechnischer Produkte unter Missachtung der Vorschriften der HwO.

Zahnarzt und Zahntechniker sind zwar auf unterschiedlichen Vertriebsstufen tätig, haben aber denselben Endverbraucherkreis zum Absatz für ihre Leistungen und Produkte. Die Produkte des Zahntechnikers sind individualisiert für den Patienten bestimmt, und der Zahnarzt ist im Rahmen der Heilbehandlung auch immer eine Art Vermittler dieser Produkte, die von ihm allenfalls unwesentlich nachbearbeitet werden. Somit wird der Zahnersatz zumeist unverändert an den Verbraucher gelangen. Auf der ersten Wirtschaftsstufe steht der „*Produzent*", z.B. das Dentallabor. Der Zahnarzt ist „*Verkäufer*" auf der zweiten Wirtschaftsstufe. Der Patient steht als „*Endverbraucher*" auf der dritten Wirtschaftsstufe.[507] Der im Labor gefertigte Zahnersatz wird eingegliedert und dem Patienten übereignet. Der labortechnisch gefertigte Zahnersatz stellt kein bloßes Werkzeug dar, welches danach entsorgt wird. Vielmehr ist der Zahnersatz ein verkaufsfertiges Produkt, das für den Patienten bestimmt ist. Daher ist der Zahnersatz nicht Teil der zahnärztlichen Behandlungsdienstleistung, welche sich auf die Tätigkeiten

---

504 Köhler, in: Köhler/Bornkamm/Feddersen, UWG § 2 Rn. 102.
505 Detterbeck, PL, S. 100.
506 BGH NJW 1975, 305.
507 Schüßler, ZPL, S. 94.

des *„Maßnehmens“* und *„Eingliederns“* beschränkt und die preislich deutlich unter dem Wert des Zahnersatzes liegen kann.[508]

Die Eigenversorgung aus dem Praxislabor wirkt sich direkt negativ auf die bestehende Nachfrage nach (handwerks-)rechtlich ordnungsgemäß hergestellten zahntechnischen Produkten aus. Ohne Produktion im Praxislabor müsste der Zahnarzt seinen Bedarf mit Produkten aus einem gewerblichen Dentallabor decken. Würde der Zahnarzt einen Zahntechnikermeister in seinem Praxislabor anstellen, würden sich die dadurch entstehenden Kosten direkt auf die Preise des dort hergestellten Zahnersatzes auswirken. Der verteuerte Zahnersatz des Praxislabors würde sich an den Preisen anderer gewerblicher Dentallabore messen lassen müssen, was die Möglichkeit eröffnet, dass Patienten künftig die Beauftragung des (günstigeren) gewerblichen Dentallabors verlangen. Somit ergibt sich zwischen einem gewerblichen Dentallabor und dem Zahnarzt, der handwerksrechtlich unzulässig Zahnersatz im Praxislabor fertigen lässt, ein mittelbares Konkurrenzverhältnis. Dieses ist ausreichend für ein konkretes Wettbewerbsverhältnis.[509]

Zudem sind hier auch die Interessen der anderen Marktteilnehmer spürbar beeinträchtigt im Sinne des § 3 a UWG. Die wirtschaftlichen Interessen der Zahntechniker in gewerblichen Dentallabors sind mit denen des Praxislabors deckungsgleich. Demnach ergeben sich für die gewerblichen Dentallabors wirtschaftliche Nachteile, falls ein Praxislabor die gleichen zahntechnischen Produkte anbietet.[510]

Aus der Wertung des BGH lässt sich ein konkretes Wettbewerbsverhältnis zwischen Praxislabor und Dentallabor dahin gehend ableiten, dass zwischen den Vor- und Nachteilen der Beteiligten eine Wechselwirkung in dem Sinne besteht, dass der Praxislabor-Absatz gefördert und der Dentallabor-Absatz beeinträchtigt wird[511]. Ein konkretes Wettbewerbsverhältnis nach § 2 Abs. 1 Nr. 3 UWG ist selbst dann gegeben, wenn die streitenden Parteien weder gleichartige Waren oder Dienstleistungen vertreiben, noch denselben Kundenkreis bewerben[512]. Vorliegend geht es aber um die gleichen Produkte und

---

508 Schüßler, ZPL, S. 77.

509 Detterbeck, PL, S. 100 f.

510 Badura ZM 1978, 606; Detterbeck, PL, S. 101 f.

511 BGH GRUR 2014, 1114.

512 BGH WRP 2014, 1307 Rn. 23, 26 f.; Köhler, in: Köhler/Bornkamm/Feddersen, UWG § 2 Rn. 107.

den gleichen Endverbraucherkreis. Praxislabor und gewerbliches Dentallabor sind als Mitbewerber auf demselben Markt tätig. Daher besteht ein konkretes Wettbewerbsverhältnis.

Der Inhaber eines gewerblichen Dentallabors kann deshalb gegen einen Zahnarzt klagen, der ein Praxislabor betreibt, soweit dort eine unzulässige gewerbliche Handwerkstätigkeit erfolgt oder gegen zahnärztliche Berufspflichten verstoßen wird.

11.7.4 Innungen und Innungsverbände

Klagebefugt nach § 8 Abs. 3 Nr. 2 UWG sind auch Zahntechnikerinnungen[513]. Durch ein wettbewerbswidriges Verhalten der Zahnärzte sind auch die Interessen der Innungsmitglieder berührt[514]. Eine Klagebefugnis ergibt sich für die Zahntechnikerinnungen auch direkt aus § 54 Abs. 1 u. 4 HwO sowie für die Landesinnungsverbände aus § 81 Abs. 1 Nr. 1 HwO und den jeweiligen Bundesinnungsverband aus § 85 Abs. 2 i.V.m. § 81 Abs. 1 Nr. 1 HwO. Ferner eröffnet § 8 Abs. 3 Nr. 2 UWG dem klagenden Verband auch die Möglichkeit, für solche Unternehmen zu klagen, deren Interessen durch ein wettbewerbswidriges Verhalten berührt sind, auch wenn sie nicht unmittelbare Mitglieder des Verbandes sind. Auch eine mittelbare Zugehörigkeit, z.B. durch Mitgliedschaft in verbandsangehörigen Spitzenverbänden oder Fachverbänden, ist ausreichend.[515]

11.7.5 Verbraucherschutzverbände

Auch Verbraucherschutzverbände im Sinne des § 4 des Unterlassungsklagengesetzes (UKlaG) kommen als Kläger gegen den unzulässigen Betrieb eines Praxislabors in Betracht. Gem. § 8 Abs. 1 UWG kann derjenige, der eine nach § 3 oder § 7 UWG unzulässige geschäftliche Handlung vornimmt, die Verbraucherinteressen beeinträchtigt, auf Beseitigung und bei Wiederholungsgefahr auf Unterlassung in Anspruch genommen werden. Diese Ansprüche stehen nach § 8 Abs. 3 Nr. 3 UWG auch den eingetragenen qualifizierten Einrichtungen im Sinne des § 4 UKlaG zu.[516]

---

513 Detterbeck, PL, S. 104.

514 OLG Saarland GewArch 2005, 194.

515 BGH GRUR 2007, 610, 611; Köhler/Feddersen, in: Köhler/Bornkamm/Feddersen, UWG § 8 Rn. 3.43.

516 Büscher, in: Fezer/Büscher/Obergfell, UWG § 8 Rn. 271 ff.; Fritzsche, in: Spickhoff, UWG § 8 Rn. 11; Köhler/Feddersen, in: Köhler/Bornkamm/Feddersen, UWG § 8 Rn. 3.52; Ohly, in: Ohly/Sosnitza, UWG § 8 Rn. 109 ff.

Eine inhaltsgleiche Regelung findet sich in § 2 UKlaG, wonach derjenige, der Vorschriften zuwiderhandelt, die dem Schutz der Verbraucher dienen (Verbraucherschutzgesetze), im Interesse des Verbraucherschutzes auf Unterlassung und Beseitigung in Anspruch genommen werden kann. Seit dem Paradigmenwechsel der HwO dienen die Zulassungs- und Ausübungsregelungen unstreitig auch dem Verbraucherschutz. Daher können die Verbraucherverbände gegen Personen oder Unternehmen, die diese Vorschriften verletzen, auch wettbewerbsrechtlich vorgehen.[517]

517 BGH NJW 2009, 3582; Detterbeck, PL, S. 104 f.; ders., HwO, Einleitung Rn. 9; Knörr, in: Honig/Knörr/Thiel, HwO § 8 Rn. 2; Müller NVwZ 2004, 403.

12. Sozialrechtliche Aspekte eines Praxislabors

Der Betrieb eines Praxislabors kann sozialrechtlich problematisch sein, wenn dabei das strenge Betriebsleiterprinzip und die fachliche Unabhängigkeit nicht gewahrt werden[518].

12.1 Sozialrechtlicher Rahmen

Das fünfte Sozialgesetzbuch (SGB V) regelt auch die Versorgung der Patienten mit Zahnersatz und schafft einen sozialrechtlichen Rahmen für die Leistungserbringer[519]. Diese Leistungserbringer sind alle Zahnärzte und die Praxislabors oder gewerblichen Dentallabors, die Zahnersatz herstellen oder weitergeben.

Versicherte haben nach § 27 Abs. 1 Nr. 2 a SGB V Anspruch auf Krankenbehandlung, wenn diese notwendig ist, um eine Krankheit zu erkennen, zu heilen, ihre Verschlimmerung zu verhüten oder Krankheitsbeschwerden zu lindern. Diese Krankenbehandlung umfasst nach § 27 Abs. 1 S. 2 Nr. 2 SGB V auch die zahnärztliche Behandlung.[520]

Nach § 28 Abs. 2 SGB V umfasst eine zahnärztliche Behandlung die Tätigkeit des Zahnarztes, die zur Verhütung, Früherkennung und Behandlung von Zahn-, Mund- und Kieferkrankheiten nach den Regeln der zahnärztlichen Kunst ausreichend und zweckmäßig ist. Umfasst sind auch konservierend-chirurgische Leistungen und Röntgenleistungen, die im Zusammenhang mit Zahnersatz (einschließlich Zahnkronen und Suprakonstruktionen) erbracht werden.[521]

§ 73 Abs. 7 SGB V verbietet Vertragsärzten, für die Zuweisung von Versicherten oder für die Vergabe und Dokumentation von Diagnosen ein Entgelt oder sonstige wirtschaftliche Vorteile sich versprechen oder sich gewähren zu lassen oder selbst zu versprechen oder zu gewähren. § 128 Abs. 2 S. 3 SGB V ergänzt, dass solche unzulässige Zuwendungen auch die unentgeltliche oder verbilligte

---

518 Detterbeck/Plagemann, ZPL online, Kap. D., S. 92 ff.

519 KassKomm, SGB V § 55 Rn. 7 ff.; Knispel, in: BeckOK SozR, SGB V § 27 Rn. 50; Krauskopf, SGB V § 55 Rn. 3 ff.; Quaas/Zuck/Clemens, Medizinrecht, § 28 Rn. 1 ff.

520 Knispel, in: BeckOK SozR, SGB V § 27 Rn. 49; Krauskopf, SGB V § 27 Rn. 33; Lang, in: Becker/Kingreen, SGB V § 27 Rn. 39; Sodan, § 10 Leistungsarten Rn. 76 ff.

521 Krauskopf, SGB V § 27 Rn. 33; Quaas/Zuck/Clemens, Medizinrecht, § 28 Rn. 3.

Überlassung von Geräten und Materialien[522], die Durchführung von Schulungsmaßnahmen, die Gestellung von Räumlichkeiten bzw. Personal oder die Beteiligung an den Kosten hierfür sowie Einkünfte aus Beteiligungen an Unternehmen von Leistungserbringern, die Vertragsärzte durch ihr Verordnungs- oder Zuweisungsverhalten selbst maßgeblich beeinflussen, seien.[523]

Der Zahnarzt darf beim Bezug von Zahnersatz im Rahmen seiner Heilbehandlung nicht durch finanzielle Anreize beeinflusst werden. Er muss seine Entscheidung an rein medizinischen Aspekten ausrichten. Die damit beabsichtigte Unabhängigkeit dient dem Schutz der Gesundheit der Patienten und einem effektiven Gesundheitssystem.[524]

Analoge Ziele verfolgen die bereits dargestellten zahnärztlichen Berufspflichten. Insbesondere die Beteiligung von Zahnärzten *„an Unternehmen von Leistungserbringern"* wird nachfolgend von Interesse sein.

12.2 Leistungserbringer

Die Leistung der zahnärztlichen Behandlung, einschließlich kieferorthopädischer Behandlung und Versorgung mit Zahnersatz, ist in § 28 Abs. 2, § 29, den §§ 55 ff. und § 88 SGB V geregelt[525]. Zu fragen ist, ob neben der Versorgung mit Zahnersatz auch die Herstellung von Zahnersatz zu diesem sozialrechtlichen Leistungskatalog zählt[526]. Zahntechnische Leistungen, die von einem entsprechend ausgebildeten Zahnarzt persönlich oder unter seiner Aufsicht erbracht werden, können (unter den dargestellten Bedingungen[527]) noch eine freiberufliche Tätigkeit im Rahmen der zahnärztlichen Behandlung darstellen. Zur zahnärztlichen Behandlung gehört daher auch die Versorgung mit Zahnersatz als selbstständige Leistung. Dies folgt aus § 28 SGB V i.V.m. den Zahnersatz-Richtlinien.[528]

Zahnersatz kann aber auch von gewerblichen Dentallabors im Auftrag des Zahnarztes für dessen Patienten produziert werden. Dies stellt keine freiberufliche Heilbehandlung, sondern eine gewerbliche Handwerksausübung dar. Das

---

522 OLG Karlsruhe NJW 2001, 907; Eisele, in: Schönke/Schröder, StGB § 299 a Rn. 12.

523 Bahner RDG 2017, 290; BZÄK/KZBV, Einkauf, 2015, S. 8.

524 Detterbeck/Plagemann, ZPL online, Kap. D., S. 95 ff.

525 Quaas/Zuck/Clemens, Medizinrecht, § 10 Rn. 1.

526 Vgl. zur Leistungserbringung: KassKomm, SGB V § 15 Rn. 22; Kingreen, in: Becker/Kingreen, SGB V § 13 Rn. 47; Krauskopf, SGB V § 69 Rn. 3; Quaas/Zuck/Clemens, Medizinrecht, § 10 Rn. 6, § 28 Rn. 5 u. § 30 Rn. 25.

527 Vgl. 4.2.

528 Krauskopf, SGB V § 69 Rn. 3; Quaas/Zuck/Clemens, Medizinrecht, § 28 Rn. 5.

gewerbliche Dentallabor fertigt zwar unmittelbar für den Zahnarzt, mittelbar aber auch für den jeweiligen Patienten. Auch ein gewerbliches Dentallabor ist ein vorgelagerter Leistungserbringer in der Leistungskette einer zahnärztlichen Behandlung mit Zahnersatz. Man kann die gewerblichen Dentallabors daher als mittelbare Leistungserbringer klassifizieren.[529]

12.3 Fehlende Regulatorik

Die Einhaltung des sozialrechtlichen Rahmens wird nur effektiv sichergestellt, wenn für eine Zuwiderhandlung gesetzliche Sanktionen drohen. Daher fordert man nachdrücklich, dass der Gesundheitsmarkt stärker und effektiver reguliert werden müsse. Der Schutz der Patienten und die Verhinderung von Missbrauch bestehender Beziehungen im Gesundheitsmarkt mache dies nötig. Ein solcher Missbrauch drohe insbesondere bei zahnärztlichen Praxislabors.[530] Entsprechend habe der Gesetzgeber der gesetzlichen Krankenversicherung eine „*Marktentwicklungsverantwortung*" und müsse den (Dental-)Gesundheitsmarkt strenger regulieren[531]. Der Gesetzgeber habe im Sinne seiner „*Gewährleistungsverantwortung*"[532] den drohenden Missbrauch zu berücksichtigen[533]. In der Konstellation von Zahnarzt und Praxislabor seien insbesondere das „*Trennungsprinzip*", die „*Qualitätssicherung*", die „*Chancengleichheit im Wettbewerb*" und die „*Aufklärung zum Schutz der Patienten*" nicht ausreichend gesetzlich gesichert.[534]

12.3.1 Trennungsprinzip

Der Gesetzgeber fordert in § 73 Abs. 7 und § 128 SGB V eine wirtschaftliche Trennung der Leistungserbringer (sog. „*Trennungsprinzip*")[535]. Diese „*notwendige*" Trennung schützt die Kostenträger vor überhöhten Kosten und die Patienten vor Leistungen, die nicht medizinisch indiziert sind, aber vom Behandler

529 So fast wörtlich Quaas/Zuck/Clemens, Medizinrecht, § 30 Rn. 25, vgl. aber auch dort Rn. 22 ff.; ebenso Krauskopf, SGB V § 69 Rn. 3.

530 Detterbeck/Plagemann, ZPL online, Kap. D., S. 101 f.; Rixen GesR 2014, 449 ff.; Schuler-Harms, in: Wallrabenstein, 27 ff.

531 So wörtlich Rixen GesR 2014, 451.

532 Rixen GesR 2014, 453.

533 Detterbeck/Plagemann, ZPL online, Kap. D., S. 102; Rixen GesR 2014.

534 Detterbeck/Plagemann, ZPL online, Kap. D., S. 103 f.

535 BSG BeckRS 2014, 70998; BeckRS 2013, 70583; LSG Nordrhein-Westfalen BeckRS 2009, 66189; SG München BeckRS 2017, 130762; MAH SozR, Teil D. SGB V – Gesetzliche Krankenversicherung § 21 Rn. 69.

aufgrund wirtschaftlicher Interessen empfohlen werden.[536] Auch das BSG sieht das Trennungsprinzip als den wesentlichen Garanten von Wirtschaftlichkeit und Qualitätssicherung. Durch die Trennung von Diagnostik und Therapie werden falsche Entscheidungen aufgrund finanzieller Anreize vermieden.[537] Eine fachliche Unabhängigkeit kann nicht garantiert werden, wenn der Behandler im Rahmen seiner Diagnose auch eine solche Therapie verordnen kann, die ihm einen wirtschaftlichen Vorteil bringt[538].

Insbesondere das Vergütungsrecht orientiert sich an dem Trennungsprinzip. Ein Beispiel ist die sog. *„Gebührenordnung für Vertragsärztinnen und -Ärzte (Einheitlicher Bewertungsmaßstab-Ärzte: EBM)“*. Dort sind die unterschiedlichen Kompetenzen scharf abgrenzt. Ein niedergelassener Arzt (als Nicht-Laborarzt) darf sich an einer Laborgemeinschaft beteiligen und die dort erbrachten Leistungen im eigenen Namen abrechnen. Dagegen darf der Laborarzt, der seinerseits an einer Laborgemeinschaft beteiligt ist, dies nicht tun. Das BSG betont, dass eine *„solch restriktive Auslegung“* geboten sei, um Missbrauch zu vermeiden (z.B. Kickbacks). Die Notwendigkeit der restriktiven Auslegung folge aus der *„Direktabrechnung“*.[539] Nur eine scharfe Trennung stelle die fachliche Unabhängigkeit des Arztes sicher[540].

Einem Arzt muss jede Möglichkeit verwehrt sein, sich aufgrund von finanziellen Motiven zu einer nicht-indizierten Behandlung zu entscheiden. Daher muss der Sozialgesetzgeber auch erkennen, dass die Beziehung zwischen Zahnarzt und (Praxis-)Labor geeignet sind, die fachliche Unabhängigkeit des Zahnarztes aufgrund wirtschaftlicher Anreize zu gefährden.[541]

Es muss daher geregelt werden, dass die Versorgung mit Zahnersatz nur unter strikter Trennung von (zulässiger) Herstellung durch ein eingetragenes Labor einerseits und zahnärztlicher Heilbehandlung anderseits erfolgen darf. Aktuell ist diese Trennung aber sozialrechtlich nicht gewährleistet.[542]

---

536 Detterbeck/Plagemann, ZPL online, Kap. D., S. 103.
537 BSG BeckRS 2014, 70998, Rn. 33.
538 Schüßler, ZPL, S. 101.
539 BSG BeckRS 2015, 72096 = FD-SozVR 2016, 378029.
540 Schüßler, ZPL, S. 104.
541 BGH GRUR 2015, 1237 vor Rn. 7; GRUR 2012, 1050 Rn. 22, 26; Detterbeck/Plagemann, ZPL online, Kap. D., S. 95 ff.; Sosnitza, in: Ohly/Sosnitza, UWG § 4a Rn. 133; ZÄK Westfalen, S. 15.
542 Detterbeck/Plagemann, ZPL online, Kap. D., S. 105.

12.3.2 Qualitätssicherung

Der gesamte neunte Abschnitt des SGB V befasst sich mit dem Thema der Qualitätssicherung der Leistungserbringung. Dies dient der optimalen Patientenversorgung und der fairen und nachhaltigen Finanzierung[543] und gilt für alle Leistungserbringer gleichermaßen[544]. Der Patient muss auf diese Qualitätssicherung vertrauen können. Die Herstellung von Zahnersatz ist Teil der Leistungserbringung. Die notwendige Qualität kann nur durch die entsprechende Fachkunde gewährleistet werden. Die Qualitätssicherung im Gesundheitsmarkt erfolgt daher mittels zahntechnischer Ausbildung und kontinuierlicher Fortbildung der handelnden Personen[545].

Beispiele für die entsprechende Fachkunde sind das zahnärztliche Studium[546], die handwerkliche Meisterausbildung und die fachärztliche Fortbildung. Elementarer Teil der Qualitätssicherung ist, dass die Herstellung von Zahnersatz permanent durch eine qualifizierte Person angeleitet und überwacht werden muss. Dieses handwerksrechtliche Gebot der Qualitätssicherung gilt aber gleichermaßen für das Praxislabor, soweit dort keine eigenhändige Tätigkeit des Zahnarztes erfolgt.[547] In der Qualitätssicherung der Zahnersatzleistung stehen die Zahntechniker in einer *„Systempartnerschaft“* mit den Zahnärzten. Beide Berufsgruppen sind voneinander abhängig. Fertigt der Zahnarzt einen schlechten Abdruck oder beauftragt ungeeigneten Zahnersatz, kann der Zahntechniker nicht den medizinisch erforderlichen Zahnersatz fertigen. Spiegelbildlich kann der Zahnarzt keine effektive Heilbehandlung durchführen, wenn der gelieferte Zahnersatz ungeeignet oder sogar gesundheitsgefährdend ist. Daher darf sich jeder Beteiligte bei der Leistungserbringung nur an fachlichen Aspekten orientieren. Eine Orientierung an finanziellen Aspekten lässt in dieser Partnerschaft die *„ausschlaggebende Qualität“* völlig außer Acht.[548]

Die notwendige Fachkunde für die Herstellung von Zahnersatz hat der Zahntechnikermeister in seiner Ausbildung erworben und in der Prüfung nachgewiesen. Hinsichtlich der diesbezüglichen Fachkunde eines Zahnarztes wird

543 Krauskopf, SGB V § 73 Rn. 3; Schnapp/Wigge, § 16 Rn. 34; Spickhoff, SGB V § 73 Rn. 2.

544 KassKomm, SGB V § 136a Rn. 13; Scholz, in: Becker/Kingreen, SGB V § 87 Rn. 8; Spickhoff, SGB V § 136a Rn. 5 ff.

545 Quaas/Zuck/Clemens, Medizinrecht, § 13 Rn. 59.

546 Anmerkung: Soweit dieses vor dem 01.10.2020 absolviert wurde.

547 Quaas/Zuck/Clemens, Medizinrecht, § 30 Rn. 22 ff.

548 Quaas/Zuck/Clemens, Medizinrecht, § 30 Rn. 26 f.

auf die obigen Ausführungen zur Neuregelung der Approbationsordnung und die daraus resultierenden Folgen für den zulässigen Betrieb eines Praxislabors verwiesen[549].

12.3.3 Fairer Wettbewerb

Das Sozialrecht soll auch der Regelung des Wettbewerbs dienen. Das UWG schützt *„das Interesse der Allgemeinheit an einem unverfälschten Wettbewerb“*. Ein unverfälschter Wettbewerb liegt aber auch im Interesse der Patienten und Leistungsträger im Gesundheitsmarkt. Im Gesundheits- bzw. Sozialrecht ist dieser Schutz im Fall des Praxislabors nicht sichergestellt. So erwähnt § 87 Abs. 1a SGB V nur beiläufig, dass der Vertragszahnarzt bei Rechnungslegung eine Durchschrift der Rechnung des gewerblichen oder des praxiseigenen Labors beizufügen hat. Mit den wettbewerblichen Regelungen soll neben einem fairen Markt auch die Unabhängigkeit der Leistungserbringer und damit die Wirtschaftlichkeit und Qualität der Leistung im Sinne der Krankenkassen und Patienten gesichert werden.[550]

Dies ist aber nicht mehr gewährleistet, wenn ein Arzt unter Ausnutzung seiner Stellung als Behandler und Verordner sich an der Erbringung der Hilfsmittel (wirtschaftlich) beteiligt und Umfang und Art der Hilfsmittelerbringung durch den Markt aufgrund seiner finanziellen Interessen beeinflussen kann. Insoweit besteht ein *„atypischer privilegierter Kundenzugang“* für den Arzt im Gegensatz zu den anderen Wettbewerbern (z.B. Labors). Der Arzt kann seine besondere Vertrauensstellung nutzen und Hilfsmittel verordnen, um dadurch einen finanziellen Eigenvorteil zu erzielen. Der Patient steht in einem speziellen Vertrauens- und Abhängigkeitsverhältnis zum behandelnden Arzt. Daher wird er der Empfehlung seines Behandlers regelmäßig folgen.[551]

Die wirtschaftliche Verbindung zwischen Zahnarzt und Praxislabor bleibt dem Patienten oft verborgen. Er vertraut darauf, dass die Entscheidung seines Behandlers rein fachlich motiviert ist. Wenn dem Patienten der Zahnersatz aus dem eigenen Praxislabor nahegelegt wird, wird der Patient aufgrund des Vertrauens in den Zahnarzt und der Unkenntnis der Marktlage in aller Regel nicht ablehnen oder ein gewerbliches Dentallabor vorschlagen. Ein fairer und freier Wettbewerb zum Schutz der Patienten und der wirtschaftlichen Interessen der Krankenkassen ist dann nicht mehr gegeben. Dieses Ungleichgewicht muss

549 Vgl. 4.2.1.2.2.
550 Detterbeck/Plagemann, ZPL online, Kap. D. S. 107; Schnapp/Wigge, § 2 Rn. 44.
551 Kluth/Nuckelt, SGB 2003, 430 ff.

reguliert werden. Geeignet dafür ist ein Verbot der Selbstversorgung aus einem nicht eingetragenen Praxislabor bzw. aus einem eingetragenen Labor, an dem der Behandler beteiligt ist oder anderweitig wirtschaftlich partizipiert.[552]

12.3.4 Fehlende Aufklärung

Anders als der Inhaber eines gewerblichen Dentallabors steht der Zahnarzt in unmittelbarem Kontakt zu den Patienten. Er kann daher beeinflussen, ob der Zahnersatz in seinem Praxislabor oder in einem gewerblichen Dentallabor gefertigt werden soll, an dem er wirtschaftlich beteiligt ist.[553]

Eine solche Beeinflussung des Patienten durch den informatorisch überlegenen Behandler ist zu unterbinden. Der Wortlaut des § 630c Abs. 2 BGB ergibt, dass der bestmögliche Patientenschutz für den mündigen und gut informierten Verbraucher dadurch sichergestellt wird, dass der Behandler ihn vorab, verständlich und vollständig über „*sämtliche für die Behandlung wesentlichen Umstände, insbesondere die Diagnose, die voraussichtliche gesundheitliche Entwicklung, die Therapie und die zu und nach der Therapie zu ergreifenden Maßnahmen*" aufklärt und somit ein solides Fundament für eine Behandlung im Sinne des Patienten schafft.[554]

Zweck ist nicht nur eine Information, sondern dass der Patient in die Rolle eines mündigen Entscheidungsträgers versetzt wird, der Vor- und Nachteile der Behandlung abwägen kann. Die „*therapeutische Aufklärung*" dient nicht primär „*der allgemeinen Information des Patienten*" über die Behandlung. Vielmehr schafft sie einen Ausgleich der „*Informationsasymmetrie*" zwischen Patient und Behandler.[555]

Der Zahnarzt muss den Patienten aufklären, warum die Herstellung des Zahnersatzes in einem Praxislabor erfolgen soll und nicht in einem gewerblichen

---

552 Detterbeck/Plagemann, ZPL online, Kap. D., S. 107 ff.

553 Detterbeck/Plagemann, ZPL online, Kap. D., S. 109 m. w. N.; Quaas/Zuck/Clemens, Medizinrecht, § 30 Rn. 26 zur Beziehung der Leistungserbringer; Krauskopf, SGB V § 88 Rn. 16 zur „*Schutzwirkung zugunsten des vers. Patienten*".

554 Katzenmeier, in: BeckOK, BGB § 630c Rn. 4; Laufs/Katzenmeier/Lipp, Arztrecht, V. Aufklärungspflicht und Einwilligung Rn. 107; Spickhoff, in: Spickhoff, BGB § 630c Rn. 10; Wagner, in: MüKoBGB, § 630c Rn. 1.

555 Detterbeck/Plagemann, ZPL online, Kap. D., S. 109; Katzenmeier, in: BeckOK, BGB § 630c Rn. 4; Laufs/Katzenmeier/Lipp, Arztrecht, V. Aufklärungspflicht und Einwilligung Rn. 107; Spickhoff, in: Spickhoff, BGB § 630c Rn. 10; Wagner, in: MüKoBGB, § 630c Rn. 13 u. 58.

Labor eines Dritten[556]. Dazu muss er dem Patienten die medizinischen, aber auch finanziellen Vor- und Nachteile erläutern. Um aber das Vertrauen des Patienten in die fachliche Unabhängigkeit nicht zu verletzen, muss der Zahnarzt den Patienten auch informieren, ob es finanzielle Verflechtungen zwischen dem empfohlenen Labor und dem Behandler gibt. Ebenso muss er offenlegen, ob der Zahnersatz im Praxislabor unter der Aufsicht eines fachlich kompetenten Betriebsleiters gefertigt wird.[557]

Nur dann kann der Patient mündig entscheiden. Die Anfertigung von Zahnersatz in einem Praxislabor ohne Überwachung und Anleitung durch eine qualifizierte Person stellt einen für die *„Behandlung wesentlichen Umstand"* im Sinne des § 630c Abs. 2 BGB dar. Der Schutz der Patienten wird gewöhnlich dadurch sichergestellt, dass die Herstellung unter fachkundiger Überwachung und Anleitung erfolgt. Im Gegensatz dazu erfolgt die Herstellung im Praxislabor regelmäßig nicht unter der Anleitung und Überwachung einer fachkundigen Person. Im Praxislabor ist der Schutz der Patienten regelmäßig nicht sichergestellt.[558] Die Anwesenheit des Behandlers *„in angemessener räumlicher Entfernung"*[559] zum Praxislabor ist nicht ausreichend[560]. Eine fehlende Aufklärung über die unbeaufsichtigte Fertigung im Praxislabor ist eine Verletzung der ärztlichen Mitwirkungspflicht nach § 630c BGB.

12.4 Zwischenergebnis

Das Sozialrecht enthält keine spezielle Regelung des Praxislabors, fordert aber einen fairen und gleichen Wettbewerb der Leistungserbringer zum Zweck der Qualitätssicherung und im Sinne der Patienten und Leistungsträger.

Das Praxislabor birgt das Risiko, dass der Zahnarzt im Rahmen der Laborauswahl auch durch finanzielle Anreize und nicht nur durch fachliche Aspekte geleitet wird.

Die Verletzung des Trennungsprinzips gefährdet eine wirtschaftliche und qualitätsgesicherte Versorgung mit Zahnersatz und den fairen und freien Wettbewerb der Marktteilnehmer.

---

556 Detterbeck/Plagemann, ZPL online, Kap. D., S. 109, wonach der Herstellungsort ein *„wesentlicher Umstand"* sei.

557 Detterbeck/Plagemann, ZPL online, Kap. D., S. 109.

558 Detterbeck/Plagemann, ZPL online, Kap. D., S. 109 und 110.

559 Vgl. § 11 MBO.

560 Detterbeck/Plagemann, ZPL online, Kap. D., S. 110.

Der Gesetzgeber muss daher das Verhältnis von Zahnarzt und Praxislabor strenger regulieren, z.B. durch ein Verbot der Versorgung aus einem Labor, an dem der Behandler beteiligt ist.

13. Strafrechtliche Aspekte eines Praxislabors

Da der Betrieb eines Praxislabors auch finanziell motiviert sein kann[561] und die Gewährung vermögenswerter Vorteile als Gegenleistung für die Beauftragung eines bestimmten Dentallabors unzulässig sind[562], soll abschließend untersucht werden, ob sich ein Zahnarzt durch den Betrieb eines Praxislabors oder die Beteiligung an einem gewerblichen Dentallabor eventuell sogar strafbar machen kann.

Zahnärzte haben die Pflicht zur fachlichen Unabhängigkeit, damit ihre Patienten vor falschen, weil finanziell motivierten Entscheidungen des Zahnarztes geschützt werden. Die dargestellten berufs- und sozialrechtlichen Vorgaben dienen diesem Schutzzweck. Aber auch das ärztliche Korruptionsstrafrecht schützt das „*Vertrauen der Patienten in die Integrität heilberuflicher Entscheidungen*". Insoweit gibt es eine Schnittmenge zwischen der Verletzung der fachlichen Unabhängigkeit und der Korruption im Gesundheitsmarkt.[563]

13.1 Das ärztliche Korruptionsstrafrecht

Mit Wirkung zum 04.06.2016 wurde das Strafgesetzbuch (StGB) aufgrund des Gesetzes zur Bekämpfung von Korruption im Gesundheitswesen vom 30.05.2016 um die Regelungen in § 299 a und § 299 b ergänzt[564]. Die neuen Straftatbestände sollen die fachliche Unabhängigkeit sicherstellen und die Kostenträger vor unnötiger Belastung schützen.[565] Diese Straftatbestände verfolgen „*einen doppelten Rechtsgüterschutz*". Dies dient einem fairen Wettbewerb im

---

561 Schüßler, ZPL, S. 29 und 33.

562 BGH GRUR 2012, 1050 Rn. 28 ff.

563 BT-Drucks. 18/6446, 12; Eisele, in: Schönke/Schröder, StGB § 299 a Rn. 2; Fischer, StGB § 299a Rn. 3; Hohmann, in: MüKoStGB, § 299 a Rn. 1 u. 4; Kindhäuser/Neumann/Paeffgen, StGB § 299 a Rn. 33 u. 81; Lackner/Kühl/Heger, StGB § 299 a Rn. 1; Schuhr, in: Spickhoff, StGB §§ 299 a, 299 b Rn. 16.

564 Eisele, in: Schönke/Schröder StGB § 299 a Rn. 1; Kindhäuser/Neumann/Paeffgen, StGB § 299 a Rn. 1 ff.

565 Eisele, in: Schönke/Schröder, StGB § 299 a Rn. 2; Fischer, StGB § 299 a Rn. 3; Lackner/Kühl/Heger, StGB § 299 a Rn. 1; Kindhäuser/Neumann/Paeffgen, StGB § 299 a Rn. 28 f; Schuhr, in: Spickhoff, StGB §§ 299 a, 299 b Rn. 8.

Gesundheitswesen und dem Vertrauensschutz der Patienten in die „*Integrität heilberuflicher Entscheidungen*". Aber geschützt werden damit auch mittelbar die Vermögensinteressen der Wettbewerber im Gesundheitswesen, der Patienten und der gesetzlichen Krankenversicherung.[566]

Die Bekämpfung von Korruption im Gesundheitsmarkt erfolgt auch im öffentlichen Interesse. Die Integrität heilberuflicher Entscheidungen ist ein „*überindividuelles Rechtsgut von großer Bedeutung*". Korruptionsstraftaten im Gesundheitsmarkt berühren auch stets die Interessen der Allgemeinheit in erheblicher Weise. Der Verzicht auf ein Strafantragserfordernis ist daher „*sachgerecht*".[567] Die strafrechtliche Bekämpfung von Korruption liegt aber nicht nur im Interesse der Patienten und Kostenträger, sondern auch im speziellen Interesse aller Leistungsträger.[568]

Eine unzulässige Gewinnorientierung soll durch das ärztliche Korruptionsstrafrecht sanktioniert werden, was auch im Sinne des zahnärztlichen Berufsstandes ist[569]. Der Zahnarzt hat seine Entscheidungen nur am Patientenwohl zu orientieren. Dem Zahnarzt muss daher klar sein, dass für Angehörige eines Heilberufs die legalen Möglichkeiten für die Erzielung von finanziellen Vorteilen im Rahmen „*patientenbezogener Unternehmensentscheidungen*" erheblich geringer sind als für andere Unternehmer, wie z.B. Kaufleute. Ein Gewinnstreben, das für Kaufleute noch als „*unternehmerische Geschicklichkeit*" qualifiziert wird, kann dagegen bei einem Zahnarzt schon als „*korruptes Verhalten*" bestraft werden. Dies gilt insbesondere, weil der zahnärztliche Beruf ein „*Vertrauensberuf*" ist.[570]

Der Umstand, dass sogar die BZÄK und KZBV auf diese Weise argumentieren, belegt ein tatsächliches Korruptionsrisiko der Zahnärzte. Die Standesvertreter bejahen die Notwendigkeit der Bekämpfung des „*missbräuchliche(n) Verkauf(s) heilberuflicher Entscheidungen an Dritte bzw. deren Kauf durch Dritte*".[571]

Die Novellierung des Korruptionsstrafrechts macht die Sicherung eines fairen Preis- und Qualitätswettbewerbs und den effektiven Schutz heilberuflicher Entscheidungen vor unzulässiger Beeinflussung und Ökonomisierung erst

566 BT-Drucks. 18/6446, S. 12 f.

567 BT-Drucks. 18/8106, S. 17.

568 Eisele, in: Schönke/Schröder, StGB § 299 a Rn. 2; Kindhäuser/Neumann/Paeffgen, StGB § 299 a Rn. 43.

569 BZÄK/KZBV, BB, 2016, S. 18.

570 BZÄK/KZBV, BB, 2016, S. 2.

571 BZÄK/KZBV, BB, 2016, S. 2; vgl. MAH SozR, Teil D. SGB V – Gesetzliche Krankenversicherung § 21 Rn. 8 zur Entscheidungsfreiheit.

möglich[572]. Davor waren finanziell beeinflusste Entscheidungen von Heilberufsträgern allenfalls unzulässig im Sinne der berufs-, sozial- und mittelbar der wettbewerbsrechtlichen Vorgaben.

So regelt § 2 Abs. 7 MBO, dass es dem Zahnarzt nicht erlaubt ist, *„für die Verordnung, die Empfehlung oder den Bezug für Patienten von Arznei-, Heil- oder Hilfsmitteln sowie Medizinprodukten eine Vergütung oder sonstige vermögenswerte Vorteile für sich oder Dritte versprechen zu lassen oder anzunehmen"*.

Entsprechend regelt § 2 Abs. 8 MBO, dass es dem Zahnarzt verboten ist, *„für die Zuweisung und Vermittlung von Patienten ein Entgelt zu fordern oder andere Vorteile sich versprechen oder gewähren zu lassen oder selbst zu versprechen oder zu gewähren"*.

Eine ähnliche Regelung findet sich in § 73 Abs. 7 SGB V: *„Es ist Vertragsärzten nicht gestattet, für die Zuweisung von Versicherten oder für die Vergabe und Dokumentation von Diagnosen ein Entgelt oder sonstige wirtschaftliche Vorteile sich versprechen oder sich gewähren zu lassen oder selbst zu versprechen oder zu gewähren. § 128 Absatz 2 Satz 3 gilt entsprechend."*

§ 128 Abs. 2 Satz 3 SGB V regelt ergänzend: *„Unzulässige Zuwendungen [...] sind auch die unentgeltliche oder verbilligte Überlassung von Geräten und Materialien und Durchführung von Schulungsmaßnahmen, die Gestellung von Räumlichkeiten oder Personal oder die Beteiligung an den Kosten hierfür sowie Einkünfte aus Beteiligungen an Unternehmen von Leistungserbringern, die Vertragsärzte durch ihr Verordnungs- oder Zuweisungsverhalten selbst maßgeblich beeinflussen."*

Der Gesetzgeber hat demnach den doppelten Rechtsgüterschutz auch schon vor der Novellierung des Korruptionsstrafrechts verfolgt. Es fehlten aber die effektiven strafrechtlichen Mittel zur Durchsetzung. Der zuvor existierende Straftatbestand des § 299 StGB zur Verfolgung der *„Bestechlichkeit und Bestechung im geschäftlichen Verkehr"* war dafür jedenfalls ungeeignet. Nach der Rechtsprechung des BGH handelt der Arzt *„bei der Wahrnehmung seiner vertragsärztlichen Aufgaben weder als Amtsträger i.S.d. § 11 Abs. 1 Nr. 2c StGB noch als Beauftragter i.S.d. § 299 StGB"*. Der Arzt könne daher auch nicht als solcher *„in strafrechtlich relevanter Weise"* bestochen werden.[573]

---

572 Eisele, in: Schönke/Schröder, StGB § 299 a Rn. 2; Fischer, StGB § 299 a Rn. 3; Kindhäuser/Neumann/Paeffgen, StGB § 299 a Rn. 28 f.; Lackner/Kühl/Heger, StGB § 299 a Rn. 1; Schuhr, in: Spickhoff StGB §§ 299 a, 299 b Rn. 8.

573 BT-Drucks. 18/6446, 12; BGH BeckRS 2012, 13162; Eisele, in: Schönke/Schröder, StGB § 299 a Rn. 2; Fischer, StGB § 299 a Rn. 3; Kindhäuser/Neumann/Paeffgen, StGB § 299 a Rn. 28 f.; Lackner/Kühl/Heger, StGB § 299 a Rn. 1; MAH SozR, Teil D. SGB

Der BGH erkannte aber die abstrakte Möglichkeit an, dass Ärzte in Korruptionshandlungen verwickelt sein können. Diese Sachverhalte waren aber nicht strafbar. Auch die Straftatbestände der Untreue nach § 266 StGB und des Betruges nach § 263 StGB waren ungeeignet, ein solches Verhalten der Ärzte strafrechtlich ahnden zu können. Diese Straftatbestände konnten den „*Unrechtsgehalt von Korruption im Gesundheitswesen*" nicht ausreichend abdecken.[574] Auch nach *Fischer* waren die berufs- und sozialrechtlichen Regelungen bzw. das Wettbewerbsrecht nicht die tauglichen Mittel, um die wachsende Korruption im Gesundheitswesen einzudämmen oder zu verhindern.[575]. Die Verfolgung habe man nicht allein den Bundes- und Landesärztekammern und Kassenärztlichen Vereinigungen überlassen können. Diese seien evident nicht in der Lage gewesen, effektiv gegen die fortschreitende Korruption vorzugehen. Nur das Arsenal der staatlichen Ermittlungsbehörden könne sicherstellen, dass diese unzulässigen und nicht hinnehmbaren Vorgänge effektiv und schnell aufgeklärt werden. Nur mittels der öffentlichen Strafverfolgung könne die notwendige Abschreckung erzielt werden. Um das Risiko der Strafbarkeit von vornherein auszuschließen und damit im Sinne einer positiven Öffentlichkeitswirkung auch schon gar kein Verdacht gegen einen Leistungsträger aufkommen kann, empfehle es sich, dass die betroffenen Akteure frühzeitig und effektiv ihren Betrieb auf die Einhaltung der neuen gesetzlichen Vorgaben einstimmen.[576]

Die Einführung des ärztlichen Korruptionsstrafrechts war notwendig, um eine existierende Korruption im Gesundheitswesen effektiv bekämpfen zu können.

13.2 Straftatbestände

Die §§ 299 a und b StGB bestrafen beide Parteien einer Korruptionshandlung im Gesundheitsmarkt. Die Strafbarkeit der Nehmerseite nach § 299 a StGB und die Strafbarkeit der Geberseite nach § 299 b StGB stehen spiegelbildlich zueinander. Deshalb gelten die nachfolgenden Ausführungen analog für beide Straftatbestände.

V – Gesetzliche Krankenversicherung § 21 Rn. 1; Schuhr, in: Spickhoff, StGB §§ 299 a, 299 b Rn. 8.

574 BT-Drucks. 18/6446.

575 Fischer, StGB § 299 Rn. 10e.

576 MAH SozR, Teil D. SGB V – Gesetzliche Krankenversicherung § 21 Rn. 1.

Nach § 299 a StGB wird bestraft, wer als Angehöriger eines Heilberufs im Rahmen seiner Berufsausübung einen Vorteil dafür fordert oder sich versprechen lässt oder annimmt, dass er bei der Verordnung oder bei Bezug von Medizinprodukten, die im Rahmen der Heilberufsausübung verwendet werden sollen, einen anderen im Wettbewerb in unlauterer Weise bevorzugt. Umgekehrt wird nach § 299 b StGB bestraft, wer einem Angehörigen eines Heilberufs im Rahmen dessen heilberuflicher Berufsausübung einen Vorteil als Gegenleistung dafür anbietet oder verspricht oder gewährt, dass der Angehörige des Heilberufs bei der Verordnung oder bei Bezug von solchen Medizinprodukten, die im Rahmen der heilberuflichen Berufsausübung verwendet werden, den Geber oder einen anderen im Wettbewerb in unlauterer Weise bevorzugt. § 300 StGB belegt besonders schwere Fälle der Bestechlichkeit und Bestechung im Gesundheitswesen mit noch höheren Strafen. Zu diesen Fällen gehört *„ein mit der Tat erlangter Vorteil von großem Ausmaß“* bzw. gewerbsmäßiges oder bandenmäßiges Handeln.

13.3 Strafbarkeit von Zahnärzten

Der Betrieb des handwerks-, wettbewerbs-, berufs- und sozialrechtlich[577] unzulässigen Praxislabors, aber auch die Beteiligung des Zahnarztes an einem gewerblichen Dentallabor (künftig: *„Beteiligungslabor“*) ist strafrechtlich zu würdigen.

13.3.1 Tatbestandsmerkmale des § 299 a StGB[578]

„Wer als Angehöriger eines Heilberufs, der für die Berufsausübung oder die Führung der Berufsbezeichnung eine staatlich geregelte Ausbildung erfordert, im Zusammenhang mit der Ausübung seines Berufs einen Vorteil für sich oder einen Dritten als Gegenleistung dafür fordert, sich versprechen lässt oder annimmt, dass er bei der Verordnung von Arznei-, Heil- oder Hilfsmitteln oder von Medizinprodukten, bei dem Bezug von Arznei- oder Hilfsmitteln oder von Medizinprodukten, die jeweils zur unmittelbaren Anwendung durch den Heilberufsangehörigen oder einen seiner Berufshelfer bestimmt sind, oder bei der Zuführung von Patienten oder Untersuchungsmaterial einen anderen im inländischen oder ausländischen Wettbewerb in unlauterer Weise bevorzuge“, wird nach § 299 a StGB mit Freiheits- oder Geldstrafe bestraft.

577 Vgl. dazu die zuvor erzielten Ergebnisse.
578 Hervorhebung durch Verfasser.

13.3.2 Täter

Der Zahnarzt ist Angehöriger eines Heilberufes und kommt damit nach h.M. als potentieller Täter in Betracht[579]. Der Regierungsentwurf betont entsprechend, dass insbesondere auch Zahnärzte verpflichtet sind, ihre heilberufliche Entscheidung allein nach fachlichen Aspekten im Sinne der Patienten zu treffen, und ordnet damit Zahnärzte explizit dem strafrechtlichen Regelungsbereich zu.[580]

13.3.3 Verordnung

Der Begriff der Verordnung umfasst die ärztliche Verschreibung von Arznei-, Heil- und Hilfsmitteln sowie Medizinprodukten für einen Patienten[581]. Die Verordnung von Medizinprodukten und damit die Beauftragung des Labors zur Fertigung eines Medizinprodukts erfolgen zur Behandlung der Patienten und damit im Zusammenhang mit der Ausübung des ärztlichen Berufs.[582]

13.3.4 Medizinprodukt, Bezug und Anwendung

Der Begriff des Medizinprodukts folgt dem Begriff in § 3 MPG[583]. Insoweit erfüllt auch Zahnersatz als Medizinprodukt im Sinne einer Sonderanfertigung nach § 3 Nr. 8 MPG den Tatbestand des § 299 a StGB[584]. Der „*Bezug*“ umfasst jede Handlung, welche sich auf entgeltliches oder unentgeltliches Erwerben der Medizinprodukte richtet, z.B. die Bestellung, die Entgegennahme und die Begleichung der Rechnung[585]. Der Zahnersatz wird nach der praxisrelevanten Ansicht von

---

579 Eisele, in: Schönke/Schröder, StGB § 299 a Rn. 9; Hohmann, in: MüKoStGB, § 299 a Rn. 13; Kindhäuser/Neumann/Paeffgen, StGB § 299 a Rn. 94, 136 und 181; Lackner/Kühl/Heger, StGB § 299 a Rn. 2; Quaas/Zuck/Clemens, Medizinrecht, § 30 Rn. 26; Schuhr, in: Spickhoff, StGB §§ 299 a, 299 b Rn. 13.

580 BT-Drucks. 18/6446, 19; Kindhäuser/Neumann/Paeffgen, StGB § 299 a Rn. 169 unter Bezug auf d. Regierungsentwurf.

581 BT-Drucks. 18/6446, S. 20; Eisele, in: Schönke/Schröder, StGB § 299 a Rn. 17.

582 Hartwig ZTM 2018, Teil 1.; Hohmann, in: MüKoStGB, § 299 a Rn. 37; KassKomm, SGB V § 55 Rn. 60 ff.; Kindhäuser/Neumann/Paeffgen, StGB § 299 a Rn. 166 m. Verw. auf BT-Drucks. 18/6446, 20; Schuhr, in: Spickhoff, StGB §§ 299 a, 299 b Rn. 28; Tsambikakis medstra 2016, 131, 135.

583 Kindhäuser/Neumann/Paeffgen, StGB § 299 a Rn. 166 m. Verw. auf BT-Drucks. 18/6446, 20.

584 Hohmann, in: MüKoStGB, § 299 a Rn. 37.

585 Tsambikakis medstra 2016, 131, 135.

Hartwig[586] auch unmittelbar durch den Zahnarzt am Patienten durch die Eingliederung tatbestandlich angewandt[587]. Nach h.M. ist der Zahnersatz ein tatbestandliches Medizinprodukt, welches von einem Zahnarzt im Rahmen der Heilbehandlung eines Patienten verwendet wird.[588]

13.3.5 Vorteil

Der Tatbestand nennt ferner einen Vorteil, den der Täter als Gegenleistung fordert, sich versprechen lässt oder annimmt. Nach der Rechtsprechung des BGH ist dieser Vorteil jede Leistung, auf die der Betroffene keinen Anspruch hat und die seine wirtschaftliche, rechtliche oder auch nur persönliche Lage objektiv verbessert[589]. Unerheblich ist es dagegen, ob der Fordernde selbst diesen Vorteil unmittelbar erlangt oder dieser einem Dritten gewährt wird[590], zu dem der Fordernde eine enge Beziehung hat. Ein typischer Fall solcher Drittvorteile ist, wenn ein Zahnarzt als Gesellschafter des Labors nur in seinem Beteiligungslabor den benötigten Zahnersatz fertigen lässt und dadurch unmittelbar den Gewinn der Beteiligungslaborgesellschaft und damit mittelbar seinen eigenen Gewinnanteil erhöht.[591]

Ebenso generiert die Herstellung im eigenen Praxislabor für den Zahnarzt Kostenvorteile. Die möglichen Kostenvorteile[592] wurden bereits ausführlich

---

586 StA Hartwig ist Vertreter der Zentralstelle zur Bekämpfung von Vermögensstraftaten und Korruption im Gesundheitswesen (ZBVKG) bei der Generalstaatsanwaltschaft Frankfurt am Main. Der Verfasser hat am 11.01.2019 mit Hartwig in Frankfurt a.M. ein fachliches Gespräch zu seinem Artikel in ZTM 2018 geführt, in dem die folgenden Erkenntnisse bestätigt wurden.

587 Hartwig ZTM 2018, Teil 1.

588 Hartwig ZTM 2018, Teil 1.; Hohmann, in: MüKoStGB, § 299 a Rn. 37; KassKomm, SGB V § 55 Rn. 60 ff.; Kindhäuser/Neumann/Paeffgen, StGB § 299 a Rn. 166 m. Verw. auf BT-Drucks. 18/6446, 20; Schuhr, in: Spickhoff, StGB §§ 299 a, 299 b Rn. 28; Tsambikakis medstra 2016, 131, 135.

589 BGH NStZ-RR 2015, 278, 279; NStZ 2005, 334, insb. 335; BGH NJW 1983, 2509.

590 Siehe Tatbestand: *„Vorteil für sich oder einen Dritten"*.

591 BT-Drucks 18/6446, S. 17 u. 23; Bahner, S. 51; Hartwig ZTM 2018, Teil 1; Kindhäuser/Neumann/Paeffgen, StGB § 299 a Rn. 128; Schneider, Kooperationen im Gesundheitswesen, S. 49; Schuhr, in: Spickhoff, StGB §§ 299 a, 299 b Rn. 19.

592 BGH GRUR 1992, 123, 125; Dieners/Reese/Kemmner PharmR 2017, 480; Fritzsche, in: Spickhoff, UWG § 3 a Rn. 12; v. Jagow, in: Harte-Bavendamm/Henning-Bodewig, UWG § 3 a Rn. 80; Köhler, in: Köhler/Bornkamm/Feddersen, UWG § 3 a Rn. 1.25, 1.28, 1.143; Krauskopf, SGB V § 88 Rn. 18.

dargestellt. Es wäre realitätsfremd, wenn ein Zahnarzt ein Praxislabor betreibt, ohne damit einen wirtschaftlichen Vorteil erzielen zu wollen[593]. Ein tatbestandlicher Vorteil wird durch den Zahnarzt erzielt, wenn er den Zahnersatz zur Versorgung der eigenen Patienten im eigenen Praxislabor oder im Beteiligungslabor anfertigen lässt. Der Begriff des Vorteils darf hinsichtlich des Schutzzwecks des ärztlichen Korruptionsstrafrechts auch nicht zu eng ausgelegt werden. Umfasst ist jede materielle oder immaterielle Besserstellung des Täters oder eines Dritten, die geeignet ist, einen (unzulässigen) Einfluss auf die Entscheidung des Zahnarztes auszuüben. Demnach kann jedenfalls die Beteiligung an einem Unternehmen im Gesundheitswesen (z.B. Dentallaborgesellschaft) einen solchen strafrechtlichen relevanten Vorteil darstellen.[594]

Faktisch ergibt sich aber kein Unterschied, ob der Zahnersatz aus einem selbstständig organisierten Beteiligungslabor stammt, das allein oder überwiegend dem Zahnarzt gehört[595], oder aus einem unselbstständigen Praxislabor[596]. In beiden Fällen partizipiert der Zahnarzt finanziell an der Tätigkeit im Labor. Das Praxislabor ist sogar wirtschaftlich vorteilhafter für den Zahnarzt, da dieses mit geringeren Personalkosten geführt werden kann[597]. Dort ist schließlich in aller Regel kein fachlich geeigneter Betriebsleiter angestellt. Der Vorteil kann sowohl die mittelbare als auch unmittelbare Partizipation an Gewinnen eines Praxislabors oder Beteiligungslabors sein. Ebenso sind eine Rückvergütung, Einkaufsrabatte oder Geschenke, die der Zahnarzt vom jeweiligen externen Labor erhält oder sich selbst über sein Praxislabor zuweist, beachtlich. Gleiches gilt für Skonti über 3 % oder die unentgeltliche Leihe von teuren Geräten von dem Labor an den Zahnarzt.[598]

Ein tatbestandlicher Vorteil kann nicht nur für den Zahnarzt selbst entstehen, sondern auch für Dritte[599]. Solche Dritte sind z.B. Praxishelfer, Ehepartner und

---

593 Schüßler, ZPL, S. 29 u. 33.

594 BZÄK/KZBV, BB, 2016, S. 8; Hohmann, in: MüKoStGB, § 299 a Rn. 20 ff.; Kindhäuser/Neumann/Paeffgen, StGB § 299 a Rn. 119; Momsen/Laudien, in: BeckOK, StGB § 299 Rn. 34; Schuhr, in: Spickhoff, StGB §§ 299 a, 299 b Rn. 16; ZÄK Westfalen, S. 8.

595 = Wirtschaftliche Identität.

596 = Rechtliche Identität.

597 Dieners/Reese/Kemmner PharmR 2017, 480; Krauskopf, SGB V § 88 Rn. 18.

598 Eisele, in: Schönke/Schröder, StGB § 299 a Rn. 21 ff.; Hohmann, in: MüKoStGB, § 299 a Rn. 20 f.; Kindhäuser/Neumann/Paeffgen, StGB § 299 a Rn. 121 f.; Schuhr, in: Spickhoff, StGB §§ 299 a, 299 b Rn. 15 ff.

599 Kindhäuser/Neumann/Paeffgen, StGB § 299 a Rn. 128; Schuhr, in: Spickhoff, StGB §§ 299 a, 299 b Rn. 19.

Kinder des Zahnarztes. Typische Vorteile sind Weihnachtsgeschenke für Praxishelfer und Einladungen zu kostspieligen Veranstaltungen kultureller und fachlicher Art für den Zahnarzt und seine Familie.[600] Die Liste möglicher unzulässiger Vorteile ist unendlich. Entscheidend für die Qualifizierung als „*unzulässig*" ist, dass der Wert den Rahmen einer geringwertigen Aufmerksamkeit überschreitet. Die Rechtsprechung hat Beträge im Bereich von 25 €[601] bis 50 €[602] als noch geringwertig erachtet. Ist der Wert des Vorteils aber höher, ist er unzulässig und strafrechtlich relevant.

13.3.6 Unrechtsvereinbarung

Ein weiteres Tatbestandsmerkmal ist die „*Unrechtsvereinbarung*" zwischen Geber und Nehmer. Der Täter muss den anderen aus einem gewissen Grund bevorzugen. Der Tatbestand ist nur erfüllt, wenn die Gegenleistung für den Vorteil eine zukünftige unlautere Bevorzugung im Wettbewerb ist, die eine heilberufliche Entscheidung betrifft.[603] Diese Unrechtsvereinbarung ist die verbindende Abrede hinsichtlich Vorteil und Bevorzugung. Erst diese synallagmatische Abrede rückt die Akteure in das Licht der Strafbarkeit, da sie die Marktregeln konterkariert und das Risiko beinhaltet, den Wettbewerb zu unterlaufen oder Verbraucherinteressen zu verletzten.[604]

Eine Unrechtsvereinbarung liegt nur dann nicht vor, falls der gewährte Vorteil sich im o.g. Bereich des „*Sozialadäquaten*" bewegt[605]. Es handelt sich dabei um solche Vorteile, die „*in den Regeln des sozialen Verkehrs und der gewöhnlichen Höflichkeit*" fußen und unter „*bestimmten lokalen Verhältnissen sogar*

---

600 Lackner/Kühl/Heger, StGB § 299 a Rn. 3.

601 BGH, BeckRS 2004, 07428.

602 OLG Frankfurt a.M. BeckRS 2016, 19975.

603 Eisele, in: Schönke/Schröder, StGB § 299 a Rn. 7; Kindhäuser/Neumann/Paeffgen, StGB § 299 a Rn. 131.

604 Hartwig ZTM 2018, Teil 1; Hohmann, in: MüKoStGB, § 299 a Rn. 27; Kindhäuser/Neumann/Paeffgen, StGB § 299 a Rn. 133 f.; MAH SozR, Teil D. SGB V – Gesetzliche Krankenversicherung § 21 Rn. 25; Momsen/Laudien, in: BeckOK, StGB § 299 a Rn. 20; Schuhr, in: Spickhoff, StGB §§ 299 a, 299 b Rn. 40 spricht von „*do-ut-des-Vereinbarung*"; Wittig, § 26 Rn. 44 f.

605 Eisele, in: Schönke/Schröder, StGB § 299 a Rn. 40; Hohmann, in: MüKoStGB, § 299 a Rn. 23; Kindhäuser/Neumann/Paeffgen, StGB § 299 a Rn. 130; MAH SozR, Teil D. SGB V – Gesetzliche Krankenversicherung § 21 Rn. 20; Schuhr, in: Spickhoff, StGB §§ 299 a, 299 b Rn. 43.

unvermeidlich sein können", wie z.B. ein Geschäftsessen[606] oder Werbegeschenke und kleinere Präsente von Patienten[607].

Nicht sozialadäquat sind mit Urlaub verbundene Fortbildungsreisen oder Ähnliches[608]. Auf die dargestellten Wertgrenzen der Rechtsprechung ist abzustellen. Unstreitig ist, dass eine Gewinnbeteiligung oder Rückvergütungen, eine Kostenersparnis durch Einsparung eines Meistergehalts oder die Einladung zu einer Fortbildungsreise ins Ausland jeweils im Wert von mehreren Tausend Euro nicht mehr sozialadäquat sind.

Um sich strafbar zu machen, muss ein Zahnarzt aber mehr tun, als solche strafrechtlich relevanten Vorteile zu fordern, sich versprechen lassen oder anzunehmen. Vielmehr müssen der Vorteil und die unlautere Bevorzugung eines speziellen Labors aufgrund einer Unrechtsvereinbarung erfolgen. Nach Ansicht des BGH muss diese Unrechtsvereinbarung nicht unbedingt auf einer schriftlichen Abrede basieren. Vielmehr reiche es aus, wenn die Bevorzugung und der Vorteil so zusammenhängen, dass die Vorteilsgewährung faktisch aufgrund der Bevorzugung erfolgt[609]. Damit wäre sogar eine stillschweigende oder konkludente Unrechtsvereinbarung relevant. Dies wäre z.B. der Fall, wenn ein Zahnarzt sämtlichen Zahnersatz in seinem Beteiligungslabor bzw. Praxislabor herstellen lässt. Auch wenn der Zahnarzt behaupten würde, dass er mit dem fraglichen Labor am besten zusammenarbeitet, besteht der Verdacht auf eine faktische Vorteilsgewährung aufgrund der Bevorzugung des Labors, weil wirtschaftliche Verflechtungen zwischen Zahnarzt und Labor jeweils bestehen. Eine konkrete Unrechtsvereinbarung ist dann nicht mehr nötig. Nach Ansicht von BZÄK und KZBV ist die Gefahr einer solchen Unrechtsvereinbarung aufgrund unlauterer Bevorzugung im Wettbewerb bereits gegeben, falls eine Zusammenarbeit zwischen Zahnarzt und Labor unter Verletzung von berufs- oder sozialrechtlichen Vorgaben erfolgt. Das sei insbesondere dann der Fall, wenn ein unzulässiger Einfluss auf eine heilberufliche Entscheidung möglich scheint.[610]

Es reicht damit aus, dass die Gefährdung der fachlichen Unabhängigkeit nur möglich scheint. Es ist nicht denkbar, dass ein Zahnarzt exklusiv das Labor beauftragt, das ihm ganz oder teilweise gehört bzw. mit dem er eine Abrede auf eine umsatzbezogene Rückvergütung hat, ohne dass er dabei auch finanzielle

606 Kindhäuser/Neumann/Paeffgen, StGB § 299 a Rn. 130.
607 BT-Drucks. 18/6446, 17.
608 Lackner/Kühl/Heger, StGB § 299 a Rn. 3.
609 BGH NStZ-RR 2008, 13.
610 BZÄK/KZBV, BB, 2016, S. 9 f.; ZÄK Westfalen, S. 9.

Motive verfolgt. Die bloße Möglichkeit der Vorteilserzielung im Praxis- oder Beteiligungslabor begründet die Gefährdung der fachlichen Unabhängigkeit. Im Fall der exklusiven Beauftragung des eigenen Labors besteht der fast unwiderlegbare Verdacht, dass ein finanzieller Aspekt heilberufliche Entscheidungen in unzulässiger Weise beeinflusst. Eine konkludente Unrechtsvereinbarung wäre insoweit gegeben.

13.3.7 Unlautere Bevorzugung

Die tatbestandliche Bevorzugung ist das Gewähren eines Wettbewerbsvorteils. Ein Beispiel ist die exklusive oder vorrangige Beauftragung zum Nachteil der anderen Marktteilnehmer[611]. Die Bevorzugung muss aber in unlauterer Weise erfolgen. Die Art der Bevorzugung muss geeignet sein, andere Marktteilnehmer durch Umgehung der Vorgaben und Dynamiken des Marktwettbewerbs oder durch Ausschaltung ihres Konkurrenzpotentials zu schädigen. Diese Bevorzugung darf auch nicht anderweitig zulässig sein[612]. Die Bevorzugung ist dann unlauter, wenn die Entscheidung zur Bevorzugung durch den tatbestandlichen Vorteil gelenkt wird.[613]

Der Zahnarzt, der ein bestimmtes Labor exklusiv bei der Auftragsvergabe bevorzugt, benachteiligt stets die anderen Laborbetreiber, indem er sich dem Markt versperrt. Ein Verstoß gegen berufs- und wettbewerbsrechtliche Vorgaben im Zusammenhang mit der Beauftragung von Praxis-, Beteiligungs- oder Kooperationslabors wurde bereits bejaht. Zur Beantwortung der Frage, inwiefern eine Bevorzugung eines solchen Betriebes im Sinne des Straftatbestands unlauter ist, kann daher auf die bereits erzielten Ergebnisse[614] zu unlauteren geschäftlichen Handlungen im Wettbewerb verwiesen werden. Entsprechend wird von der Kommentierung vertreten, dass die beanstandete Bevorzugungshandlung insbesondere nicht *„im Widerspruch zu dem Primärrecht auf dem*

---

611 Eisele, in: Schönke/Schröder, StGB § 299 a Rn. 37; Hohmann, in: MüKoStGB, § 299 a Rn. 33 f. und 35 f. zur Thematik *„Heilberufliche Tätigkeit als Gegenstand der unlauteren Bevorzugung"*; Kindhäuser/Neumann/Paeffgen, StGB § 299 a Rn. 151; Lackner/Kühl/Heger, StGB § 299 a Rn. 3 m. Verw. auf BT- Drucks. 18/6446, S. 21; Momsen/Laudien, in: BeckOK, StGB § 299 a Rn. 27; Schuhr, in: Spickhoff, StGB §§ 299 a, 299 b Rn. 38.

612 BT-Drucks. 18/6446, 21; Eisele, in: Schönke/Schröder, StGB § 299 a Rn. 39; Hohmann, in: MüKoStGB, § 299 a Rn. 34.

613 Momsen/Laudien, in: BeckOK, StGB § 299 a Rn. 27; Eisele, in: Schönke/Schröder, StGB § 299 a Rn. 39.

614 Vgl. 11.2 und 11.3.

Gesundheitsmarkt, insbesondere den Vorschriften des Sozial- und Berufsrechts" stehen dürfe, da sie andernfalls als unlauter zu werten sei.[615]

Hartwig bezieht zur Frage des Vorliegens einer unlauteren Bevorzugung im Zusammenhang mit der exklusiven Beauftragung von Beteiligungs- oder Kooperationslabors in einer zahnärztlichen Fachzeitschrift eindeutig Stellung[616]: „[…] *Demnach kommt den Markverhaltensnormen (Heilmittelwerberecht, Sozialgesetzbuch, Gesetz gegen den unlauteren Wettbewerb, berufsrechtliche Vorgaben) eine wichtige Bedeutung zu. Ihre Regelungen sind stets zu beachten – zum anderen gilt es jedoch auch stets festzustellen, ob ein im Sinne dieser Vorschriften legitimes Verhalten nicht tatsächlich dazu dient, absolut unerwünschte Verhaltensweisen (Kick Back-Zahlungen, verschleierte Umsatzbeteiligungen) zu verdecken. Ist der Grund für die Auswahl eines Labors durch den Zahnarzt demnach allein die Vorteilsgewährung – mithin in rechtlichen Kategorien ein sachwidriger Grund –, so liegt Unlauterkeit vor. Die Schwelle der „Sittenwidrigkeit" – mithin die „Verletzung des Anstandsgefühls aller billig und gerecht Denkenden" – braucht nicht überschritten zu werden.* […] *Jedoch selbst für den Fall, dass ein Produkt tatsächlich exklusiv nur bei einem einzigen Anbieter verfügbar wäre, käme dem Gewähren von etwaigen Vorteilen durch diesen Anbieter insoweit eine strafrechtliche Bedeutung zu, falls durch sie die Entstehung einer Wettbewerbslage gerade verhindert werden sollte. Dient also die Vorteilsgewährung schließlich dazu, eine markt(-exklusive) Stellung langfristig abzusichern, ist auch sie geeignet, ein strafrechtlich relevantes Risiko auszulösen* […]".[617] Diese Position wird von der strafrechtlichen Literatur gestützt.[618]

Falls die exklusive Beauftragung eines speziellen Labors eine unlautere Wettbewerbshandlung darstellt und der Vorteilsgewährung dient, ist dies gleichzeitig auch eine strafbare Handlung. Ebenso wird vertreten, dass der Zahnarzt sogar mit seinem Praxislabor in Konkurrenz zu den gewerblichen Dentallabors trete. Insoweit seien die gewerblichen Dentallabors vom Marktgeschehen ausgeschlossen, da der Zahnarzt seinen Bedarf nicht mehr von ihnen decken lasse, wenn er nur das eigene Praxislabor beauftrage.[619]

---

615 Eisele, in: Schönke/Schröder, StGB § 299 a Rn. 39 m. Verw. auf BT-Drucks. 18/6446 S. 21; Hohmann, in: MüKoStGB, § 299 a Rn. 34 u. 35; Kindhäuser/Neumann/Paeffgen, StGB § 299 a Rn. 156 ff.

616 Hervorhebung durch Verfasser.

617 Hartwig ZTM 2018, Teil 1.

618 Eisele, in: Schönke/Schröder StGB § 299 a Rn. 36 ff.; Hohmann, in: MüKoStGB, § 299 a Rn. 33 f.; a.A. für Praxislabors Schuhr, in: Spickhoff, StGB §§ 299 a, 299 b Rn. 28.

619 Hartwig ZTM 2018, Teil 2.

Andere sehen sogar schon eine Beeinflussung der Marktlage im Fall der Verletzung von berufs- oder sozialrechtlichen Vorgaben. Die BZÄK und die KZBV erachten zahnärztliches Verhalten bereits dann als unlauter, wenn ein Verstoß gegen berufs- oder sozialrechtliche Regelungen vorliegt, welche zugleich Marktverhaltensregeln darstellen, mithin Regelungen, die im Interesse der Patienten das zahnärztliche Verhalten am Markt regulieren[620]. Diese Regelungen sind insbesondere die berufs- und sozialrechtlichen Vorgaben, die eine Pflicht zur fachlichen Unabhängigkeit normieren, damit der Zahnarzt nur das fachlich beste Labor beauftragt. Finanzielle Anreize dürfen dabei keinen Ausschlag geben. Dies war auch der gesetzgeberisch verfolgte Zweck[621]: „*... Ebenso wird bestraft, wer als Angehöriger eines Heilberufs* [...] *einen Vorteil dafür fordert, sich versprechen lässt oder annimmt, dass er bei dem Bezug von Arznei-, Heil- oder Hilfsmitteln oder Medizinprodukten, die zur Abgabe an den Patienten bestimmt sind, seine berufsrechtliche Pflicht zur Wahrung der heilberuflichen Unabhängigkeit verletze* [...]“.[622]

Unlauter ist jede Bevorzugung, die die ärztliche Berufspflicht zur fachlichen Unabhängigkeit verletzt. Dementsprechend hat die Rechtsprechung bestätigt, dass es eine berufsrechtliche Pflicht des Zahnarztes ist, seine Behandlungsentscheidung nicht an wirtschaftlichen, sondern allein an medizinischen Aspekten zu orientieren[623]. Dazu gehört auch die sorgfältige Auswahl des geeigneten Herstellers für die benötigten Medizinprodukte. Die neuen Straftatbestände sollen das Vertrauen des Patienten in die fachliche Unabhängigkeit des Arztes schützen[624]. Obwohl der Gesetzgeber von einer ausdrücklichen strafrechtlichen Regelung zur Verletzung der fachlichen Unabhängigkeit abgesehen hat, sind „*sozial- und berufsrechtliche Regelungen für die Auslegung der Vorschrift*“ weiterhin von Bedeutung.[625] Ein Zahnarzt, der seine Pflicht zur fachlichen Unabhängigkeit verletzt, handelt demnach unlauter und potentiell strafbar.

---

620 BZÄK/KZBV, BB, 2016, S. 10.

621 BT-Drucks. 18/8106; Eisele, in: Schönke/Schröder, StGB § 299 a Rn. 2 u. 5; Kindhäuser/Neumann/Paeffgen, StGB § 299 a Rn. 20; MAH SozR, Teil D. SGB V – Gesetzliche Krankenversicherung § 21 Rn. 64.

622 BT-Drucks. 18/8106; Hervorhebung durch Verfasser.

623 BGH GRUR 2015, 1237; GRUR 2011, 345.

624 BT-Drucks. 18/8106; Eisele, in: Schönke/Schröder, StGB § 299 a Rn. 5; MAH SozR, Teil D. SGB V – Gesetzliche Krankenversicherung § 21 Rn. 64.

625 Eisele, in: Schönke/Schröder, StGB § 299 a Rn. 5; MAH SozR, Teil D. SGB V – Gesetzliche Krankenversicherung § 21 Rn. 64.

13.3.8 Bevorzugung eines anderen

Zu klären ist, ob ein vom Zahnarzt beauftragtes und damit bevorzugtes Praxislabor bzw. Beteiligungslabor der tatbestandlich „*andere*" sein kann.

Nach einer Ansicht kann der Korruptionsstraftatbestand grundsätzlich nicht durch den Betrieb eines Praxislabors erfüllt werden. Das eigene Praxislabor des Zahnarztes könne man nicht als einen „*anderen*" werten, sodass eine „*Bevorzugung*" des eigenen Praxislabors „*regelmäßig*" nicht strafbar sei.[626]

Die Erfüllung dieses Tatbestandsmerkmals ist zumindest fraglich, wenn die Inhaber der Praxis und des beauftragten Labors wirtschaftlich identisch sind. Geber und Nehmer wären identisch. In diesem Sinne fordern die BZÄK und KZBV, dass ein tatbestandlich „anderer" im Verhältnis zum Zahnarzt nur ein dritter Leistungserbringer, z.B. ein anderer Zahnarzt mit seiner Praxis oder ein anderer Inhaber eines gewerblichen Dentallabors, sein könne[627]. Auch nach Ansicht von *Hartwig* ist die Anwendung der Korruptionstatbestände auf das eigene Praxislabor problematisch. Der Zahnarzt bevorzuge in dieser Konstellation insoweit keinen anderen im Wettbewerb, z.B. wenn eine Praxisgesellschaft mit einem unselbstständigen Praxislabor organisatorisch verbunden ist. Das Praxislabor fertige hier den Zahnersatz nur für den Bedarf der Praxisgesellschaft.[628]

Diese Ansichten problematisieren aber nicht die Möglichkeit eines selbstständig organisierten (Praxis-)Labors. Ein Zahnarzt kann zum einen als Praxisbetreiber und zum anderen als Laborbetreiber agieren und somit zwei Rollen im Markt einnehmen.

13.3.8.1 Bevorzugung anderer (eigener) Betriebe

Fall ein Praxislabor, dessen Inhaber identisch ist mit dem Inhaber der Praxis, selbstständig (z.B. als GmbH) organisiert ist, kann der Zahnarzt ein anderes Unternehmen beauftragen und damit bevorzugen. Kein „anderer" liegt nur vor, wenn das Praxislabor mit der Praxis eine organisatorische Einheit[629] bildet.

Strafrechtlich irrelevant ist, ob das selbstständig organisierte Labor ein handwerksrechtlich unzulässiges Praxislabor ohne Eintragung oder ein gewerbliches Dentallabor mit Handwerksrolleneintrag ist. Entscheidend ist nur, ob der Zahnarzt als Inhaber oder Teilhaber sowohl der Betreiber des Labor- als auch des

---

626 Detterbeck, PL, S. 116 f.; ders. WiVerw 2017, 184.

627 BZÄK/KZBV, BB, 2016, S. 2.

628 Hartwig ZTM 2018, Teil 2.

629 Vgl. die Ausführungen zur juristischen Identität.

Praxisbetriebes ist. Eine Strafbarkeit kommt in Betracht, wenn ein Zahnarzt ein gewerbliches Dentallabor und damit andere Inhaber in unlauterer Weise bevorzugt. Die unlautere Bevorzugung resultiert aus der Verletzung der ärztlichen Objektivität. Der Zahnarzt erhält hier sozialinadäquate wirtschaftliche Vorteile dafür, dass er gerade aufgrund dieser Vorteile den Inhaber des gewerblichen Dentallabors bevorzugt. Spiegelbildlich setzt sich der Gesellschafter des Dentallabors einer Strafbarkeit nach § 299 b StGB aus.[630]

Hierbei wird aber vorausgesetzt, dass der Inhaber des Dentallabors und der Zahnarzt unterschiedliche Personen sind. Schwierigerer ist aber der Fall der wirtschaftlichen Identität. Nach *Detterbeck* ist eine Strafbarkeit ausgeschlossen, weil das fragliche Labor demselben Zahnarzt gehört. Dieser könne folglich nur sich selbst als Laborinhaber bevorzugen[631]. Diese Wertung wird dadurch bestätigt, dass die „*Ausnutzung des wirtschaftlichen Potentials*“ eines Patienten durch die neuen Straftatbestände nicht erfasst wird[632].

Diese Ansicht überzeugt aber nicht. Falls dem so wäre, könnte ein Zahnarzt ungestraft das wirtschaftliche Potential eines Patienten bzw. der Krankenversicherung sowohl durch eine zahnärztliche Behandlung in seiner Praxis als auch durch Bezug von Zahnersatz aus dem eigenen Labor doppelt abschöpfen. Die sozial- und berufsrechtliche Regulatorik will aber das Vertrauen der Patienten in die Unabhängigkeit ärztlicher Entscheidungen, den Markt vor Wettbewerbsverzerrungen und die Kostenträger vor unnötigen Belastungen schützen. Das novellierte Korruptionsstrafrecht verfolgt identische Schutzziele.[633]

Wenn ein Zahnarzt aber im Fall der wirtschaftlichen Identität von der Pflicht zur fachlichen Unabhängigkeit befreit wäre, wird dieser Schutzzweck unterlaufen. Ein Zahnarzt könnte dann zur Selbstversorgung eine Praxislabor-GmbH als alleiniger Gesellschafter gründen und sich auch in die Handwerksrolle eintragen lassen. Dort lässt er durch einen angestellten Zahntechnikermeister den Zahnersatz für seine Praxis exklusiv herstellen. Ein anderes Labor kommt für ihn nicht mehr infrage, weil er mit viel Mühe die Praxislabor-GmbH auf seine fachlichen Bedürfnisse zugeschnitten hat. Ferner ist er als alleiniger Gesellschafter am

---

630 Detterbeck WiVerw 2017, 184.

631 So fast wörtlich Detterbeck ZTM 2017, 590; ders. WiVerw 2017, 184.

632 Kindhäuser/Neumann/Paeffgen, StGB § 299 a Rn. 55 und dort insb. Fn. 196; MAH SozR, Teil D. SGB V – Gesetzliche Krankenversicherung § 21 Rn. 58.

633 BT-Drucks. 18/6446, S. 12 f.; Eisele, in: Schönke/Schröder, StGB § 299 a Rn. 2; Fischer, StGB § 299 a Rn. 3; Kindhäuser/Neumann/Paeffgen, StGB § 299 a Rn. 28 f.; Lackner/Kühl/Heger, StGB § 299 a Rn. 1; Schuhr, in: Spickhoff StGB §§ 299 a, 299 b Rn. 8.

Gewinn der Labor-GmbH beteiligt. Der Zahnarzt würde sich nach den vorbezeichneten Ansichten[634] nicht nach § 299 a StGB strafbar machen, wenn er nur seine eigene Praxislabor-GmbH beauftragt, soweit nur diese Praxislabor-GmbH nicht einem anderen gehört. Mit jedem Auftrag verdient der Zahnarzt mehr Geld durch die Praxislabor-GmbH. Der Schutz in das Vertrauen der fachlichen Unabhängigkeit wäre aber ausgehebelt, weil in dieser Konstellation immer eine unzulässige Beeinflussung durch finanzielle Interessen zu befürchten wäre. BZÄK und KZBV sehen ein strafbares Verhalten bereits bei der Möglichkeit einer unzulässigen Beeinflussung[635].

Auch die Strafverfolgung erkennt die Problematik unzulässiger Beeinflussung durch sachfremde Interessen im Fall einer rechtlich selbstständig organisierten Praxislabor-GmbH. *Hartwig* weist darauf hin, dass eine Praxislabor-GmbH nach § 13 Abs. 1 GmbHG eigene Rechte und Pflichten hat[636]. Daher sei es naheliegend, ein solches Labor als tatbestandlich „anderen" zu qualifizieren. Die Praxislabor-GmbH sei *„rechtlich und tatsächlich jemand anderes als der Zahnarzt*" und nehme selbst am Wettbewerb mit den anderen Dentallabors am Markt teil. Dadurch sei aber der bezweckte Schutz des Wettbewerbes vor unlauteren Handlungen (z.B. die Bevorzugung) gefährdet.[637]

Das Argument, eine solche Praxislabor-GmbH nehme nicht am Wettbewerb mit den anderen Dentallabors teil, weil sie nur *„ihre*" Praxis beliefere, ist irrelevant. Sie könnte auch Dritte beliefern und ist damit ein Marktteilnehmer wie alle anderen gewerblichen Dentallabors auch. Demnach ist die Ansicht, die bei wirtschaftlicher Identität zwischen Inhaber von Praxis und Labor das Tatbestandsmerkmal des *„anderen*" grundsätzlich verneinen will, abzulehnen. Vielmehr kann in diesem Fall die betroffene Labor-GmbH als tatbestandlich „anderer" qualifiziert werden[638]. Von einer strafrechtlich relevanten Unternehmensbeteiligung ist auch immer dann auszugehen, wenn eine Kapitalgesellschaft durch den

---

634 Detterbeck WiVerw 2017, 184; ders. ZTM 2017, 590; Kindhäuser/Neumann/Paeffgen, StGB § 299 a Rn. 55 u. dort insb. Fn. 196; MAH SozR, Teil D. SGB V – Gesetzliche Krankenversicherung § 21 Rn. 58.

635 BZÄK/KZBV, Einkauf, 2015, S. 4 betont, dass das Gewinnerzielungsverbot die fachliche Unabhängigkeit sichere.

636 Vgl. zur Rechtsfähigkeit der GmbH Baumbach/Hueck/Fastrich, GmbHG § 13 Rn. 2 ff.; Lieder, in: MHLS, GmbHG § 13 Rn. 1 ff.; Schaal, in: Erbs/Kohlhaas, GmbHG § 13 Rn. 2.

637 So fast wörtlich Hartwig ZTM 2018, Teil 2.

638 Im Fall rechtlicher Identität von Praxis- und Laborinhaber liegt aber kein tatbestandlich „anderer" vor.

Zahnarzt für den Betrieb eines Labors gegründet wird. Selbst falls diese Kapitalgesellschaft nur eine Ein-Personen-GmbH ist, bestünde stets „*das signifikante Risiko*", dass die Verknüpfung der persönlichen Gewinnbeteiligung und der Auftragsvergabe des Zahnarztes als strafbare unlautere Bevorzugung im Wettbewerb bewertet werden kann.[639]

13.3.8.2 Beeinflussung durch sachfremde Interessen

Es ist zu befürchten, dass der Zahnarzt den Zahnersatz nur deshalb in seinem Labor anfertigen lässt, weil er der alleinige Gesellschafter des Labors ist. Dies gilt insbesondere dann, wenn der Zahnarzt durch seine Aufträge einen maßgeblichen Einfluss auf seine Gewinnbeteiligung hat. Aber auch unabhängig davon kann regelmäßig angenommen werden, dass der Zahnarzt sein eigenes Praxislabor stets gegenüber den Laboren Dritter bevorzugen wird. Der Zahnarzt hat schließlich nicht ein Praxislabor eingerichtet, um dann diesen angeblichen Hilfsbetrieb nicht für seinen Hauptbetrieb zu nutzen. Gleichfalls ist es unrealistisch, dass fremde Dentallabors beauftragt werden, wenn der Zahnarzt an einem Beteiligungslabor gewinnbeteiligt ist. Das gewerbliche Dentallabor Dritter bringt dem Zahnarzt keinen geldwerten Vorteil, es sei denn, es besteht eine unzulässige Abrede auf Rückvergütung. In diesen Konstellationen ist die Entscheidung des Zahnarztes regelmäßig nicht (allein) durch medizinisch-wissenschaftliche Aspekte zum Wohle der Patienten geprägt. Vielmehr bestehe stets die Gefahr einer unzulässigen Beeinflussung durch finanzielle Interessen.[640]

Dies gilt zumindest dann, wenn das beauftragte Praxislabor bzw. Beteiligungslabor technisch und fachlich nicht im gleichen Maß zur Umsetzung des zahnärztlichen Auftrages geeignet ist, wie es das gewerbliche Dentallabor eines Dritten wäre. Falls das beauftragte Labor (wegen der Verletzung des Betriebsleiterprinzips) nicht in der Lage ist, den Gesundheitsschutz der Patienten sicherzustellen, und dieses Labor dennoch exklusiv beauftragt wird, ist es offensichtlich, dass nicht der fachlich-medizinische, sondern der finanzielle Aspekt ausschlaggebend war.

---

639 So fast wörtlich Kindhäuser/Neumann/Paeffgen, StGB § 299 a Rn. 190; ebenso Bahner, S. 158 ff., 183 ff., 196 ff., 230 ff., 243 ff.; Eisele, in: Schönke/Schröder, StGB § 299 a Rn. 34; Schuhr, in: Spickhoff, StGB §§ 299 a, 299 b Rn. 16; Scholz, in: Spickhoff, MBO-Ä 1997 § 23b Rn. 1 ff.

640 BZÄK/KZBV, Zahnmedizin und Zahntechnik, 2015, S. 10.

13.3.8.3 Auslagerung auf andere

Die exklusive Beauftragung eines bestimmten Labors kann dahin gehend gedeutet werden, dass die zahnärztliche Herstellung von Zahnersatz von der Praxis in das Labor ausgelagert wird. Der entsprechend ausgebildete Zahnarzt stellt den Zahnersatz nicht mehr selbst für den Patienten her, sondern lässt dies durch andere erledigen. Falls diese Konstellation eine Auslagerung darstellt, kann aber nicht behauptet werden, dass der ausgelagerte Betrieb kein tatbestandlich anderer ist[641].

Die Gegenansicht[642] folgert daraus fehlerhaft, dass eine *„bloße Auslagerung des Eigenlabors auf eine GmbH“* nicht strafbar sei[643]. Die hier vorliegende wirtschaftliche Identität zwischen der selbstständigen Praxislabor-GmbH und der Zahnarztpraxis bedeutet eine Gefährdung des strafrechtlich verfolgten Schutzzwecks. Der Zahnarzt profitiert unmittelbar aus seinen Aufträgen an sein Labor. Falls diese Gegenansicht Recht hätte, entschiede die Wahl der Rechtsform über die Strafbarkeit. Gerade die Rechtsform der GmbH würde bedeuten, dass diese Gesellschaft in wirtschaftlicher Hinsicht ein anderer ist, als die jeweiligen Gesellschafter der GmbH. Dies zeigt sich insbesondere in der beschränkten Haftung der Gesellschafter und den abweichenden Steuertatbeständen für Gesellschafter und Gesellschaft.[644]

Andere Stimmen wollen den Betrieb einer Praxislabor-GmbH komplett aus dem Anwendungsbereich des § 299 a StGB ausklammern. Es mache keinen strafrechtlichen Unterschied, ob ein Zahnarzt ein rechtlich unselbstständiges Praxislabor oder ein gewerbliches Beteiligungslabor als GmbH betreibe. Insoweit sei es unter *„Gleichbehandlungsgesichtspunkten“* unverständlich, *„warum ein Zahnarzt eine MVZ GmbH als gewerbliches Unternehmen betreiben“* dürfe, die über ein Z-MVZ-Eigenlabor straffrei Zahnersatz für den Eigenbedarf anfertigen dürfe.[645]

Diese Ansicht übersieht aber, dass im Fall des Praxislabors einer Z-MVZ-GmbH sowohl eine wirtschaftliche als auch eine rechtliche Identität zwischen Labor und Laborinhaber besteht[646].

---

641 MAH SozR, Teil D. SGB V – Gesetzliche Krankenversicherung § 21 Rn. 55 ff. zur analogen Problematik der Zuweisungen zwischen MVZ und Krankenhaus.

642 Damas DJZ 2016, S. 39.

643 Damas wistra 2017, 128, 130 a. E.

644 Baumbach/Hueck/Fastrich, GmbHG § 13 Rn. 2 ff.; Hartwig ZTM 2018, Teil 2; Lieder, in: MHLS, GmbHG § 13 Rn. 1 ff.

645 Minderjahn/Bischoff DZW 2016, S. 6.

646 Hartwig ZTM 2018, Teil 2.

Der BGH stellt in seinem Urteil zur unzulässigen Kooperationsvereinbarung zwischen Zahnärzten und einer Dentallaborgesellschaft fest, dass gleichermaßen eine Verletzung berufsrechtlicher Geh- und Verbote bei Betrieb eines eigenen Praxislabors wie auch bei einer Auslagerung auf ein gewerbliches Dentallabor erfolgen kann: „*...Nichts anderes gilt, wenn er ein solches Labor auslagert und von einem Dritten betreiben lässt...*".[647]

Demnach hat der Betrieb eines rechtlich selbstständig organisierten Praxislabors zur exklusiven Versorgung der eigenen Praxis ein eigenes Missbrauchspotential, soweit dadurch die Berufspflicht zur fachlichen Unabhängigkeit verletzt wird.

Was einem Leistungserbringer berufsrechtlich noch erlaubt ist (z.B. die freiberufliche Herstellung von Zahnersatz), kann nach einer weiteren Ansicht aber nicht wegen der Aufspaltung auf mehrere Rechtsträger verboten sein (z.B. die Herstellung in der Labor-GmbH des Zahnarztes). Die ausgelagerte Tätigkeit müsse aber eine Tätigkeit darstellen, die Teil des anerkannten Berufsbildes des jeweiligen Arztes sei, und müsse berufsrechtlich zulässig erfolgen, um nicht in den Anwendungsbereich einer Verbotsnorm zu geraten. Andernfalls drohe potentiell auch eine Strafbarkeit.[648]

Dem nach Maßgabe der Approbationsordnung von 1955 ausgebildeten Zahnarzt ist nicht generell erlaubt, die für ihn freiberuflich zulässige Herstellung von Zahnersatz auf mehrere Rechtsträger aufzuspalten. Im Fall des rechtlich selbstständig organisierten Praxislabors wäre dies bereits aufgrund des Gebots zur fachlichen Unabhängigkeit problematisch. Die Unzulässigkeit einer Auslagerung bestimmt sich danach, ob die ausgelagerte Tätigkeit von dem Arzt selbst erbracht wird und/oder erbracht werden darf. Denn nur dann kann sich der Arzt mittels der Auslagerung keine neue Einnahmequelle erschließen, über die er nicht bereits zuvor (ohne Auslagerung) in seiner Praxis verfügte. Eine unzulässige Umgehung bzw. Strafbarkeit ist in diesem engen Feld daher nicht gegeben.[649]

Die Frage, ob die Herstellung von Zahnersatz im organisatorisch selbstständigen Praxislabor auch eigenhändig oder zumindest unter entsprechender Anleitung und Überwachung durch den Zahnarzt erfolgen kann, wurde aufgrund faktischer Unmöglichkeit verneint. Falls diese Tätigkeit in der Zahnarztpraxis

647 BGH GRUR 2012,1050, Rn. 25.

648 MAH SozR, Teil D. SGB V – Gesetzliche Krankenversicherung § 21 Rn. 58; vgl. Damas wistra 2017, 128, 130; Bahner S. 200.

649 MAH SozR, Teil D. SGB V – Gesetzliche Krankenversicherung § 21 Rn. 58 und 60.

erfolgen könnte, bestünde schon keine Notwendigkeit, diese Tätigkeit in ein rechtlich selbstständiges Praxislabor auszulagern. Vielmehr besteht regelmäßig die Notwendigkeit zur Auslagerung, da der Zahnarzt nicht parallel seine Patienten behandeln und Zahnersatz herstellen kann. Soweit er nicht das gewerbliche Dentallabor eines Dritten beauftragen möchte, verbleibt nur die Auslagerung auf ein rechtlich selbstständiges Praxislabor. Damit kann sich der Zahnarzt auch neue Einnahmequellen neben der Praxis erschließen. Beispiele wären die Kostenersparnis[650] bzw. Gewinne aufgrund von höheren Preisen für den Zahnersatz aus dem Labor (die über einen Auslagenersatz hinausgehen). Diese Vorteile kann er nur aufgrund der Auslagerung erzielen. Als Inhaber eines selbstständig organisierten Praxislabors unterliegt er bei der Preisgestaltung nicht der Beschränkung des § 88 Abs. 3 SGB V. In einem Praxislabor wird auch regelmäßig nicht durch oder unter Aufsicht eines entsprechend ausgebildeten Zahnarztes gefertigt. Diese Herstellung ist dann nicht mehr Teil des anerkannten Berufsbildes der Zahnärzte und somit berufsrechtlich unzulässig. Gleiches gilt bei Verletzung der Pflicht zur fachlichen Unabhängigkeit. Die exklusive Versorgung mit Zahnersatz aus einem rechtlich selbstständigen Praxislabor stellt daher auch eine unzulässige Auslagerung dar. Aus der höchstrichterlichen Rechtsprechung[651] lässt sich ableiten, dass diese Konstellation ein vergleichbares Unrechtspotential bietet wie die Beauftragung eines Drittlabors aufgrund finanzieller Interessen. Dieses Ergebnis wird auch von *Hartwig* bestätigt. Das Praxislabor biete *„in der Rechtsform der GmbH ein deutlich erhöhtes Strafverfolgungsrisiko"*. Ein strafprozessuales Einschreiten sei entsprechend geboten.[652]

Damit müssen alle Fälle einer unzulässigen Auslagerung als potentiell strafbare unlautere Bevorzugung eines anderen gesehen werden.

13.3.8.4 Vertrauensschutz

Das novellierte ärztliche Korruptionsstrafrecht soll das Vertrauen der Patienten in die Integrität heilberuflicher Entscheidungen schützen[653]. Damit schützt man auch die Effektivität des Gesundheitssystems vor falschen bzw. unnötigen

---

650 Dieners/Reese/Kemmner PharmR 2017, 480.

651 BGH GRUR 2012,1050, Rn. 25.

652 Hartwig ZTM 2018, Teil 2.

653 BR-Drucks. 16/15, 11; Referentenentwurf 11 (15); BT-Drucks. 18/6446, 12 (13, 16); BT-Drucks. 18/8106, 17; Kindhäuser/Neumann/Paeffgen, StGB § 299 a Rn. 28.

Behandlungen[654]. Folglich sollen die neuen Straftatbestände auch verhindern, dass ein Zahnarzt eine Behandlung oder einen Versorgungsweg wählt, die jeweils zu teuer und/oder unnötig sind.

Bei jeder Auftragsvergabe an das eigene Praxis- oder Beteiligungslabor ist aber eine Gefährdung des Vertrauensschutzes zu befürchten, soweit die Gründe der Entscheidung nicht allein medizinisch-fachlich indiziert sind. Falls es keinen hinreichenden und dokumentierten Grund gibt, kann eine Strafbarkeit nicht ausgeschlossen werden. Soweit der Zahnarzt mittels seines Zuweisungs- und Verordnungsverhaltens einen *„spürbaren Einfluss auf seinen Beteiligungsertrag“* nehmen kann, liegt eine strafrechtlich relevante Unrechtsvereinbarung immer nahe. In der Gesamtbewertung sind die Anzahl der erteilten Aufträge, der Grad der Unternehmensbeteiligung des Arztes sowie der Gesamtumsatz des Beteiligungsunternehmens weitere Faktoren, die diesen Eindruck bestärken oder entkräften können. Ein relevanter Einfluss kann nur dann verneint werden, wenn ausnahmsweise vereinzelte Aufträge an das fragliche Labor vergeben werden, an dem der Arzt beteiligt ist, und es zusätzlich medizinisch-wissenschaftliche Gründe für den Auftrag gibt. Diese Umstände sind aber eindeutig und objektiv nachvollziehbar zu dokumentieren, um den Eindruck eines strafbaren Verhaltens zu beseitigen und den Vertrauensschutz des aufgeklärten Patienten sicherzustellen.[655]

Im vorliegenden Problemfall des Praxis- oder Beteiligungslabors kann nicht die Rede davon sein, dass nur *„ausnahmsweise“* aufgrund *„medizinisch-wissenschaftlicher“* Umstände eine Beauftragung erfolgt. Eine objektiv nachvollziehbare Begründung der Auftragsvergabe an das eigene Praxis- oder Beteiligungslabor dürfte schon deshalb nicht möglich sein, weil es regelmäßig keinen objektiven Grund dafür gibt, dass nicht ein eingetragenes gewerbliches Dentallabor eines Dritten beauftragt wird. Das gewerbliche Dentallabor ist schon deshalb nicht fachlich schlechter als das Praxislabor, weil dort mindestens ein fachlich kompetenter Betriebsleiter tätig ist, der die Qualitätssicherung und Gefahrenabwehr im Interesse der Patienten sicherstellt. Die Zahnärztekammer Westfalen sieht die Argumentation dahin gehend, dass nur das eigene Dentallabor das *„qualitativ Beste am Markt“* für den Auftrag sei, als generell ungeeignet

---

654 Eisele, in: Schönke/Schröder, StGB § 299 a Rn. 2; Kindhäuser/Neumann/Paeffgen, StGB § 299 a Rn. 36 und 42; Schuhr, in: Spickhoff StGB §§ 299 a, 299 b Rn. 8.

655 BGH MedR 2013, 247; Kindhäuser/Neumann/Paeffgen, StGB § 299 a Rn. 189.

an. Dies würde als unglaubwürdige „*Schutzbehauptung*" in einem Strafverfahren abgelehnt.[656]

Eine solche Auftragsvergabepraxis ist auch nach einer weiteren Ansicht strafrechtlich relevant. Es bestehe stets die Gefahr, dass der (Zahn-)Arzt keine fachliche Objektivität walten lässt, da er zusätzliche Einnahmen generieren könne, die direkt von seinem Zuweisung- und Auftragsverhalten beeinflusst würden[657].

Nach Ansicht der Zahnärztekammer Westfalen-Lippe gilt diese Wertung insbesondere in der Konstellation, in der ein Zahnarzt alleiniger Gesellschafter eines Dentallabors ist. Der Zahnarzt sei ständig dem Anreiz ausgesetzt, den Patienten teuren Zahnersatz zu empfehlen, der gewinnbringend in seinem Labor gefertigt werde. Wenn aber der Zahnarzt die Herstellung des Zahnersatzes nur in einem Dentallabor beauftrage, in dem er der einzige Gesellschafter sei, könne er mit seinem Beschaffungsverhalten direkt den Umsatz des Labors und damit seine Gewinnbeteiligung beeinflussen. Hier komme der Zahnarzt in einen „*rechtlichen Konflikt mit seiner Pflicht zur heilberuflichen Unabhängigkeit*".[658]

Das gleiche Problem besteht bei der Beauftragung des Praxislabors[659]. Der Zahnarzt spürt hier noch mehr den finanziellen Anreiz, den Zahnersatz im eigenen Praxislabor produzieren zu lassen, da die Einnahmen ihm direkt zufließen. Das konkrete Risiko, dass diesem finanziellen Anreiz nachgeben wird, läuft dem Vertrauensschutz zuwider.

13.3.8.5 Abstrakte Gefährdungsdelikte

Ob tatsächlich der unzulässige Vorteil durch den Zahnarzt realisiert wird oder nur die abstrakte Gefahr der unzulässigen Vorteilsnahme besteht, ist für eine Strafbarkeit irrelevant. Bei den ärztlichen Korruptionsstraftatbeständen (wie auch bei den §§ 298, 299 StGB) handelt es sich nach h.M. um sog. „*abstrakte Gefährdungsdelikte*"[660]. Die Strafbarkeit setzt keinen tatbestandlichen Erfolg voraus.

---

656 So bereits ZÄK Westfalen, S. 16; nach zutreffender Ansicht von Detterbeck/Voit, ZEL, S. 67 wird in diesem Fall die ärztliche Berufspflicht verletzt.

657 MAH SozR, Teil D. SGB V – Gesetzliche Krankenversicherung § 21 Rn. 58.

658 ZÄK Westfalen, S. 15.

659 Aber wohl keine Strafbarkeit im Fall der rechtlichen Identität, da kein „anderer" bevorteilt wird.

660 BT-Drucks. 18/6446 S. 21; Eisele, in: Schönke/Schröder, StGB § 299 a Rn. 3; Hohmann, in: MüKoStGB, § 299 a Rn. 4; Kindhäuser/Neumann/Paeffgen, StGB § 299 a Rn. 83; Lackner/Kühl/Heger, StGB § 299 a Rn. 1; Rauer/Pfuhl PharmR 2016, 357, 360; kritisch dazu Schuhr, in: Spickhoff, StGB § 299 Rn. 2.

Auch die BZÄK und KZBV betonen, dass eine tatsächliche Bevorzugung nicht erforderlich sei. Für eine potentielle Strafbarkeit sei bereits die *„bloße Eignung des Vorteils, eine heilberufliche Zuführungs-, Verordnungs- oder Bezugsentscheidung zu beeinflussen“*, ausreichend.[661]

Diese Sicht überzeugt, da schon die Möglichkeit des Vorteils durch das Praxislabor die Entscheidung des Zahnarztes in unzulässiger Weise beeinflussen kann. Ferner ist beachtlich, dass eine rechtlich selbstständige Labor-GmbH grundsätzlich zwar kein wirtschaftlich „anderer“, aber eine andere Rechtspersönlichkeit ist. Hinsichtlich der mit der Fertigung von Zahnersatz generierten Umsätze und Gewinne ist diese Labor-GmbH auch fiskalisch ein anderer. Aus dem Umstand der wirtschaftlichen und steuerlichen Trennung folgt, dass die Vergütung für die Herstellung von Zahnersatz im Namen und auf Rechnung der Labor-GmbH erfolgt, die Vergütung für die ärztliche Heilbehandlung unter Einsatz desselben Zahnersatzes dagegen aber im Namen und auf Rechnung der Zahnarztpraxis. Der Inhaber der Labor-GmbH ist (auch im Fall der wirtschaftlichen Identität) ein tatbestandlich anderer als der Praxisinhaber[662].

13.3.8.6 Zusammenfassung

Zusammenfassend ist zu fordern, dass die Strafjustiz zumindest eine andere juristische Person als tatbestandlich anderen wertet. Dies muss auch gelten, wenn eine wirtschaftliche Identität zwischen Laborbetrieb und Praxis besteht. Ein anderer im Sinne des Straftatbestandes ist auch ein rechtlich selbstständiges Dentallabor im Teil- oder Alleineigentum des Auftraggebers.

Wohl kein tatbestandlich anderer ist dagegen das rechtlich unselbstständige Praxislabor des Auftraggebers. Dieses bietet aber eine nahezu identische Gefährdungslage. Strafrechtlich unbedenklich ist diese Konstellation wohl nicht, wie auch die genannten zahnärztlichen Standvertreter vorsorglich betonen.

13.4 Strafrechtlich relevante Beziehungen

13.4.1 Unmittelbare Vorteile

Strafrechtlich problematisch ist jede Konstellation einer unmittelbaren Gewinnbeteiligung oder Rückvergütung als Gegenleistung für die Beauftragung von Zahnersatz. Für die Frage der Strafbarkeit ist es *„maßgeblich“*, dass die

661 BZÄK/KZBV, BB, 2016, S. 2; BZÄK/KZBV, Einkauf, 2015, S. 10.

662 Wohl aber nicht im Fall der rechtlichen Identität.

zahnärztliche Auftragsvergabe kausal mit dem Vorteil verknüpft ist[663]. Eine solche Kausalität ist anzunehmen, falls die Höhe der Gewinnbeteiligung oder Rückvergütung unmittelbar von den generierten Umsätzen des beteiligten Zahnarztes (als umsatzabhängige Gewinnbeteiligung) abhängt. Gleiches gilt für die Problematik der Rückvergütung.[664]

Vertragliche Kooperationen zwischen Zahnarzt und Labor sind strafrechtlich ebenso problematisch. Selbst grundsätzlich zulässige vertragliche Kooperationen sind geeignet, strafbare Zuführungsvereinbarungen darzustellen[665], soweit diese gegen die Berufsausübungsregelungen verstoßen[666].

13.4.2 Mittelbare Vorteile

Strafrechtlich relevant sind auch mittelbare Vorteile, die sich aus einer Gewinnbeteiligung für den Zahnarzt ergeben, die nicht umsatzabhängig ist[667].

Die gesellschaftsrechtliche Beteiligung an einem gewerblichen Dentallabor ist zunächst unproblematisch[668]. Kritisch wird es, wenn der Zahnarzt auch an das Beteiligungslabor Aufträge vergibt. Ein strafrechtlicher relevanter Vorteil sind auch Gewinne und sonstige Einnahmen aus einer gesellschaftsrechtlichen Beteiligung. Die Strafbarkeit ist nicht mehr auszuschließen, falls die Gewinnausschüttung durch den Bezug der Medizinprodukte erhöht wird. Dann ist die fachliche Unabhängigkeit in Gefahr. Der Patient kann nicht mehr uneingeschränkt darauf vertrauen, dass der behandelnde Zahnarzt nur aufgrund medizinisch-wissenschaftlicher Aspekte entscheidet.[669]

Eine Strafbarkeit droht, wenn der Zahnarzt als Gesellschafter eines Beteiligungslabors durch seine Aufträge seinen Gewinnanteil beeinflussen kann. Insoweit verstößt auch eine vertragliche Gewinnbeteiligung bereits gegen das Verbot des Bezuges gegen Entgelt im Sinne des § 2 Abs. 7 MBO. Aber auch die

---

663 BZÄK/KZBV, Einkauf, 2015, S. 9.

664 BT-Drucks. 18/6446, 19; BGH NJW 2011, 2211, 2217; BZÄK/KZBV, BB, 2016, S. 17 f.; Kindhäuser/Neumann/Paeffgen, StGB § 299 a Rn. 136 und 189; MAH SozR, Teil D. SGB V – Gesetzliche Krankenversicherung § 21 Rn. 19 u. 60.

665 Kindhäuser/Neumann/Paeffgen, StGB § 299 a Rn. 191.

666 BGH GRUR 2012, 1050; BZÄK/KZBV, BB, 2016, S. 17 f.; Schnieder/Witte DZW 2017, S. 3.

667 Kindhäuser/Neumann/Paeffgen, StGB § 299 a Rn. 189.

668 Detterbeck/Voit, ZEL, S. 66 unter der Bedingung, dass dies nicht seine fachliche Unabhängigkeit als Arzt beeinflusst.

669 BZÄK/KZBV, BB, 2016, S. 17 f.

Beteiligung an einer Labor-GmbH birgt ein Strafverfolgungsrisiko, wenn der Zahnarzt (nahezu) ausschließlich von diesem Labor Zahnersatz bezieht.[670]

Die Gegenansicht vertritt, dass zum „*heilberuflichen Auftrag*" des Zahnarztes auch die Zahnersatzherstellung gehöre. Daher sei die Beteiligung an einem Dentallabor über die Privilegierung zum Betrieb des Eigenlabors nach § 11 MBO erlaubt und dürfe nicht strafbar sein. Die Beteiligung bzw. der Betrieb diene schließlich nur der sicheren Versorgung mit Zahnersatz.[671] Diese Auslegung ist abzulehnen. Die Erlaubnis nach § 11 MBO gilt nur für die freiberufliche Produktion eines noch entsprechend ausgebildeten Zahnarztes im praxiseigenen Labor. Strafrechtlich entscheidend ist aber, ob der Zahnarzt durch seine Auftragsvergabe an das Beteiligungslabor seinen Gewinn spürbar steuern kann. Dies ist bei einer Gewinnbeteiligung mit gleichzeitiger Eigenversorgung unstreitig gegeben. Strafrechtlich unbedenklich ist nur die Beteiligung an einem Labor, von dem der Zahnarzt überhaupt keinen Zahnersatz bezieht. Zusätzlich ist bei zahnärztlicher Beteiligung an einem Labor auch die Gefahr von unzulässigen „*Umgehungsgeschäften*" zu bedenken. Insoweit sind Fälle bekannt, dass Zahnärzte sich verabredet hatten, dass jeder seinen Zahnersatz exklusiv bei einer Dentallabor-GmbH beauftragt, an der jeweils der andere Zahnarzt beteiligt war. Formal waren die Gesellschafter von Praxis und Dentallabor-GmbH nicht identisch. Strafrechtlich relevant ist aber, dass die Zahnärzte durch Ihre Aufträge jeweils einen unzulässigen und daher strafrechtlich relevanten „*Drittvorteil*" aufgrund der jeweiligen Gewinnbeteiligung des Absprachepartners generieren.[672]

Bei einer „*allgemeinen Gewinnausschüttung*" sind die Grundsätze des BGH[673] analog auf § 299 a StGB anzuwenden[674]. Die Strafbarkeit entfällt nur dann, wenn „*bei objektiver Betrachtung ein spürbarer Einfluss der Patientenzuführungen des einzelnen Arztes auf seinen Ertrag aus der Beteiligung ausgeschlossen erscheint*". Dies hängt „*grundsätzlich vom Gesamtumsatz des Unternehmens, dem Anteil der Verweisungen des Arztes an diesem und der Höhe seiner Beteiligung ab*". Falls aber sämtlicher Zahnersatz aus dem Praxislabor oder Beteiligungslabor des Zahnarztes stammt, kann ein solcher spürbarer Einfluss nicht ausgeschlossen werden. Falls die Aufträge des Zahnarztes nahezu die einzige Einnahmenquelle des

670 BGH GRUR 2012, 1050; Eisele, in: Schönke/Schröder, StGB § 299 a Rn. 4 und 34; Hartwig ZTM 2018, Teil 2; Quaas/Zuck/Clemens, Medizinrecht, § 30 Rn. 27.

671 Damas wistra 2017, 128, 131.

672 Hartwig ZTM 2018, Teil 2.

673 BGH NJW 2011, 2211.

674 Schnieder/Witte DZW 2017, S. 4.

Laborbetriebes darstellen, ist der spürbare Einfluss evident. Entscheidend ist die Höhe der an den Arzt ausgeschütteten Gewinne[675]. Der BGH ist der Ansicht, dass eine Unzulässigkeit der Beteiligung sich bereits *„aus der Gesamthöhe der dem Arzt aus ihr zufließenden Vorteile ergibt, sofern diese in spürbarer Weise von seinem eigenen Verweisungsverhalten beeinflusst wird“*[676].

Der Zahnarzt wirtschaftet in die eigene Tasche, wenn er sein Beteiligungslabor beauftragt. Falls er der einzige Gesellschafter ist, ist dies ebenso problematisch wie die unmittelbare Gewinnbeteiligung bzw. Rückvergütung. Der Zahnarzt hat mit sich selbst die konkludente Abrede getroffen, dass er höhere Kapitalrückflüsse erhält, wenn er mehr Aufträge vergibt. Die strafrechtliche Novelle wollte auch Vorteile aus Unternehmensbeteiligungen mit einer Strafbarkeit belegen, was der explizite Verweis auf die Grundsätze der „*Hörgeräteversorgung*-II“-Entscheidung des BGH verdeutlicht.[677]

Falls ein Zahnarzt an einem gewerblichen Dentallabor beteiligt ist und *„nicht nur ausnahmsweise und in ganz unerheblichem Umfang“* von dort Zahnersatz bezieht, sehen auch BZÄK und KZB eine potentielle Strafbarkeit[678].

Dies wird durch die Empfehlung der ZÄK Westfalen-Lippe bestätigt: *„Zur Sicherheit sollte die Auftragsvergabe der eigenen Praxis an ein Dentallabor, bei dem eine Beteiligung besteht, vorerst eingestellt und die Aufträge an andere Labore vergeben werden* […]“[679].

Die Übertragung der Laboranteile an den Ehepartner oder andere nahe Angehörige ist keine zulässige Alternative. Soweit der Erwerber der Laboranteile in einer Beziehung zu dem Zahnarzt steht, ist auch diese Konstellation strafrechtlich relevant. Auch hier ergibt sich ein Vorteil des (Zahn-)Arztes, da der nahe Angehörige nur *„als Strohmann“* hinsichtlich der Beteiligung und Gewinnbezüge agiert. Dessen Beteiligung kann als *„eine unmittelbare Beteiligung des Arztes selbst“* bewertet werden.[680]

675 Bahner RDG 2017, 296.
676 BGH NJW 2011, 2211, Rn. 70.
677 Rauer/Pfuhl PharmR 2016, 362.
678 BZÄK/KZBV, BB, 2016, S. 17–18.
679 ZÄK Westfalen, S. 17.
680 BGH GRUR 2011, 345; Bahner RDG 2017, 295.

14. Zusammenfassung

14.1 Handwerksrecht

Die Herstellung von Zahnersatz in einem Praxislabor ist handwerksrechtlich grundsätzlich problematisch. Eine Pflicht zur Eintragung besteht nicht, soweit die Herstellung von Zahnersatz für den noch entsprechend ausgebildeten Zahnarzt eine freiberufliche Tätigkeit darstellt. Dafür muss die Herstellung aber entweder eigenhändig durch diesen Zahnarzt oder unter seiner engen und permanenten Anleitung und Überwachung erfolgen. Der so hergestellte Zahnersatz darf auch nur der Behandlung der eigenen Patienten dienen. Andernfalls liegt keine freiberuflich-zahnärztliche Tätigkeit, sondern die unzulässige gewerbliche Ausübung des Zahntechnikerhandwerks vor. Seit dem 01.10.2020 ist die Herstellung von Zahnersatz auch nicht mehr Teil des zahnärztlichen Berufsbildes[681].

Die Restriktionen der HwO sind nicht anwendbar, falls das Praxislabor ein eintragungsfreier Hilfsbetrieb oder ein unerheblicher Nebenbetrieb ist. Die Herstellung vom Zahnersatz in einem Praxislabor erfüllt aber regelmäßig nicht die anerkannten Voraussetzungen eines Hilfsbetriebes. Das Praxislabor erbringt auch mittelbare Leistungen an Dritte von nicht untergeordneter Art. Aufgrund der Gefahren für die Gesundheit der Patienten, der ungerechtfertigten Ungleichbehandlung externer Dentallabore und der negativen Folgen ist die Anwendung des Unmittelbarkeitskriteriums abzulehnen. Die Herstellung von Zahnersatz in einem Praxislabor erfüllt auch regelmäßig nicht die anerkannten Voraussetzungen eines unerheblichen Nebenbetriebes, insbesondere aufgrund der Überschreitung der Unerheblichkeitsgrenze.

14.2 Berufs- und Wettbewerbsrecht

Der Betrieb eines Praxislabors ohne Eintragung stellt regelmäßig einen Verstoß gegen die zahnärztliche Berufspflicht zur fachlichen Unabhängigkeit dar. Gleiches gilt regelmäßig für das Praxislabor eines Z-MVZ. Ferner erfolgt dadurch eine unlautere Benachteiligung anderer Mitbewerber.

---

681 Vgl. 4.2.1.2.2 zu den Folgen.

14.3 Sozialrecht

Das Sozialrecht fordert einen fairen Wettbewerb der Leistungserbringer. Der Betrieb eines Praxislabors ohne Eintragung gefährdet eine wirtschaftliche und qualitätsgesicherte Versorgung mit Zahnersatz sowie den fairen Wettbewerb zum Schutz der Patienten und der wirtschaftlichen Interessen der Allgemeinheit. Daher muss das Verhältnis von Zahnarzt und Praxislabor schärfer reguliert werden.

14.4 Strafrecht

Ein Dentallabor[682], das einem Zahnarzt einen unlauteren geldwerten Vorteil verschafft, weil er dort seinen Zahnersatz herstellen lässt, birgt das Risiko einer Strafbarkeit für den Laborinhaber und den Zahnarzt. Soweit eine Zahnarztpraxis eine rechtlich selbstständige Dentallaborgesellschaft mit der Herstellung von Zahnersatz beauftragt und die Inhaber beider Betriebe identisch sind, kommt eine Strafbarkeit nach §§ 299 a und b StBG in Betracht.

682 Dies betrifft sowohl externe gewerbliche Labors als auch Praxislabors.

Literatur- und Quellenverzeichnis

Badura, Peter, Das handwerksrechtliche Gebot der Meisterpräsenz in den Gesundheitshandwerken dargestellt am Beispiel des Augenoptikerhandwerks, GewArch 1992, 201

Badura, Peter, Praxiseigenes Labor ist untrennbarer Teil der Zahnheilkunde, ZM 1978, 597

Bahner, Beate, Die Zusammenarbeit zwischen Krankenhäusern, niedergelassenen Ärzten und sonstigen Leistungserbringern, RDG 2017, 290

Bahner, Beate, Gesetz zur Bekämpfung von Korruption im Gesundheitswesen – Das Praxishandbuch zum Thema, Heidelberg 2017 (Bahner)

Bamberger, Heinz Georg/Roth, Herbert/Hau, Wolfgang/Poseck, Roman (Hrsg.), Beck'scher Online-Kommentar Bürgerliches Gesetzbuch, 48. Edition; Stand: 01.11.2018, München 2018 (BeckOK, BGB)

Baumbach, Adolf/Hueck, Alfred/Fastrich, Lorenz, Beck'scher Kurzkommentar, Gesetz betreffend die Gesellschaft mit Beschränkter Haftung, 21. Aufl., München 2017 (Baumbach/Hueck/Fastrich, GmbHG)

Becker, Ullrich/Kingreen, Thorsten, SGB V Gesetzliche Krankenversicherung Kommentar, 6. neu bearbeitete Aufl., München 2018 (Becker/Kingreen, SGB V)

Bischoff, Thomas, Praxislabor in einem Z-MVZ – ja oder nein?, DZW 12/2017, 29

BZÄK u. KZBV (Hrsg.), Zahnmedizin und Zahntechnik – Rechtsgrundlagen und Hinweise für die Zahnarztpraxis, 2015, abrufbar unter: https://www.kzbv.de/rechtsgrundlagen.56.de.html, Abruf: 02.03.2019 10:51 (BZÄK/KZBV, Zahnmedizin und Zahntechnik, 2015)

BZÄK u. KZBV (Hrsg.), Rechtsgrundlagen und Hinweise für die Zahnarztpraxis – Bestechlichkeit und Bestechung im Gesundheitswesen, 2016, abrufbar unter: https://www.bzaek.de/fileadmin/PDFs/b/Bestechlichkeit_Bestechung_Gesundheitswesen.pdf, Abruf: 02.03.2019 10:49 (BZÄK/KZBV, BB, 2016)

BZÄK u. KZBV (Hrsg.), Einkauf von Materialien – Rechtsgrundlagen und Hinweise für die Zahnarztpraxis, 2015, abrufbar unter: https://www.kzbv.de/rechtsgrundlagen.56.de.html, Abruf: 02.03.2019 10:51 (BZÄK/KZBV, Einkauf, 2015)

BZÄK, Musterberufsordnung der Bundeszahnärztekammer, Stand: 11. November 2017, abrufbar unter: https://www.bzaek.de/fileadmin/PDFs/recht/mbo.pdf, Abruf: 02.03.2019 10:49 (MBO)

BZÄK, Kommentar zur Musterberufsordnung der Bundeszahnärztekammer, 2. Aufl. 2018, online abrufbar unter https://www.bzaek.de/fileadmin/PDFs/b/mbo-kommentar.pdf, Abruf: 18.08.2020 17:56 (BZÄK, Komm MBO)

Damas, Jens-Peter, Bestechlichkeit & Bestechung im Geschäftsverkehr, Wistra 2017 Heft 4, 128

Damas, Jens-Peter, Welche Stolpersteine hält das Antikorruptionsgesetz bereit?, DJZ 3/2016, 39

David, Helge, Standespolitik – Es war einmal, Die Zahnarztwoche DZW 46/2018, Online-Artikel zu finden unter: https://www.dzw.de/standespolitik-es-war-einmal, Abruf: 02.03.2019 10:53

Detterbeck, Steffen, Das zahnärztliche Praxislabor, WiVerw 2017, 153

Detterbeck, Steffen, Das zahnärztliche Praxislabor: Handwerks-, berufs- und wettbewerbsrechtliche Grenzen (Schriften zur Rechtswissenschaft), Berlin 2016 (Detterbeck, PL)

Detterbeck, Steffen, Der verkürzte Versorgungsweg im Schnittfeld zwischen ärztlicher und gesundheitshandwerklicher Tätigkeit, WiVerw 2009, 252

Detterbeck, Steffen, Nomos Bundesrecht, Handwerksordnung, 3. Online-Aufl. 2016.

Entspricht der 1249. Lieferung der Loseblattsammlung „Das Deutsche Bundesrecht" (10/2016) mit Rechtsstand: 20.10.2016, Baden-Baden 2016 (Detterbeck, HwO)

Detterbeck, Steffen, Zündstoff „zahnärztliches Praxislabor" – eine rechtliche Neubewertung (Teil 1 und 2), ZTM 2017, 500, 586

Detterbeck, Steffen/Plagemann, Hermann, Das zahnärztliche Praxislabor, Handwerks-, berufs-, wettbewerbs- und sozialrechtliche Grenzen, Rechtsgutachten, erstattet im Auftrag des Arbeitgeberverbandes Zahntechnik e.V., 2016, online abrufbar unter https://www.avz-berlin.eu/assets/avz-rechtsgutachten.pdf, Abruf: 29.03.2020 15:26 (Detterbeck/Plagemann, ZPL online)

Detterbeck, Steffen/Voit, Wolfgang, Zahntechnische Eigenlabore in zahnärztlichen medizinischen Versorgungszentren: Handwerks-, berufs- und wettbewerbsrechtliche Grenzen (Schriften zur Rechtswissenschaft), Berlin 2020 (Detterbeck/Voit, ZEL)

Dieners, Peter/Reese, Ulrich/Kemmner, Carolin, Zur Frage der Zulässigkeit von Patienten-Support-Programmen, PharmR 2017, 477

Dohrn, Wolfhart, Besonderheiten bei der Ausübung des Hörgeräteakustiker-Handwerks, GewArch 1986, 116

Ehmann, Frank, Praxisgemeinschaft/Gemeinschaftspraxis, MedR 1994, 141

Engelmann, Klaus/Schlegel, Rainer (Hrsg.), juris Praxiskommentar: jurisPK SGB V, 3. Aufl., Saarbrücken 2016 (jurisPK-SGB V)

Epping, Volker/Hillgruber, Christian (Hrsg.), Beck'scher Online-Kommentar Grundgesetz, 38. Edition, Stand: 15.08.2018, München 2018 (BeckOK, GG)

Erbs, Georg/Kohlhaas, Max, Strafrechtliche Nebengesetze, Band 17, 221. Ergänzungslieferung August 2018, München 2018 (Erbs/Kohlhaas)

Fezer, Karl-Heinz/Büscher, Wolfgang/Obergfell, Eva Inés, Lauterkeitsrecht: UWG, 3. Aufl., München 2016 (Fezer/Büscher/Obergfell, UWG)

Fischer, Thomas, Strafgesetzbuch: StGB mit Nebengesetzen, 65. Aufl., München 2018 (Fischer, StGB)

Freund, Christian, Praxislaborgemeinschaft ist zulässig, BZB 1996, 52

Giesen, Richard/Kreikebohm, Ralf/Rolfs, Christian/Udsching, Peter (Hrsg.), Beck'scher Online-Kommentar Sozialrecht, 51. Edition, Stand: 01.12.2018, München 2018 (BeckOK, SozR)

Grabenwarter, Christoph/Pabel, Katharina, Europäische Menschenrechtskonvention, 6. Aufl., München 2016 (Grabenwarter/Pabel)

Gummert, Hans/Weipert, Lutz (Hrsg.), Münchener Handbuch des Gesellschaftsrechts Bd. 1, 5. Aufl., München 2019 (MHdB GesR I)

Haage, Heinz, Zahnheilkundegesetz, 2. Online-Aufl. 2017. Entspricht der 1269. Lieferung der Loseblattsammlung „Das Deutsche Bundesrecht" (08/2017) mit Rechtsstand: 01.08.2017, München 2017 (Haage, ZahnheilkG)

Harte-Bavendamm, Henning/Henning-Bodewig, Frauke, Gesetz gegen den unlauteren Wettbewerb (UWG), 4. Aufl., München 2016 (Harte-Bavendamm/Henning-Bodewig, UWG)

Hartwig, Christian Konrad, Korruption in Zahntechnik und Zahnmedizin, ZTM 8 (22) 2018, 538, abrufbar unter: https://www.ztm-aktuell.de/management/recht/story/korruption-in-zahntechnik-und-zahnmedizin--teil-1__6823.html bzw. https://www.ztm-aktuell.de/[...]--teil-2__6962.html, Abruf: 16.10.2020 14:47

Heermann, Peter/Schlingloff, Jochen, Münchener Kommentar zum Lauterkeitsrecht, 2. Aufl., München 2014 (MüKoUWG)

Honig, Gerhart/Knörr, Matthias/Thiel, Markus, Handwerksordnung, 5. Aufl., München 2017 (Honig/Knörr/Thiel, HwO)

Honig, Gerhart, Rechtsfragen um den handwerklichen Nebenbetrieb, GewArch 1989, 8

Hüpers, Frank, Der Schutz handwerksrechtlicher Strukturprinzipien durch das Wettbewerbsrecht, GewArch 2014, 190

Huster, Stefan/Kaltenborn, Markus, Krankenhausrecht, Praxishandbuch zum Recht des Krankenhauswesens, 2. Aufl., München 2017 (Huster/Kaltenborn, Krankenhausrecht)

Industrie und Handelskammer Berlin, Schwarzarbeit oder zulässige gewerbliche Tätigkeit, Stand: 2017, zu finden unter: www.ihk-berlin.de unter der Dok-Nr. 64016, Abruf: 25.07.2018 17:15 (IHK Berlin, Schwarzarbeit)

Joecks, Wolfgang/Miebach, Klaus (Hrsg.), Münchener Kommentar zum Strafgesetzbuch, 3. Aufl., München 2019 (MüKoStGB)

KZBV (Hrsg.), KZBV-Jahrbuch, Statistische Basisdaten zur vertragszahnärztlichen Versorgung, 2017, abrufbar unter: http://www.kzbv.de/jahrbuch-2017.768.de.html, Abruf: 02.03.2019 10:54 (KZBV, 2017)

Kindhäuser, Urs/Neumann, Ulfrid/Paeffgen, Hans-Ullrich, Strafgesetzbuch, 5. Aufl., Baden-Baden 2017 (Kindhäuser/Neumann/Paeffgen, StGB)

Kluth, Winfried (Hrsg.), Handbuch des Kammerrechts, 2. Aufl., Baden-Baden 2011 (Kluth)

Kluth, Winfried/Nuckelt, Jana, Ärzte als Wettbewerber der Gesundheitshandwerke, Verfassungs- und europarechtliche Aspekte der Zulässigkeit einer gesetzlichen Beschränkung der Abgabe von Hilfsmitteln an Patienten durch Ärzte, SGB 2003, 425

Köhler, Helmut/Bornkamm, Joachim/Feddersen, Jörn, Gesetz gegen den unlauteren Wettbewerb (UWG), 36. Aufl., München 2018 (Köhler/Bornkamm/Feddersen, UWG)

Körner, Anne/Leitherer, Stephan/Mutschler, Bernd/Rolfs, Christian, Kasseler Kommentar Sozialversicherungsrecht, Band 1, 10. Ergänzungslieferung, München 2018 (KassKomm)

Kramer, Urs, Die Meisterpflicht im Handwerk – Relikt oder Weg in die Zukunft?, GewArch 2013, 105

Krause, Peter, Das Gesundheitshandwerk zwischen Gewerbe-, Gesundheits-, Sozial- und Wettbewerbsrecht, GewArch 1984, 313

Lackner, Karl/Kühl, Kristian/Heger, Martin, Strafgesetzbuch Kommentar, 29., neu bearbeitete Aufl., München 2018 (Lackner/Kühl/Heger, StGB)

Laufs, Adolf/Katzenmeier, Christian/Lipp, Volker, Arztrecht, 7. Aufl., München 2015 (Laufs/Katzenmeier/Lipp, Arztrecht)

Laufs, Adolf/Kern, Bernd-Rüdiger, Handbuch des Arztrechts, 4. Aufl., München 2010 (Laufs/Kern, Handbuch des Arztrechts)

Leisner, Walter Georg (Hrsg.), Handwerksordnung, München 2016 (Leisner, HwO)

Michalski, Lutz/Heidinger, Andreas/Leible, Stefan/Schmidt, Jessica (Hrsg.), Kommentar zum Gesetz betreffend die GmbH, 3. Aufl., München 2017 (MHLS, GmbHG)

Minderjahn, Peter/Bischoff, Thomas, Antikorruptionsgesetz: Mehr Klarheit für die Zahnärzte schaffen, DZW 14/2016, 6

Müller, Martin, Die Novellierung der Handwerksordnung 2004, NVwZ 2004, 403

Müller-Glöge, Rudi/Preis, Ulrich/Schmidt, Ingrid (Hrsg.), Erfurter Kommentar zum Arbeitsrecht, 19. neu bearbeitete Aufl., München 2019 (ErfK)

Musielak, Hans-Joachim, Zur handwerksrechtlichen Beurteilung der Tätigkeit von Brilleneinschleifbetrieben, GewArch 1992, 401

Ohly, Ansgar/Sosnitza, Olaf, Gesetz gegen den unlauteren Wettbewerb mit Preisangabenverordnung, 7. neu bearbeitete Aufl., München 2016 (Ohly/Sosnitza, UWG)

Plagemann, Hermann, Münchener Anwaltshandbuch Sozialrecht, 5. Aufl., München 2018 (MAH SozR)

Pohl, Heribert, Zahntechnik – Teil der Berufsausübung des Zahnarztes oder Handwerksberuf, ZM 1977, 709

Quaas, Michael/Zuck, Rüdiger/Clemens, Thomas, Medizinrecht, 4. Aufl., München 2018 (Quaas/Zuck/Clemens, Medizinrecht)

Raff, Alexander, Sprechende Zahnmedizin Teil 2: GOÄ-Nr. 60, DFZ 2/2017, 55

Rauer, Nils/Pfuhl, Fabian, Das Gesetz zur Bekämpfung der Korruption im Gesundheitswesen, Pharmarecht PharmR 2016, 357

Rixen, Stephan, Ambulante spezialfachärztliche Versorgung – eine grundrechtsfreie Zone?, GesR 2014, 449

Säcker, Franz Jürgen/Rixecker, Roland/Oetker, Hartmut/Limperg, Bettina, Münchener Kommentar zum Bürgerlichen Gesetzbuch, 7. Aufl., München 2016 (MüKoBGB)

Schmitz, Klaus, Die Rechtsprechung zur Meisterpräsenz im Handwerk, WiVerw 1999, 88

Schnapp, Friedrich/Wigge, Peter, Handbuch des Vertragsarztrechts, 3. Aufl., München 2017 (Schnapp/Wigge)

Schneider, Hendrik, Kooperationen im Gesundheitswesen auf dem Prüfstand: Die §§ 299 a, b StGB in der Praxis, Taschenbuch, Baden-Baden 2018; Herausgegeben vom Verein

Arzneimittel und Kooperation im Gesundheitswesen AKG e.V., Bundesverband der Pharmazeutischen Industrie e.V. – BPI (Schneider, Kooperationen im Gesundheitswesen)

Schnieder, Karl-Heinz/Witte, Tobias, Kritischer Blick auf eine komplexe Materie – Laborbeteiligung und Antikorruptionsgesetz: Was ist erlaubte Kooperation, was strafbewehrte Korruption, DZW, 08/2017, 3

Schönke, Adolf/Schröder, Horst, Strafgesetzbuch Kommentar, 30. Aufl., München 2019 (Schönke/Schröder, StGB)

Schüßler, Thomas, Das zahnärztliche Praxislabor, 2003 (Perspektive Zahntechnik, Schriftenreihe zu Politik, Recht und Wirtschaft, Bd. 1, Hrsg.: Wirtschaftsgesellschaft des Verbandes Deutscher Zahntechniker-Innungen mbH, Frankfurt a. M.) (Schüßler, ZPL)

Schwannecke, Holger (Hrsg.), Die Deutsche Handwerksordnung, Kommentar Mustersatzungen und Materialien (Loseblatt), Stand: Januar 2018 (Schwannecke, HwO)

Schwannecke, Holger/Heck, Hans-Joachim, Die Handwerksordnungsnovelle 2004, GewArch 2004, 129

Siegert, Albrecht/Musielak, Hans-Joachim, Das Recht des Handwerks: Kommentar zur Handwerksordnung nebst anderen für das Handwerksrecht bedeutsamen Rechtsvorschriften und Bestimmungen, 2. Aufl., München 1984 (Siegert/Musielak)

Sodan, Helge (Hrsg.), Handbuch des Krankenversicherungsrechts, 3. Aufl., München 2018 (Sodan)

Spickhoff, Andreas, Beck'scher Kurzkommentar Medizinrecht, 3. Aufl., München 2018 (Spickhoff)

GKV – Spitzenverband (Hrsg.), Kennzahlen der gesetzlichen Krankenversicherung, Stand: Dezember 2017, abrufbar unter: https://www.gkv-spitzenverband.de/media/grafiken/gkv_kennzahlen/GKV_Kennzahlen_Booklet_Q3-2017_300dpi_2017-12-20.pdf, Abruf: 14.01.2018 10:57 (GKV 2017)

GKV – Spitzenverband (Hrsg.), Kennzahlen der gesetzlichen Krankenversicherung, Stand: Juli 2019, abrufbar unter: https://www.gkv-spitzenverband.de/media/grafiken/gkv_kennzahlen/kennzahlen_gkv_2019_q1/GKV_Kennzahlen_Booklet_Q1-2019_300dpi_2019-07-08.pdf, Abruf: 11.07.2018 19:57 (GKV 2019)

Terbille, Michael/Clausen, Tilman/Schroeder-Printzen, Jörn, Münchener Anwaltshandbuch Medizinrecht, 2. Aufl., München 2013 (Münchner Anwaltshandbuch Medizinrecht)

Tsambikakis, Michael, Kommentierung des Gesetzes zur Bekämpfung der Korruption in Gesundheitswesen, medstra 3/2016, 131

VDZI, Stellungnahme zum Referentenentwurf eines Gesetzes zur Verbesserung der Versorgungsstrukturen in der gesetzlichen Krankenversicherung, Stand 10.06.2011, abrufbar unter: http://www.vdzi.net/fileadmin/user_uploads/downloads/pdf/Stellungnahme_des_VDZI_Versorgungsgesetz_zur_Anhoerung_am_29.06.2011.pdf, Abruf: 14.01.2018 18:36 (VDZI, Stellungnahme Versorgungsgesetz 2011) *von Maydell, Bernd/Kötter, Ute*, Zur Aufgabenverteilung zwischen Hilfsmittelerbringern und Ärzten bei der Versorgung mit Hörgeräten, Taschenbuch, Berlin 1994 (Maydell/Kötter)

Wabnitz, Heinz-Bernd/Janovsky, Thomas, Handbuch des Wirtschafts- und Steuerstrafrechts, 4. Aufl., München 2014 (Wabnitz/Janovsky, HBWiStStR)

Wagner, Regine/Knittel, Stefan (Hrsg.), Krauskopf, Soziale Krankenversicherung, Pflegeversicherung, Kommentar, 99. Ergänzungslieferung, Stand: Juni 2018 (Krauskopf)

Wallrabenstein, Astrid (Hrsg.), Braucht das Gesundheitswesen ein eigenes Regulierungsrecht?, Beiträge zum Symposium des Instituts für europäische Gesundheitspolitik und Sozialrecht, 12.–13. September 2011, Universität Frankfurt am Main, 2012, 27 (Wallrabenstein)

Wassermann, Wolfram/Rudolph, Wolfgang, Das Zahntechnikerhandwerk zwischen Gesundheitspolitik und Markt – Problemstudie zur Entwicklung einer Branche des Gesundheitshandwerks, Hans-Böckler-Stiftung, Eschborn 2003 (Wassermann/Rudolph)

Wiemers, Matthias, Die Gesundheitshandwerke zwischen Handwerksrecht und Gesundheitsrecht, DVBl 2012, 942

Wirwohl, Verena, Die neue zahnärztliche Approbationsordnung in der Warteschleife, Stellungnahme der Geschäftsstelle des MFT, Medizinischer Fakultätentag der Bundesrepublik Deutschland e. V. vom 02.07.2009, abrufbar unter: https://idw-online.de/de/news323938, Abruf: 02.03.2019 10:59 (Wirwohl)

Wittig, Petra, Wirtschaftsstrafrecht, 4. Aufl., München 2017 (Wittig)

Zahnärztekammer ZÄK Westfalen-Lippe (Hrsg.), Gesetz zur Bekämpfung von Korruption im Gesundheitswesen, Broschüre 2016, abrufbar unter: https://www.zahnaerzte-wl.de/images/zakwl/Praxisteam/Recht/Merk-_und_Infobl%C3%A4tter/Info-Brosch%C3%BCre_Gesetz_zur_Bek%C3%A4mpfung_von_Korruption_im_Gesundheitswesen.pdf, Abruf: 02.03.2019 11:00 (ZÄK Westfalen)

Zuck, Rüdiger, Die Berufsfreiheit der freien Berufe, NJW 2001, 2055

Zuck, Rüdiger, Kommentar zum Zahntechnikrecht im SGB V, 2. Aufl., Baden-Baden 2010 (Zuck, SGB V)

Zuck, Rüdiger, Nomos Kommentar Gebührenordnung für Zahnärzte, Baden-Baden 2012 (Zuck, GOZ)

www.ingramcontent.com/pod-product-compliance
Ingram Content Group UK Ltd.
Pitfield, Milton Keynes, MK11 3LW, UK
UKHW022100051026
15623UKWH00003B/584